每个人都是自己的 CEO

唐华山　编著

中国社会出版社

图书在版编目（CIP）数据

每个人都是自己的 CEO / 唐华山编著. —北京：中国社会出版社，2013. 10

ISBN 978 - 7 - 5087 - 4550 - 3

Ⅰ. ①每… Ⅱ. ①唐… Ⅲ. ①自我管理学—通俗读物 Ⅳ. ①C936 - 49

中国版本图书馆 CIP 数据核字（2013）第 227131 号

书　　名： 每个人都是自己的 CEO
编　　著： 唐华山
责任编辑： 张友华

出版发行： 中国社会出版社　邮政编码：100032
通联方法： 北京市西城区二龙路甲 33 号新龙大厦
电话：编辑部：（010）66078402
邮购部：（010）66026804
网　　址： www. shcbs. com. cn
经　　销： 各地新华书店

印刷装订： 保定彩虹印刷有限公司
开　　本： 170mm × 240mm　1/16
印　　张： 16
字　　数： 232 千字
版　　次： 2013 年 11 月第 1 版
印　　次： 2013 年 11 月第 1 次印刷
定　　价： 38. 00 元

前　言

为什么要进行自我管理？因为只有学会自我管理，才能在人生道路上收获更多的成功，才能让生活充满机遇，才能给自己和他人带来意想不到的收益。无论你是学生还是白领，无论你是富商还是平民，无论你是才高八斗的大教授还是街边商铺的小老板，都需要良好的自我管理能力去享受自己人生的乐趣。

自我管理就是指个体对自己的时间、计划、目标、情绪、行为、心理等方面进行管理。如果能够有效地进行自我管理，那么成功的机会就会不断青睐我们。

自我管理在我们的生活中随时随地发挥着重要的作用。就拿时间管理来说，为什么同样的24小时，有的人可以创造出天价的效益，而有的人却白白度过？原因就在于能够做到自我时间管理的人不会浪费一分一秒，能够按照制订的计划有条不紊地一步步地去做每一件事，有效地管理自己的时间，在提高效率的基础上，保证重要的事情能够在预定的时间内完成。一项国际调查表明：一个效率糟糕的人与一个高效的人工作效率相差可达10倍以上。可见，良好的时间管理能力在现今快节奏的工作生活中显得多么重要，这也是自我管理中很重要的一个能力。善于管理自己时间的人都是非常有秩序感的人，而且对自己有严格的时间要求，不会迟到，不会拖拉，更不会将今天的事情放到明天去做。

善于时间管理的人，往往都是计划性很强的人，他们会拟订短期和长期的计划，会想方设法完成计划的内容，所以他们往往最容易取得成功。正如美国著名政治家、外交家、发明家富兰克林先生，他出身贫寒，只读过一年书就不得不到印刷厂当学徒。但是刻苦好学的他并没有向命运低头，而是凭借着强有力的自我管理和自我监督，赢得了一生的荣誉和辉煌。他为自己每天每个小时都作了详细的分工安排，另外还留出时间设定计划和反省，最终，良好的时间管理能力让他获得了巨大的成功。

自我管理除了时间管理能力以外，还包括自我认知、目标管理、情绪管理、压力管理、职业规划、人际管理、健康管理和适应组织。凡是成功的人都不止用一种管理能力来约束自己，而是把各种自我管理能力结合起来，对自己进行激励和组织，在一张巨大的网里自由穿梭，筑起成功的堡垒。

人生的目标指引着个人前进的方向，目标有多远，我们就可以走多远。我们不妨把人生比作一次远航，如果一个人没有目标，将是一件多么可怕的事情，他将终日漂泊在无边的海洋里，没有彼岸，浑浑噩噩。目标管理能力就像人生航船的舵手，会给我们以方向，指引我们一直前行。而有了目标，如果我们遇到大风大浪就想放弃，那成功的机遇永远不会眷顾我们。面对生活的压力，如果我们没有足够的信念击败它，那么就只能被它击败，看着眼前的目标，却没有勇气与逆境搏斗，那么我们的压力管理能力就必须要提升了。而我们在航行的过程中，必须要制订完善的计划，并坚定不移地按照计划行进，才能够顺利抵达目的地，此时时间管理能力就起到了至关重要的作用。如果我们能有效地控制自己的情绪，那么我们就会觉得旅途充满乐趣，可见自己的情绪，也是唯有自己才能够掌控的。对自身健康的管理或许容易成为我们忽视的对象，但是它却是我们一生中最宝贵的财富，所以健康管理能力是我们必须掌握的一种技能。而我们在人生的旅途中会遇到各种各样的人，错综复杂的人际关系往往成为我们生活烦恼的来源，其实只要我们能游刃有余地行走于我们身边的这些人之间，利用我们良好的人际管理能力来管理他们，或许我们的命运就能够从此得以改变。

本书从高效能人士必备的素质与能力出发，汇集了近年来管理学、心理学、成功学等领域的先进管理理念与方法，告诉人们只有学会自我管理，才能快速迈向成功。

本书内容广泛涵盖自我管理的方方面面，只要读者按照本书的指导，坚持实践，就能掌握并提升如下九大自我管理能力：自我认知、目标管理、时间管理、情绪管理、压力管理、职业规划、人际管理、健康管理、适应组织。

本书用语简洁干练，系统地阐述了自我管理的方方面面，并具体介绍了切实有效的操作方法，为每一位期待成功的人指明了自身修炼的目标和方法，有极强的实用性和可操作性。让我们在轻松的阅读中学以致用，快速练就成一名自我管理高手，为我们的人生增添光彩。

在本书的策划与编写过程中，得到了郑月玲、郭东华、邱草、唐秀娟、胡芹、王沛同、唐洪飞、崔侠、郑海龙、崔艳、赵震凤、李彩莉、毕锋、郑海涛、郑茂章、王克友、王晓蕾、单文元、韩雪姣、王彦彦、谢俊超、闫龙、冉现荣、王郁松等人的大力帮助，没有他们的支持与参与，本书是很难面世的，在此向他们表示感谢。

由于编者水平所限，书中偏颇与不当之处在所难免，恳请读者朋友们谅解，并请批评指正。

目 录

第一章

自我管理才能成功

学会自我管理，做自己的CEO

如果你没有含着金汤匙出生，只是芸芸众生中平凡的一员；如果你没有冲天的才气，只是一个朝九晚五的上班族；如果你没有大权在握，只是终日做着最琐碎的工作……那么，你该怎么办呢？是继续重复这千篇一律的生活，还是主动改变现状，去追寻心中的梦想？

无论处于何时何地，这个世上的人，绝大多数都是平凡乃至平庸的。平凡并不可怕，因为平凡之中也会孕育着伟大的种子，这正如所有的将军都是从士兵一步一步成长起来的一样。真正可怕的，是平庸，是堕落，是丧失斗志，是随波逐流。

人人都羡慕成功者，都想知道他们能够取得成功的法宝是什么。其实，他们所做的事情在我们看来也不过都是些平凡的事，只是他们都有一个共同特点，那就是他们都是一些善于自我管理的人。

成功者大都乐于当自己的CEO，即便没人管理他们，他们也会自己管理自己；成功者会把自己当成一座宝藏，总是竭力挖掘自己无尽的潜能；成功者大多自律、自强，他们知道自己的优势和劣势，懂得扬长避短、借力使力；他们努力地经营着自己的生活与工作，把生活当成磨炼自己的学堂，把工作当成自己的事业。

其实，尘世间的每个人，都是一块美玉，然而玉不琢，不成器。不管是谁，一旦学会了自我管理，就拥有了成功的资本，终将可以把自己雕琢成器。

古希腊哲学家亚里士多德说过，“优秀是一种习惯”，而习惯是可以通过培养和管理来获得的。在日常生活与工作中，只要我们愿意不断地完善自我、积极进取、自我激励、努力创新、提高自身素质，就可以成为卓越之人。而这些，都属于自我管理的范畴。要想成就辉煌的人生，就必须穿越“自我管理”这扇大门。

那么，什么是自我管理呢？自我管理是指对自己的目标、思想、心理及行为等进行管理，这是一个组织自我、管理自我、约束自我、激励自我，并最终达到奋斗目标的过程。

亚洲首富李嘉诚曾说：“自我管理是一种重大责任，在流动和变化万千的世界中发现自己是谁、了解自己要成为什么样的人是建立尊严的基础。自我管理是一种静态管理，是培养理性力量的基本功，是把知识和经验转化为能力的催化剂。”

李嘉诚曾在一所内地大学发表过如下演讲：

在人生不同的阶段，要经常反思自问，我有什么心愿？我有宏伟的梦想，但懂不懂什么是有节制的热情？我有与命运拼搏的决心，但有没有面对恐惧的勇气？我有信心、有机会，但有没有智慧？我自信能力过人，但有没有面对顺境、逆境都可以恰如其分地行事的心力？

14岁，当我还是个穷小子的时候，我对自己的管理方法很简单：必须赚取足够养活一家人的费用。我知道没有知识就改变不了命运，没有本钱更不能好高骛远。我还经常会记起祖母的感叹：“阿诚，我们什么时候能像潮州城中某某人那么富有？”

我可不想像希腊神话中的伊卡罗斯一样，凭借蜡做的翅膀翱翔，最终悲惨地坠落。于是我一方面紧守角色，虽然当时只是小工，但我坚持把每件交托给我的事情做得妥当、出色；另一方面绝不浪费时间，把剩下来的每一分钱都用来购买实用的旧书籍。

22岁成立公司以后，我知道光凭忍耐、任劳任怨已经不够，成功也许没有既定的模式，失败的因子却显而易见，建立降低失败概率的架构，才是步向成功的快捷方式。知识需要与意志结合，静态管理自我的方法要延伸至动态管理，理性的力量加上理智的力量，问题的核心在于如何避免让聪明的组织干愚蠢的事。

灵活的制度要以实事求是、能自我修正的机制为基础。我指的不单纯是会计系统，而是在张力中释放动力，在信任、时间、能力等范畴内建立不呆板、能随机应变的制度。我曾说过，企业应在稳健中寻求跳跃式的发展，大标题下的小要点包括开源对节流、监督管治对创意与授权、直觉对科学、知止对无限发展，但又不能局限于此。

……

优秀与卓越从来都不是偶然而是必然，那些叱咤风云的人物也不是靠运气而是靠实力。一个善于自我管理的人，总是会对自身这块璞玉进行精雕细琢，这样才能真正破茧成蝶，在人生旅途中顺风顺水、扬帆起程。

人际关系专家约翰·麦克斯维尔（John C. Maxwell）曾经说过：“如果我不能做好自我管理，就会失去自我；如果我不能做好自我管理，就会随波逐流；如果我不能做好自我管理，就无法获得成功！”我们的先天条件可以不优秀，但只要我们善于自我管理，认真经营自己的事业，就一定能让自己从芸芸众生中脱颖而出。

对一个职场中人而言，学会自我管理，还能够帮助我们在职场中真正找准兴趣点、关注点和能力点，一步步靠近自己的远大梦想。职场的成败，虽然与先天条件、环境、机遇等有一定关系，但最根本的原因还在于自身。我们勤不勤奋、敬不敬业、忠不忠诚，是否珍惜时间，是否热爱工作等，都是决定我们能否在职业生涯中取得辉煌业绩的关键因素。

永远不要抱怨成功女神的偏心，永远不要羡慕他人的平步青云，更不要把别人的成功一概归结为命运。要知道，在这个世界上，有九成以上的卓越人士都是依靠自我管理而成功的。如果我们也想像他们一样优秀，那我们就要学会管理自己，而且，越是对自己管理得到位，优秀的可能性就越大，成功的概率就会越高。

自我管理是从平凡到卓越的最佳武器

被称为“现代戏剧之父”的挪威作家易卜生曾这样告诫后人：“你最大的责任就是把你这块材料铸造成器。”是的，把自己铸造成“器”，这也是每个普通人的热切愿望。

每个人都不甘心在职场中永远平庸。对于任何一个想在组织中获得快速晋升的人来说，学会自我管理是非常必要的。既然“士兵”想当“将军”，就要为日后成为优秀领导打好根基，这个根基就是自我管理，而且它也是任何一个普通职员晋升到管理层的先决条件。

因此从某种意义而言，每个人都可以掌控自己的职业生涯：做平庸的员工或者做优秀的管理者，这将完全取决于我们自己——是否学会运用自我管理。

有一位著名的领导力大师，为了说明自我管理的重要性，提出了几个观点：假如我无法领导自己，别人就不可能跟随我；假如我无法领导自己，别人就不可能尊重我；假如我无法领导自己，别人就不可能与我合作。

可见，实现从平凡到卓越的最佳途径就是自我管理。只有学会自我管理，我们才能拥有更多的优势：更加坚强、执着、宽容、勇敢、勤奋、自信、热情……这些优秀的品质就好似点点繁星，不仅照亮了职场上的青云路，也将我们人生的夜空点缀得闪耀夺目。

当然，我们无法左右工作中所有的事情，然而只要拥有自我管理这个利器，我们就能尽快学会管理自己的思想和行动，这样便可以每天都成长，最终成为组织最需要的人。这就要求我们将能改变的改变，不能改变的就去接受，严格自律，把自己培养成职场中一颗耀眼的明星。

即使我们只是一名普通的工薪族，也不要总把自己放在打工者的位置上，不要仅仅为薪水而工作；要想成为职场的主人，就必须以老板的心态对待工作。歌德有一句名言："谁不能主宰自己，谁就永远是一个奴隶。"要有这样的信念：总有一天我也会当老板，拥有属于自己的事业！

当今社会，每个人都面对巨大的工作压力，让人精疲力竭，甚至濒临崩溃，这时如果有任何东西落在身上，即使轻若羽毛，也是我们不能承受的生命之轻。如果学会自我管理，就完全不同了。自我管理能够激发大家高昂的斗志，坚持、忍耐，直到我们得到胜利女神之吻。当我们经历困苦和劳累时，要把它们当成是生活对自己的考验和人生的必经之路。面对无法后退的选择，卸下心理压力的重担，轻装上阵。是的，我们无法控制压力的形成，却可以通过自我管理压力，将其悄然化解于无形。

目前社会中职场"抑郁症"的流行，就是由于许多人不懂得自我心态管理。我们要做那个快乐的"不倒翁"，无论遇到什么艰难险阻都要微笑着坦然面对，阴霾怎能挡得住阳光，不经历风雨怎么能看到彩虹！我们唯有学会嘲笑困难、无视挫折，它们才会变成"纸老虎"，并被我们征服。

只要学会了自我管理，我们就会从内心深处更加热爱工作。当这种发自肺腑的热爱转变成为一种兢兢业业、精益求精的执着时，我们就能在工作和事业上获得成功。遇到这种人才，当老板的自然会毫不犹豫地提拔、毫不吝惜地奖励，给他更大的发展空间和更美好的职业前途。因而，当我们与升职擦肩而过时不要怨天尤人，充满愤恨；而是应该反思，自己是否足够优秀到引起老板的注意，并得到信任和重用。

人要有坚定的目标，无论如何都不要丢失梦想，不要放弃放飞自己梦想的任何机会。就像美国思想家爱默生说的那样，"对于一个一心向着目标前进的人，整个世界都会给他让路"。只要坚持梦想不放弃，就总有收获成绩的那一天。如果我们能管理好自己的目标，职场之路就不会过于艰辛曲折，我们也会更加自信地去完成自己的目标。

即使微如草芥，我们也可以拥有自己的芳华！只要充分挖掘自己的优势和能力，每个人都可以发光、发亮。做好自我管理，让我们的事业扬帆远航。每个人的职场生涯都由自己创造，沿着自我管理的大道，我们的职场之路就是一条康庄大道，一定会越走越远、越走越广阔，终有一天到达金字塔的顶端。

千万不要为自己找任何借口，一定要学会自我管理，记住：对我们职业发展负责的，只有我们自己！

善于自我管理才能拥有辉煌的未来

日常生活中，我们会发现一个有趣的现象：世间从来就不缺乏“能人”，可是不少所谓的“能人”却终其一生都没能作出什么成绩。也许这些人承担了很多工作，在某些方面也表现得很有能力，但是却没有让自己的人生有什么大的作为。这是为什么呢？追根溯源，就是因为他们中的许多人没有很好地管理自己，甚至不会管理自己。一个人，只有管理好自己，才能成就辉煌的未来。

无论是谁，只有在工作中管理好自己，才能体现出自己对工作的主动性和计划性，从而积极踏实地开展工作。基于这种准备才能对自己以及所要完成的任务充满信心；才能勇于面对困难，想办法战胜挫折。因此善于自我管理的员工才是最受欢迎的员工。

这里有一个例子：范先生还是一个普通员工的时候，就养成了一个好习惯，他无论做什么工作总是条理清晰，不管时间多么紧张，都会有条不紊地处理好，从不因为慌乱忙碌而不注重细节。几年后，范先生终于拥有了自己的公司，由于之前工作时养成的良好习惯，他的业务迅速扩展，公司逐步做大，合作伙伴也越来越认可他。

为什么范先生能作出一番成绩呢？这正是因为他懂得利用自我管理，充分实现自己的价值。这种自我管理的能力值得职场中的每个职员去学习，很显然，充分自我管理的最大获益者并不是老板和公司，而是自己。还是那句话，工作并不是为老板，也不是为薪水，而是为自己。为自己积累能力和经验，为了自己具备将来可以向上发展的根基。

如果一个人没有“管理你自己”的意识，也许在短期之内对工作不会有什么大的影响，然而长此以往，必然会令自己陷入某种尴尬的境地。因为那些缺乏自我管理能力的人，就仿佛一只穿着溜冰鞋的八脚章鱼，虽然不停地动作，却弄不明白自己究竟是往前还是往后，抑或只是在原地打转。

某著名集团的一位咨询师曾经举例，早晨上班时，有些员工提前半小时就到了办公室，有些员工却拖后20分钟才姗姗来迟。从表面看来，短时间内，这种迟到现象对企业不会产生什么影响，但是谁能保证有什么紧急情况发生时，集团利益不会因为这种无组织、无纪律的散漫行为而受损呢?

之所以有这种现象发生，就是因为员工缺乏管理自己的意识，企业的监督机制再强硬，也不可能用绳子统一将员工绑去公司，这一切都需要员工进行自我管理和自我监督——所以，首先要管理好自己，才能做好本职工作。

不管上司是否亲临现场，是否紧盯每一位员工，身为公司一员都应该主动遵守公司规定，认真地完成工作。难道非要老板耳提面命，甚至派人监视，大家才能自觉遵守规章制度，才能集中精力去工作吗?很显然，任何企业都不会欢迎不具备自我管理能力的员工。

德国西门子公司有一句口号："培养你自己"，其实就是鼓励员工学会自我管理。在他们看来，自我管理是每一位员工都应当掌握的能力。这也是当今社会职场人士应该达成的共识：只有那些积极实行自我管理的人，才能实现自己业绩的最优化，也才能和企业一同走向成功。

自我管理是早日成功的重要因素

假如一个人没有自我管理的意识，他就很难在职场生涯中获得成功。而那些能够取得杰出成就的人，往往都是善于自我管理的人。

人在这世间能真正依靠的其实只有自己。尽管外部环境和条件能够帮助一个人尽快成长，但能够促使他实现从平凡到优秀这种质变的，唯有自身的力量。故而，只有积极实行自我管理，才能够让自己更卓越、更成功。

在总结了很多成功人士的事迹后，人们发现，他们之所以能够成功，主要在下面几个方面运用了自我管理。

首先，成功人士善于利用时间。"一寸光阴一寸金，寸金难买寸光阴"，时间无疑是世界上最宝贵的财富。这些自我管理的高手们都深知这一点，因此他们总是预先制订好计划，充分利用每一分、每一秒，并且使之更高效、更充实。他们没有因为工作繁忙就陷入“忙—盲—茫”的旋涡，而是选择在合适的时间做合适的事，并努力做到最好。

“我到底想要什么？”“我应该如何做才能得到我想要的?”对于类似问题，他们都有清晰而明确的答案。

最著名的例子就是爱迪生了。爱迪生在其82年的人生中，一共有大约2000项创造发明，对人类的文明与进步作出了重大贡献，至今没有人能打破这个纪录。一个普通人如果想取得如此多的成就，通常需要300年。这就是普通人与自我管理高手在时间的利用上所产生的差距。

其次，成功人士都有明确的目标。每个人要想成功，必须首先确立清晰明确的目标，这也是自我管理的基础。一个人拥有了明确的目标，才能有计划、有步骤地去实现这个目标。因此，无论是面对职场，还是人生，人们最大的悲剧不是目标未能实现，而是根本就没有目标。没有目标的人就如同一头被蒙上眼睛拉磨的驴，不管怎么走，永远只能在原地转圈。

目标能够为人们指引努力的方向，因此一旦给自己确立了目标，就必须以此为方向一直向前。要勇于追求自己的梦想，人生要有所追求，才能有前进的动力。只要我们能把所有的精力都用在实现自己的目标上，成功的希望就在前方。

新东方教育集团创办人俞敏洪曾经总结了他是怎么进行目标自我管理的：第一是要设定长期目标；第二是确立阶段性目标，好让自己获得成就感；第三是以“看见最后成果”来自我激励；第四是每周总结，给自己打分；第五是保持学习心态；第六是经常放松自己。

目标就像指南针，在其指引下前行，才不会迷失方向。凡是伟大人物都很重视目标的引导作用。

美国前总统比尔·克林顿，他在少年时代就以约翰·肯尼迪为偶像，在很小的时候就立志长大了也要当总统，入主白宫。由于他一直以此激励自己、管理自己，并朝着这个目标努力，终于实现了自己的梦想和目标——成功当选美国第42任总统。

再次，成功人士都具备强大的抗压能力。每个人在追求成功的过程中，都会遇到挫折和失败，如果此时退缩了，逃避了，就永远不能饮到胜利的美酒。并且在困难面前一味屈服的人，他在职场中是走不远的。人必须有这样的勇气和决心——即使失败了1000次后，仍然要在第1001次爬起来，才能最终登上人生和事业的峰顶，领略那“无限风光在险峰”的境界。

有这样一个人，他的一生几乎与失败常相伴。

他幼年时母亲就去世了，父亲不关心、不理解他；而且由于家境贫寒，上不起学。23 岁那一年，他不仅失业，还竞选议员失败；24 岁，他创建不到一年的企业倒闭，并且欠下了巨额债务，一还就是 17 年；26 岁，在将要结婚时，未婚妻又不幸离世，他痛苦不堪，几次尝试自杀未遂，患上了神经衰弱症；29 岁，竞选州议会议长失败；31 岁那一年，他结婚了，但长达几十年的不幸婚姻生活也从此开始了；34 岁，竞选美国国会议员没有成功；37 岁，他当上国会议员，两年后争取连任却没有成功；40 岁，他想在自己州内担任土地局局长的工作，被拒绝；46 岁，他竞选参议员没有成功；48 岁，竞选美国副总统没有成功；50 岁，他再一次竞选参议员，仍然没有成功；可是 52 岁那一年，他终于当选为美国总统！

大家知道他是谁吗？他就是林肯，美国历史上最伟大的总统之一。在他去世后，有一位将军这样评价他：“现在，他属于千秋万代。”

伟人之所以伟大，其中一个很重要的原因就是，他们比普通人经历了更多的失败和痛苦，但每次痛苦过后仍然能再次站起来。这就启发我们，要想获得卓越的成就，我们也要善于运用自我管理，把失败变成前进的动力。职场也是一样，挫折、失意谁能避免？我们能做的就是管理好自己的情绪与心态，避免意志消沉，积极面对这些成功路上的“拦路虎”。

最后，成功人士都严于律己，力争上游。那些事业成功者，大都具有“野心”，并且严于律己。唯其如此，他们才能不断前进，更上一层楼。他们“要做就做到最好”，绝不会满足于“差不多就行了”。这些人对自己的管理和要求往往很严苛，非常人所能及。人生和职场大抵如此——如逆水行舟，不进则退，自己不努力，迟早会被淘汰。

当我们身处职场时，要努力看向更高的台阶，要对自己“高标准，严要求”。这看似很残忍，颇有些自虐的意味，但其实质是自我管理的内涵之一，也是对自己的职场负责的表现。

本杰明·富兰克林，是美国 18 世纪最伟大的科学家、政治家和文学家，也是资本主义精神最完美的代表。他的目标就是要成为最优秀的人，因此律己甚严。他一生都在用 13 则道德信条约束自己的行为。

节制，食不可过饱，饮不能过量。

缄默，避免闲聊，言谈必须对人有益。

秩序，物品要有所归，工作有定时。

决心，要做的事就下决心去做，下定决心做的事一定要做好。

节俭，不得浪费，花钱要于人于己有益。

勤勉，珍惜时间，去除一切不必要之举，勤做有益之事。

真诚，不损害别人，不欺诈；做事要公正合理，言谈要有凭据。

正义，不损人利己，履行应尽的义务。

中庸，避免极端，尽量克制报复心理。

整洁，身体、衣着和居所要力求清洁。

平静，戒除不必要的烦恼，也就是琐事、平常事和不可避免之事。

贞节，不纵欲过度，绝不使身体虚弱，不可损坏自己或者他人的名声和安宁。

谦逊，效法耶稣和苏格拉底。

富兰克林“每日三省吾身”。他有一个记录功过的小本子，每页纸上画一个表格，对应每周 7 天，用竖线画出 13 个格。每天都记录完成这 13 项道德标准的情况，反省自己的得失。如此经年累月，这 13 种美德已经成了富兰克林的自然习惯，甚至在他 79 岁高龄时，他仍在坚持遵守这些戒条，并认为自己的所有成功与幸福都受益于此。

对每个人来说，过于自由和散漫就会成为事业发展的桎梏。自我管理一开始也许会让你觉得仿佛戴着镣铐跳舞，但是却能让你的职业发展畅通无阻；不管你想成为什么样的人，都可以利用自我管理，更加精准地把你塑造成你的理想目标。

自律是自我管理的基础

一个人首先要有自律精神，才能最终获得成功。自律不仅是一个人获得成长的基础，而且是超越别人达到卓越的先决条件。一个人如果能管好自己，不但能使其工作更有条理，而且还能令其做事更有分寸，使事情朝理想的方向发展，得到超出预期的回报。

假如在工作中，你察觉某人被你“管理”得很好，并因此对自己的管理能力沾沾自喜时，请再仔细观察那个人，你会看到他其实是自己在管理自己，是个懂得自律的人。

自律是指引人们走向成功的明灯。无论古今中外，自律都是一个人获取成功的重要法宝。每一位成功之人都是善于管理自己的，在他们身上都可以找到自律的精神。

东汉时，有个叫孙敬的政治家。他年轻时勤奋好学，努力读书到了废寝忘食的地步，为了防止深夜疲倦想睡觉，他把一根绳子的一端系在自己的头发上，另一端系在房梁上。这样等他想睡觉时，只要头一低，绳子就会拉紧头发，疼痛会让他马上醒过来，然后继续苦读。

苏秦是战国时期的纵横家。他年轻时学问不好，大家都瞧不起他。他很受刺激，决心要好好读书，每到深夜时容易犯困，他就用一把锥子刺自己的大腿以保持清醒。

这就是在中国流传了近两千年的“头悬梁，锥刺股”的故事，这种自律的精神一直是后世读书人效法的典范，激励着无数的青年走向成功。

美国人恩格尼，是一位工作了30年的律师，他在一次度假时，发现自己的车超速，虽然四周没有警察，但他还是给自己开了一张罚单。到市区后，恩格尼便向交通部门报告此事。主管交警很惊讶，因为他当了多年的交警，还从未遇到这样的事。恩格尼被罚款27美元，同时却被授予“世界最诚实律师”的称号。

恩格尼的自律精神的确令人佩服，但他竟因此获得“世界最诚实律师”的称号，可见，即使在美国这样高度发达的国家，诚实与自律也是很稀缺的。

亲爱的读者朋友，让我们一起来看看你是否具备这种自律的能力吧，从现在开始，对你最近的工作日程作个小结。

你在规律性的活动上花了多少时间？你是否有计划地逐步提升自己的专业水平能力？是否每天坚持锻炼身体或保养？是否每天会给自己的工作制定一个目标，并且一定会完成？

假如我们对这些问题不能作出肯定的回答，那就表明我们确实缺乏自律能力，不懂得反省自己，对于期望获得成功的人来说，这是非常可怕的。

那怎么才能让自律给自己的人生带来改变？如何才能培养自律精神呢？

首先要有计划，自律才能有依靠。要想培养自律的能力，先决条件是制订一个详细的计划，理清事情的先后顺序，并且严格执行这个计划。

计划和自律都是完成任务不能缺少的条件。我们不要光凭心情或者图一时的方便去工作，工作应该要有一个规划。对上班族来说，时间通常都比较紧张，计划就显得更加重要。

而计划则必须凭借自律的辅助才能完成。有一个方法可以让大家更好地实现计划：找一张纸，把完成目标的好处都写上，贴在最显眼的地方，这样每天都能看到。如果遇到了困难企图放弃，墙上的“好处”就会提醒自己半途而废多么可惜，执行成功的前景多么美妙。

现在我们还可以列出那些有可能令自己半途而废的原因，把它们大声读出来。假如有些原因听起来是合理的，那么就立刻去找解决的办法，不给自己任何放弃自律的借口。

其次，要让自律成为一种自然习惯。无论是工作还是生活，我们都应该学习那些具有自律精神的成功人士，并主动养成自律的习惯，融入自己的学习和工作之中。只要我们把自律融入工作中，反过来也有助于培养自律。因此，一旦自律成为一种自然而然的习惯，它与工作的关系就会相辅相成，彼此促进。

最后，不要为自己找任何借口。一个懂得自律的人，对于自己没有完成的事，不会去找任何借口。有一位法国作家说得好：“我们所犯的错误，只要不去掩饰，都是值得原谅的。”

从现在起，我们每个人都不要为自己开脱了，为自己没有自律能力找出种种原因，这些只不过都是妄图开脱自己的借口而已！如果真想做一个在事业上有所成就的人，首先就要将那些所谓的借口剔除。

李凯是某大公司一个部门的负责人，他的工作比较轻松。有一天下午，他听说有场球赛，作为球迷的他便离开自己的办公室，去会议室看球赛了。等他看完球赛回到办公室，发现办公桌上有一张纸条，竟然是公司老板留给他的！纸条上写道：李凯先生，你既然那么喜欢足球，我看你就回家去看球吧。

原来很久没有来公司考察的老板下午刚好去了李凯的办公室，听说他去看球赛了，非常生气。李凯因此而失去了工作，后多次应聘，也一直未能在其他公司找到合适的位置。

李凯的错误就在于他没能严格自律。在职场中，自律是员工的基本工作准则之一。那些具备自律能力的员工通常会自觉自愿地把本职工作做到最好。能够自律的员工，不管工作有多单调、艰苦，都会对工作充满激情。

倘若我们不想做一个虚度年华、庸碌无为的人，那就从自律做起吧。自律既是普通员工获得成功的有效途径，也是员工能在职场长期生存的根本；自律既是员工施展才能的潜在动力，更是成为一名优秀员工的重要前提。

不约束自己，就不能管理自己

自由与纪律是哲学中一对抽象的概念，纪律就是一种约束力，自由与约束相得益彰。而让人类引以为荣的并非是自由，而是这种自我约束能力。《圣经》有言：“务要谨守，儆醒。因为人们的敌人，如同吼叫的狮子，遍地游行，寻找可吞吃的人。只要你用坚定的信心来抵挡它。”在日常生活中，人必须时时约束自己，人，当有所为有所不为。

就以人体为例，人的各部位都没有自由，但却是一个和谐的整体，整体是拥有自由的；反之，如果各部位都有了自由，整体就会溃散。这就是自由与约束的辩证性。

在实现目标的过程中，这种约束力更是难能可贵。目标是我们的前途，在实现目标时，需要适当地加以制约。有些人为了实现目标，可能会去做你不想做的事，也有些人为了目标放弃自己的享受、娱乐或业余爱好等，在这个选择过程中，我们明显会感觉到约束的力量。在现实世界里，在生活中，为了生存和理想，我们无法摆脱约束，相反需要有约束的引导，我们才能迈向成功。

无论何人都必须具备自我约束能力，不能让外界的环境和因素使自己脱离前进的方向。工作的时候，不能被乱七八糟的杂念干扰，要养成一种习惯，把那些无益的东西全部阻挡在外。无论从事何种职业，我们都需要养成自我约束和专心致志的习惯，这也正是通向成功的必由之路。

假如一个人不能自我约束，就很有可能付出惨重的代价。若不具备自我约束能力，人们可能会因为某种诱惑而去从事一些违法乱纪的事情，导致的后果会十分严重，或许将关系到个人的成败荣辱。假如一个人具备了自我约束能力，还要将目光放长远，遇事应冷静客观地分析，同时对于跟自己的目标利益一致的，要能长期坚持下去并且付诸实践。

在追求梦想的路上，有成功者，亦有失败者。他们可能都知道获得成功的方法，但他们之间存在着本质的差别，成功者向来能够自我约束，并且去做正确的事情，而失败者则常常令个人情绪占上风，无法坚持正确的方向。

约束自己的另一方面就是不要放纵自己。要想对工作负责，就不能自我放纵，必须严格看管好自己。只有对自己不轻易放纵的人，才能长久地保持责任心。责任心就像是植物成熟的种子，一旦被风吹散，就很难再回到原来的样子。

美国的一所军校曾经发生过这样一件事。那里的军人们很喜欢玩牌，有一个新手，开始只是出于好玩参与打牌，谁想他赢了些钱后，竟然妄想以打牌作为谋生手段，于是便天天去玩。但是他的牌技并不高超，因此开始输钱，到后来越输越多。大家都劝他，不要玩过头了。他不但置若罔闻，最后连妻子存的钱都输光了，妻子当然很生气，就报告给了他的上司，上司调查清楚后，不仅严厉地批评了他，还立了一个规矩：军队禁止赌博。

在这件事中，上司的观点是：娱乐不是不可以，但是放纵自己沉迷其中，不但伤害了自己，也伤害了家庭，还有可能累及军队。放纵其实是从放松转变而来的，所以要彻底地加以纠正——于是他下了禁赌令。

玩牌玩一小时是放松，假如连续玩上几天几夜，那就叫放纵。放松与放纵虽然只是程度上的差别，但放纵却给人带来伤害，无论是对自己的身体还是对家人都是一种伤害。连续熬夜、放纵娱乐这种行为，会造成长期睡眠不足，从而有害身体健康；同时因为睡眠不足，白天不能保证足够的精力，对工作也会造成影响，更会带给家人不安全感。一个真正具有责任心的人，是不可能这样放纵自己的。他要保证自己有足够的精神来完成工作、照顾家庭，要对自己和亲人及后代负责。假如一个人对家庭、对工作负责任，那么他会将那种强制的约束自然而然地转化成一种主动的自我约束。

可见，放纵自己的实质是不负责任。人在放纵时往往只会考虑到即时的自我满足，不会考虑到放纵所导致的后果。

千万不要让自己养成放纵的习惯，即便在工作之外或细枝末节之处也不能任意放纵。放纵一旦成了习惯，就会动摇内心的责任信念。信念一旦动摇，就会失去原则的约束。倘若放纵成为习惯，那么个人的行为方式也将会随之发生改变。

假如个人的行为轻易地发生了改变，他在工作中就会常常出现失误。责任心便如那泼在地上的水一样“覆水难收”。对于一个已经没有责任感的人，他在工作时就可能跟别人攀比，产生一些看法：为什么自己非得那么辛苦、那么认真、那么有责任心？这样做会比那些没有责任心的人得到更多吗？自己的努力，得不到回报怎么办？自己是否吃亏了？

这样的人，已经变得斤斤计较，只关注短期的利益，对长期目标不再具备责任感。整天算计一点点蝇头小利，很难再认真对待工作了。这种人，可能在公司混得还不错，但无法成为一个优秀的人，离自己当初的目标只怕是相去甚远，甚至南辕北辙了。

那我们应该如何培养自我约束能力呢？

首先，要有理想与奋斗目标。一个人有了明确的目标，自然就会自觉自愿地为了这个目标而努力，无形中培养并逐步增强自我约束能力。

其次，要有工作的兴趣。兴趣是一个人最好的老师。对工作，对自己要做的事情一旦培养出了兴趣，就会心无杂念，一心去做，自然也就提高了自我约束能力。

最后，尚需有顽强的毅力。如果没有足够的定力与坚持力，面对外界的巨大诱惑，人们很有可能会被诱惑击垮，以致放松自己，甚至放纵自己一路下滑。当一个人意志薄弱时，只有依靠顽强的毅力才能使自己坚持下去。这是一个人能否成功的关键所在。

自我管理，是管理他人的前提

谁不想在职场中升得更高，谁又不想飞得更远，成为领头雁？管理他人的前提，是能管理好自己。正所谓“一屋不扫，何以扫天下”，一个人倘若连自己都管理不好，如何让别人相信他能够带领大家一起攀登胜利的阶梯呢？

那如何才能做到管理好自己，让别人相信自己并追随自己呢？

一方面，若想管理他人，自己必须积累一定的资本。“桃李不言，下自成蹊。”自我管理能让我们成为一个受别人尊敬的人，这才是领导别人的资本。

一个具备了自我管理精神的人，才能一直提醒自己该做什么、如何做。他的行动是以强烈的事业心、责任感为基础的；他时刻不会忘记自己的目标，把计划落到实处；他总是能起到表率和指导作用，并带领周围的人一起实现更为远大的目标。

福特汽车公司的创办者亨利·福特，曾经在求职时屡屡被拒，贫困和挫折没能让年轻的福特消沉，反而磨炼了他坚忍不拔的意志。他因此更加了解社会和人生，学会了控制和管理自己。终于创建了福特公司，他的员工以他为荣。

要想做一个优秀的管理者，首先必须有很强的自我管理能力，通过自控和奋斗，才能更好地平衡工作和生活，才能拥有一种自然的影响力和人格魅力，为自己积累做领导的资本，并获得他人的信赖和尊重。

另一方面，要求别人做到，自己先要做到。自古以来，言传身教是最有效的说服方式。想让别人听命于自己，那就得先做出个榜样来。通过自我管理，自己就可以成为这个榜样，在潜移默化中才能影响和感动别人，使之对己敬佩和信赖，从而愿意服从自己。

素以治军严格著称的冯玉祥将军，曾经在部队下令戒烟，谁如果违纪吸烟，就要被罚吃烟头。有位士兵偷偷吸烟恰巧被冯将军看到，将军要惩罚此兵，士兵不服气，小声顶撞他："您也吸烟了。"冯将军这才想起，不久前，他待客时自己吸了几口烟。将军猛地摔下军帽，大声地说："我冯玉祥上梁不正下梁歪。我确实吸烟了，从今往后，我绝不再吸烟!"说着，他从士兵手里抢过烟头，吃下去，又命令士兵将屋里留着待客的烟卷全部搬出来烧了。这一来，士兵们没人再吸烟了。

冯玉祥将军就是起到了表率作用，军队官兵才会真心服从"戒烟"的命令。自我管理，就是一种自律和自我约束。如果没有自我管理，职业生涯就如同一棵不会结果的树。成功学专家陈安之曾经这样说："要让事情改变，先改变自己。要让事情变得更好，先让自己变得更好。"因为自己做好了，才有资格和勇气去要求以及管理别人，如果自己都一团糟，恐怕没有人相信你能让大家都变得更好。

此外，大家还应该明白，管理别人靠"缘"而不是靠"权"。要想管好他人，光凭权力和威严是不够的；还要走进别人的心中，拥有好人缘。这就必须通过自我管理，令自己仿佛是磁石，具有强大的吸引力，让大家喜欢与你共事，甘于"为我所用"。这就是"缘"管理的强大作用。

我们依靠这些方法，就能顺应环境，拥有人脉。面对上级，要按时保质地完成任务，让上级对自己的能力放心；面对平级，则应不卑不亢、和谐共处，表现出能够信赖与合作的一面；面对下级，就要恩威并施、让人敬服，让下属觉得跟着你这个领导更有干劲与前途。

自我管理能帮助我们获得领导、同事以及其他人的支持和帮助，以便更好地经营自己，增强信心，在职场中实现质的飞跃。

只有学会自我管理，让自己从里到外都具有磁石般的魅力，才会有人追随，才能一步步实现职业和人生的梦想。

自我管理的六大原则

只要遵守下面这六条原则，我们就能进行有效的自我管理。

第一，自我管理的首要原则就是自律。假如一个人不能很好地自律，他就无法在工作中充分实行自我管理，也就不能把工作做好。

罗伯特·古兹维塔作为美国可口可乐公司的前董事长兼执行长，掌管可口可乐长达16年，使可口可乐的规模比原来扩大了3倍。他在年轻时是个很不起眼的人，可是他很善于自我管理。他经常把自己锁在房间里读书，一读就是5个小时，并且不跨出房门半步，一点也不理会外面世界的喧嚣。正因为有如此的坚持和自律精神，才成就了他日后不平凡的成就！

第二，一定要为自己设定一个目标，因为目标是自我管理的动力。要想在工作中取得成就，就要为自己预先设立目标。

有一位高级行政职员在介绍经验时说："我能游刃有余地面对非常烦琐的行政工作，秘诀就是给自己确立目标。每天工作前，我都要把一天要完成的事务列个清单，这些就是我当天的目标，然后只要一个个实现这些目标就可以了。"

事实上，很多人给自己制定了目标，但目标过高过大而无法完成。那就要学会制定长远目标和近期目标。长远目标就是自己日后整个人生或在一个时期内努力的方向，也就是梦想。近期目标就是每年、每月、每周甚至每天自己要完成的目标。也可以在设定大目标的时候，把目标分割成很多小目标，一次完成一个小目标，最终完成大目标。一般来说，设立的近期目标和小目标都要切合实际，是通过努力能够实现和达到的，以满足自己的成就感，并以此不断激励自己朝更大的目标和梦想前进！

第三，只去做自己最擅长的事，能有效促进自我管理。现代管理学大师德鲁克建议，一个人的精力一定要用在自己擅长的事物上。对于自己无能为力的领域，就不必徒耗心血。

一个人如果不能按照自己最擅长的方式去做自己最擅长的事情，就注定了此生业绩平庸。这很容易理解，从毫无能力到“还说得过去”所需要耗费的精力和时间，远多于从一流水平到卓越层次所需的努力。因此，在工作中要弄明白什么事情是必须做的，更有利于人们辨清该把精力放在何处。

第四，寻找最适合自己的工作方法，有效的自我管理还有赖于合适的方法。每个人的个性特质和行为方式都存在不同，我们必须尊重这些差异。

处理同一件事并非只能使用同一种方法，找出哪种方式是最适合自己的，就非常重要了。只有极少数的优秀员工才懂得他们应该如何完成一项任务，大多数人都在用不适合自己的方法工作。这就提醒大家，一定要找出最适合自己的方法，通常可以花一段时间观察和总结自己的工作情况，判断出哪种方式是最好的，刻意加以运用，必然能够形成自己独特的工作风格。在这种理念的指引下，假如你的同事创造出了一套更为快捷高效的方法，你也不能全盘照搬，而是要加以合理地吸收和应用，使之融入自己的风格。

第五，管理好自己的时间资源，可以提高自我管理的能力。很多人看似忙忙碌碌，最后却不知道自己的时间都用到什么地方了。怎么管理好自己的时间，是很多工作没有条理的人面对的巨大难题。

理财大师往往要求人们理财从坚持记账开始，我们也来记一个时间流水账，学会管理时间。开始时，可以试着每过 15 分钟记录一次，都做了什么事，用了多久的时间，然后工作结束时，把每件事的预计时间和实际消耗时间作对比，来检验时间利用率。切记，一定要给自己留下一段不受打扰的“封锁时间”。法国前总统戴高乐就很善于利用“封锁时间”进行独立思考，美国前总统尼克松后来学了去，还在其著作中写道：“有时间独自思考是何等重要。”由于尼克松的坚持，他的下属每天要给他安排几小时独处，好让他可以不受干扰地思考。

第六，善于自我解压减压，让身心及时得到休息。人都是血肉之躯，不要把自己当成“神”看待。当我们感受到疲劳和压力时，要学会说“不”，要学会自我减压，自我放松。

智威汤逊是全球第一家广告公司，他们的执行创意总监狄连昌就很善于自我减压。面对压力时，他会通过固定的阅读、听演讲来舒缓压力，放松心灵。他曾经谈到这方面的感受："将每个瓶颈视为健康的，只是你必须调整心情，寻找心情的出口。"的确，谁都不可能一直保持精力旺盛，当人们感到自己的身体或心理无法继续承担时，要及时让身心得到休息，做到有张有弛，才能重新焕发生机。

自我管理是获得升迁的砝码

员工要想获得晋升，一定要先博得老板的信任和青睐。负责任地说，老板们都喜欢那些善于自我管理的员工。这样的员工积极主动地工作，完成老板布置的任务自觉自愿，不但按时按质，甚至超过老板的预期。他们充满热情，努力上进，绝不偷奸耍滑，遇到难题也从不挖苦抱怨、推脱逃避，并且以完成目标为导向。那么，当有升职的机会时，老板当然要先提拔这样的员工。

对于那些拿着工资混日子的人，老板怎么会喜欢呢？他们不求上进，装模作样，就像牙膏，不挤不出，没人催促和训斥就偷懒耍滑；他们缺乏人生的野心，只求温饱，小富则安。他们追求的是60分万岁，工作过得去就可以，不好不坏的态度，令人无奈。

自我管理能加强积极性。善于自我管理的人，工作积极不用监督，充分揣摩上级的意图，知道什么该干什么不该干；他们敢于负责，不斤斤计较，识大体；他们不仅完成工作，而且要做得很圆满；他们不断提高自身素质，愿意从公司的角度考虑问题；他们善于动脑子，认真思考问题。如果你是老板，难道你不喜欢这样的员工吗？难道你不把更多、更重要的工作交付给他们吗？这就是这些员工获得升迁的砝码。

双胞胎兄弟柏克和麦克，一起在一家土豆泥制作公司当销售员。可是不到一年，麦克就升职做了销售总监，而柏克还是最初级的销售员。柏克就去问老板为什么提拔麦克而不提拔他，老板让他去市场上打听一下土豆价格，然后告诉他答案。柏克去市场上转了转，回来告诉老板："我问了两家，一家是3毛一斤，一家是3毛2一斤。"

老板又让麦克去打听一下土豆价格。麦克去了半天才回来，说："今天市场上共有7家卖土豆的，平均价是3毛2。土豆质量最好的一家，价格是3毛5一斤，但是物有所值；还有一家弄了三大车土豆，他们急于脱手，价格很便宜，2毛9一斤。公司要扩大生产，正好可以买来做原料……"

柏克在旁边听到很是羞愧，没有再追问老板答案。

这则职场故事说的道理不言而喻。

善于自我管理，可以促使自己工作更积极。而积极主动的员工不但能圆满地完成任务，还能尽职尽责地为老板考虑，尽其所能地为老板提供建议和信息，并因此受到赏识和提拔。比别人多付出，自然就会多一些机会和收获。只有积极主动、充满活力的人才能在信息社会受到重用！

被誉为全美头号经理人的杰克·韦尔奇说过，管理的最高境界是让员工学会自我管理。对于企业老板和管理者来说，他们当然也更喜欢充满热情、干劲十足、积极主动的员工。

自我管理能提高工作效率。那些擅长自我管理的优秀者，不但关注在每项任务上使用的时间，而且还懂得优化所有的任务，从而提高工作效率。有统计表明，善于自我管理的优秀员工与不善于自我管理的普通员工，工作效率的差别可达5到7倍。优秀员工知道怎么利用有限的时间做更多、更重要的事情，怎么才能使事情做得更好、更让老板满意。他们明白时间的价值，绝不浪费自己以及他人的时间，这样做的结果就是公司和个人获得双赢，共同求发展，共同迈向成功。

善于自我管理的人，经常会采用一些方法，以保障工作时不受干扰。他们可能在高效工作时不接电话；他们会在工作计划中预留时间以防遇到突发事件；他们处理事情按照重要程度排序，做到分秒必争；他们可以控制自己的工作节奏，因为其对工作规律非常了解。

提高工作效率就意味着处理相同事情所用的时间缩短了，或者在相同的时间内能够处理更多的事情。老板都是懂经济的人，他们更知道高效率的工作能给企业带来什么，因而自然会格外优待工作效率高的员工，给他们提供更多的升职或加薪的机会。

自我管理能够强化执行力。执行力，就如同一切决策的灵魂。倘若缺乏执行力，无论什么高明的策划都是镜中花、水中月；而那些没有执行力的人无论具有多高的才气，也很难受到重视。当老板的最怕的就是只会夸夸其谈、期限一到却拿不出任何成果来的那一类员工。真正的人才，要具备各方面的能力，尤其是执行力，否则不会被社会认可。

《把信送给加西亚》一书曾经一度红遍了大江南北，有很多老板竟然成批订购送给企业员工看。这本书讲述了一个传奇故事，主人公罗文接到麦金莱总统的任务——给加西亚将军送一封决定战争命运的信。罗文凭着自己的忠诚和能力，冒着生命危险克服重重困难，最终把信交到了加西亚手里。

罗文其实有很强的自我管理能力。当接到艰巨任务后，假如罗文不善于自我管理，没有执行力，那他就不知道该如何通过敌人的防线，该如何保护这封信，该如何穿越无人的森林，该如何弄到食物……那这个传奇故事就不可能流传至今，并给后人带来巨大影响和启示。

因此，假如一个人想得到晋升，就要学习罗文的这种执行力，加强自我执行力管理，不要找借口，坚决执行并完成任务。

自我管理能保持学习竞争力。拥有自学能力是决胜职场的撒手锏。在这个崇尚速度、高效的时代，不学习就意味着落后，落后就意味着被淘汰。一个善于自我管理的人，必然注重学习的效果，令自己比他人学得更快、更好，因此，他们通常都乐于学习并且善于学习。

当今社会，知识就意味着财富，因此哪个老板能不重视具备多方面知识和技能的人呢？他们与普通人相比，不但胜任各项工作，还能为企业节省成本，创造更多的效益和价值。显然，知识和技能是每个人立身处世的根基，跟老板讨价还价的筹码。

一朝在职场，就如逆水行舟，不进则退。不愿意继续学习以及那些总说没有时间学习的人，只能在叹息和哀怨中落后时代，眼瞅着长江后浪推前浪，被抛弃在岁月的角落。

自我管理能不断提升技能水平，让自己变得更高、更强。用各种继续教育不断为自己充电，是获得晋升的不二法门。假如一个人精通业务、在公司中无可取代，能给公司带来可观的效益，怎么能不得到提拔和重用呢？

美国的营销学者拿破仑·希尔，雇佣了一个女助手，此人很懂得如何提高自己的能力。当别人都下班后，她经常还留在办公室，努力学习做她职责外的工作。她研究希尔的文字风格，模仿希尔的文笔，试着替他写回信，这些回信有些甚至比希尔写得更好。她的工作效率也越来越高，很多大公司纷纷想要聘请她，答应给她很好的职位。但希尔已经离不开这位助手了，只好一再为她加薪，以至于加到了普通助手的6倍之多。

如果想要获得成功，一定要努力学习，“活到老，学到老”这是对所有职场人士的忠告。只有知识才能让人在前进的道路上披荆斩棘，清除障碍，解决问题，顺利走向成功的彼岸。

管好自己的日常行为习惯

在动物园里，或者在印度、泰国那样的国家，人们经常可以看到一头千斤重的大象，仅被一根细细的链子拴在一根柱子上，大象不是能够力拔千斤吗？为什么它不设法摆脱这细细的铁链呢？驯兽师会告诉你因为它们习惯了。

当大象还是小象的时候，那些专业的驯象师，就把小象用铁链拴在柱子上，小象力气小，无论如何也挣脱不了。随着岁月的流逝，小象也渐渐习惯了绳索的束缚，不再挣扎。即使等到它们长成了大象，能够毫不费力地挣脱细细的铁链，也不会逃离。

据调查，人的日常生活中有90%的行为方式来自于习惯，大多数的日常活动都仅仅是习惯罢了！比如什么时间起床、睡觉；如何洗澡穿衣、刷牙吃饭、上班……日复一日，人们不过是被几百种习惯左右着自己的生活。

我们每一天所做的每一件事情，几乎都是习惯使然。习惯令人手脚敏捷，却令头脑笨拙。在每个人身上，都有好习惯和坏习惯，习惯要么造就一个人使之成功，要么毁掉一个人令其失败。真是成也习惯，败也习惯。

某个马戏团里有位驯虎师，他从不给他喂养的老虎吃肉。老虎从小到大，都没有闻过肉味，也就不会对人造成伤害。除了小老虎外，他还养了一条狗，当家里有剩菜剩饭时，他就倒给狗吃了。因为有这样的习惯，在驯虎时他也这样，小老虎也十分顺从，乖乖地舔食剩饭菜。

一天，驯虎师不小心摔破了膝盖，流了很多血，有些就滴在虎笼里。驯虎师不愿意打扫，竟示意老虎过来舔掉。老虎这一舔尝到了血的滋味，激发出它的兽性，从来没吃过肉的老虎把驯虎师吃了。

小象摆脱不了是因为铁链，而大象却是被习惯束缚。老虎从未吃过肉，也就没有伤过人；驯虎师也习惯了这只老虎不吃人。习惯几乎能够控制住所有的事，但也有偶然出现，就像那只偶尔尝到了人血的老虎。这个驯虎师没能像驯象师那样获得成功，因为习惯而遭受不幸。

一个人如果能驾驭好习惯，就可以获得成功。养成好习惯很难，但是保持下去似乎也挺容易；养成坏习惯容易，想要革除这些坏习气则很难。人们常提到，性格决定命运，习惯决定性格。因此，每个人都应管理好自己的习惯，学会用习惯去克服习惯，不要被坏习惯所控制。

好习惯能给人插上翅膀，助其飞往成功的天堂；坏习惯能给人挂上锁链，牵其陷入失败的地狱。很多人被锁链束缚时，却并不知晓钥匙其实就在自己手中，这是多么令人遗憾的事。

当人们养成一种习惯后，要想改变它是很困难的，甚至会令自己不舒服。比如：如果一个人在晚上睡觉前习惯看电视，那他必须每天按时看电视才行。相反，如果要求没有这种习惯的人这么做，他就会有被强迫的感觉，而非愉悦。

可见，当一种习惯已经养成，想改变它是一件多么艰巨的任务。

“乌鸦飞到猪身上，比比谁更黑”，人们总是习惯于把眼光放在别人身上，而看不到自己的缺陷。如果试图改正自己已经形成的不良习惯，就要自我约束。唯有如此才能改掉坏习惯，为进行良好的自我管理打下坚固的基础。

一个人无论在家里还是在工作中，都不可能如同小鸟那般自由自在。为了最终能登上胜利的顶峰，我们非但不能摆脱“约束”，相反我们应当约束自己养成良好的习惯，最终必然能品味成功的美妙滋味。

遵守纪律，是个人和团队成功的重要因素

纪律是一切制度的基石，对于每个组织和团队都是非常重要的。纪律有下面四个方面的含义。

一、纪律是一种对组织和团队的目标、核心价值观与文化特征的认同

为了践行这些认同，员工个人能够表现出极强的自律能力和高涨的热情，并以此激励自己完成职责，甚至建立或者完善自我的人格。

作为企业的一分子，每位员工都应该有很强的纪律观念：遵守企业的各项规章制度；从公司的利益出发；坚决服从领导的安排；不要找任何借口。如果我们这样做了，就会发现，自己的工作能力提高了，与同事的合作更和谐了，职业发展前景可能就会出现新的局面，自己的个人潜能也能获得最大程度的发挥。

二、纪律就是遵守组织和团队的规章制度、规则和程序，遵守公共道德规范

巴顿最引以为豪的就是，他的军队有铁的纪律。巴顿说：“纪律不但

是保持部队战斗力的重要因素，而且是士兵们最大限度地发挥自身潜能的基本保障。因此，纪律应当是根深蒂固的，它甚至比战斗的激烈程度与死亡的可怕性质还要强烈。”

巴顿非常重视军纪中的一些细节，诸如军人的领带、护腿、钢盔以及随身武器甚至每天刮胡须之类的小事，都要部下严格执行。因为巴顿深知，假如部队不守纪律，忽略细节，看上去松松垮垮，注定会打败仗。

一个企业的领导也会要求自己的员工衣服整洁，爱岗敬业。具体到细节就是员工应该穿戴工作服和工作帽，佩戴工卡，讲究个人卫生，按时上下班等。

三、纪律就是服从命令，按上级的指令与要求完成工作计划

《三国演义》中有一段“失街亭”的故事。诸葛亮与司马懿在街亭对战，马谡请命要去守街亭，并自立军令状，如果失败就请处死全家。诸葛亮开始不同意，但见他如此坚决最终答应他出战，并派王平随行。诸葛亮要求马谡安置好营寨后须立即回去禀报，有事要与王平商量，马谡都答应了。

然而兵到街亭时，马谡非要把军营安置在山上，并固执己见，不听王平劝告，也没有按军令回去禀报。司马懿派兵攻来，在山下切断了马谡之军的粮食和水源，马谡不但兵败，还丢失了街亭这个最重要的据点。诸葛亮处斩了马谡，并且认为自己没有管理好部下，自愿降职三等。

这个故事告诉我们，严守纪律才能使一个人一个团体迈向成功，马稷未能遵守诸葛亮对他立下的规矩，导致自己身败名裂，更给整个蜀军带来了巨大的损失。

诸葛亮的自请降级，也说明了领导者更要遵守纪律。要想让团队里的人都遵守纪律，团队领导者就要做好模范带头作用。

四、纪律是顾全大局，团结协作，从组织和团队的利益出发

员工应该注重与其他成员的团结协作，与同事一起学习进步，这样不仅能完成本人的工作指标，还能使工作过程与结果对别人有所帮助。

在所有获得成功的案例中，我们也可以看出个人遵守团队的纪律，个人服从集体是何其重要。

我们都知道，狼群的作战力很强，是草原上最令各种动物惧怕的猎手。《狼图腾》中描写了在草原的狼群中，每只狼都能自觉遵守狼群的纪律，服从整个狼群的利益需要，这是狼群能够成功捕猎的重要原因。

而员工在团队中，也要严格遵守团队纪律，只有自觉地遵守纪律，整个团队和企业才能取得进步。要知道那些最优秀的团队之所以能够成功，是得益于每个成员都能遵守团队纪律。

此外，除了令集体成员遵守纪律以外，一位优秀的领导一定懂得遵守纪律，而且也能带动整个团队都来遵守纪律。

有位博士认为："领导者的气势取决于他的纪律性。"

除了上文提到的《三国演义》的例子外，《左传》记载了一个关于春秋时期军事家孙武的故事。孙武去见吴王阖闾，讨论出兵攻打楚国的事情。孙武自然对兵法说得头头是道。可吴王并不十分信任他，就给孙武出了个难题：让孙武按照军法训练吴宫中的妃子与宫女。

孙武挑了100个宫女，让吴王的两个爱妃当队长。他先给这些"娘子军"讲解了训练的要领，可操练时，这些女人却个个笑得花枝乱颤，尤其是吴王的两个爱妃笑得最厉害，根本没人听从他的命令。孙武只好又一次讲解要领，并要求两个队长要起到带头作用。

不料再次训练时，宫女们还是那样，而那两个妃子更是不当回事，笑个不停。孙武便厉声喝道："既然以军法训练，我的口令就是军令，不听指挥就是公然反抗军令，尤其是这两个队长，按军法当斩！"说罢，孙武命武士将吴王的两个爱妃处死了。

宫女们立刻安静下来，并且能遵守孙武的口令，最后她们的动作整齐划一，达到了军人的训练标准。吴王失去两个爱妃很难过，但也只能对孙武说："先生的带兵我已经领教了，你带领的军队肯定纪律严明，能打胜仗。"

在企业里，做一名优秀员工难，做一名优秀的管理者更难。如果管理者不能坚守纪律，以纪律为准绳，倘若遇到了孙武那样的问题，即便制定出了一系列的政策，也会因为某些人的利益关系而无法获得发展和实现。如果管理者面对的是比自己职务更高，或者是有什么深层背景的人，更会面临进退两难的境况，此时，团队纪律才是唯一的尚方宝剑，纪律之下，人人平等的观念，才能帮助人们解决困难。

第二章

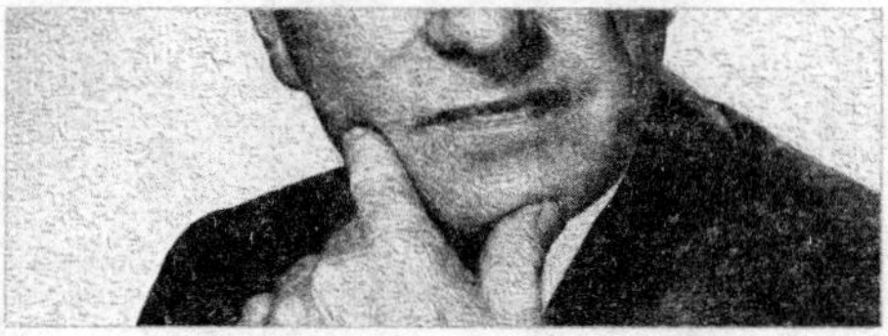

自我认知

了解自我是走向成功的前提

一位智者问他的弟子："在这个世界上，什么事最难？"

弟子回答说："人人都想挣大钱，却到处都是穷光蛋，当然是挣钱最难。"

智者摇头。

"是哥德巴赫猜想？"

智者又摇头。

弟子又说了几个，都没有猜中，于是只好放弃了。

"告诉你吧，认识你自己最难。"智者说。

古希腊德尔菲城的一座神庙中，雕刻着苏格拉底的一句名言："认识你自己。"这是这座神庙中唯一的碑铭。认识自己并不是一件容易的事情，正所谓"不识庐山真面目，只缘身在此山中"，说的就是这个道理。

"我是谁？""我从哪里来？""又要到哪里去呢？""这件事情我为什么要这么做？""今天我为何会不高兴？"从古希腊开始，人们就不停地追问自己，不过直到现在都没有找到满意的答案。即便如此，人们从来没有停止过对自我的这些追问。

也正因为这样，人们常常迷失在自我当中，非常容易受到周围信息的暗示，并且会将他人的言行作为自己行动的参考。认识自我，在心理学上叫作自我知觉，是一个人了解自我的过程。在此过程中，人们更容易受到外界信息的暗示，从而导致自我知觉出现偏差。

在日本民间，有这么一个流传甚广的故事。

有一个好斗的日本武士向一位老禅师询问什么是天堂与地狱。

这位老禅师说："你性格暴躁，行为粗俗，我没有时间跟你这种人论道。"

他的话让武士恼羞成怒，拔剑大吼道："你竟敢对我如此无礼，看我一剑刺死你。"

老禅师缓缓说道："这便是地狱。"

武士一下子恍然大悟了，平心静气地纳剑入鞘，伏地久躬不起，感谢禅师指点。

于是禅师又言："这就是天堂。"

武士的顿悟，表明人在陷入某种情绪时通常并不自知，总是在事情发

生之后，通过有意识的反省才能发觉。事实上，一个人的情绪是非常多样的，情绪也是十分主观的体验，不同的人之间有着很大的差异性。

那么，是什么原因造成了这种个体的差异性呢？大致可以归纳为以下三个方面。

1. 人与人存在着天生气质上的差异

比如，人的知觉反应不同，对内在、外在刺激的敏感程度也就不一样。情绪反应强度不同，抗议的程度也就不同。比如同样被抢走玩具的幼儿，不同的人，反应就有可能截然不同。

2. 每个人都有着不同的人生经验

每个人的生活经历都是不同的，因此都有着截然不同的生活经验。如果过去曾遭受过强烈的外在伤害，相关的情景就比较容易引发相似的情绪。比如被狗咬过的小孩，看到狗时，会比没有这种经验的小孩更容易产生害怕心理。

3. 每个人都会形成自己独特的认知结构

因为所经历过的事情不一样，每个人都会形成自己独特的认知结构。对事件的诠释、评估不同，自然也就会生成不一样的情绪体验。比如，当一位妙龄少女走在路上，发现有几个男人在注视自己，这时妙龄少女若认为这些男人对自己不怀好意，就会顿生怒意，从而感到不快。可是，这时妙龄少女若认为这些人是在欣赏自己的穿着品位，那么她就会油然生起得意之情，从而心情大快。

了解自我，是天底下最难的事情；了解自我，是成功的前提。了解自我之所以很难，是因为我们既不可能时时刻刻反省自己，也不可能总把自己放在局外人的地位来观察自己。但是，任何一个人，若想在短暂的人生中有一番作为，都必须了解自己，否则就无法认清自己的实力，更不能掌控自己的人生，成功也就会像镜中花、水中月一般可望而不可即。

正确地认识自己，客观地评价自己

美国心理学教授杰克·伊格勒表示：“个体心理健康的一个重要指标，就是对自我的接受和认可。换言之，我们要对自己有一个正确的评价，不可过高也不可过低，这样才不会出现自负和自卑的心理。”

一个人若不能正确地评价自己，就会产生心理障碍，就会对自我感到不满和排斥，使得生活中的自己和理想中的自己出现差异。因此，要保持心理健康，我们需要做的第一件事就是要正确地认识自己，客观地评价自己。

但在现实生活中，很多人都无法或不愿正确地认识自己，他们不是对自己评价过高，就是对自己评价过低，下面这则寓言，就很好地说明了这个问题。

清晨，一只老山羊带领几只小山羊在栅栏外徘徊，它们想吃栅栏里面的白菜，可就是进不去。这时，太阳东升斜照大地，在不经意中，老山羊看见了羊群的影子。在阳光的斜照下，它们的影子变得越来越长。

“我们如此高大，一定能够吃到树上的果子，吃不吃这白菜又有什么关系呢？”老山羊对小山羊们说。远处有一大片果园，园子里的果树上结满了五颜六色的果子。于是，老山羊带着羊群朝那片园子奔去。

到达果园时，已是正午，太阳当顶。此时，山羊们的影子变成了很小的一团。“唉，原来我们如此矮小，这又怎么能吃到树上的果子呢？还是回去吃白菜的好！”于是，它们沮丧地折身往回跑。

跑到栅栏外时，太阳已经偏西，它们的影子重新又拖得很长很长。

“我们干吗非要回来呢？”老山羊很懊恼，“凭我们这么大的个子，吃树上的果子是一点问题也没有的！”

在这个颇具讽刺意味的寓言中，老山羊就犯了不能正确认识自己的错误。其实，我们身边的很多人又何尝不是如此呢？在春风得意时，就开始狂妄自大，目空一切，唯我独尊；在遭遇挫折时，又会自信全无，悲观颓废，让人觉得可怜又可恨。

那么，我们到底应该怎样正确地认识自己、客观地评价自己呢？

第一，既不能过低，也不能过高。过低地评价自己与过高地评价自己，都是不对的。过低地评价自己，容易心生自卑、缺乏信心；过高地评价自己，容易目中无人、过度自负。

第二，知道自己的长处与短处。正确地认识自己，客观地评价自己，其实是一件非常难的事情。为什么这么说呢？因为大多数人往往会回避自己的缺点或不足，甚至认识不到自己的缺点，看不到自己的不足，但是却会拿着放大镜看别人，看到的往往是别人的瑕疵，这样就会拿自己的优点或长处来比较他人的缺点或不足。其实，每个人都有自己的优点和长处，如果在自己的长处上表现得非常积极，工作效率也非常高，但是你的长处能否与你所处的企业或者项目相吻合，比如一个非常专业的建筑工程师如果来到公路行业施工恐怕得到大家的认可就有点难了。同样，一个专业的路面工程师如果到了一个纯粹的桥梁项目上也很难得到大家的认可。

第三，学会换位思考，也就是无论遇到什么事情，都要站在对方的立场上去考虑问题。如果我们经常这样做的话，相信很多事情都可以迎刃而解。

第四，更多地进行纵向比较，而非横向比较。纵向比较就是跟自己以往的经历比较，这样可以很好地激发自己、激励自己，很大程度上会满足自己，还会产生一种自我成就感。但是做到这样其实是很难的，许多人往往更容易横向比较，所谓横向比较就是拿自己和别人比，和自己周围的人比，和自己所处的环境比，这样往往就会产生心理不平衡。

第五，将自己的个人价值观与所在企业或团队的价值观相融合，尽量保持一致。这样，我们才不至于被能力之外的因素所困扰，才能够在职场中得到更好的发展。在很多人的自我意识里，可能会很不情愿改变自己，但只要我们身在职场，就不能一意孤行。职场的重要法则之一就是：必须主动去适应工作环境，因为工作环境不会主动来适应你。否则，你就会在职场上举步维艰，终将因无法适应公司的环境而惨遭淘汰。

知道自己的长处是什么

每个人因为先天遗传和后天环境的差异，都具有各自的长处与短处，我们的目的就是了解自身的优势，并不断发挥这些优势来创造伟大业绩。人们有一整套标准来分析组织的优劣（如SWOT），但长期以来，大家几乎不怎么重视对自身长处的分析，而在他人的挑剔和批评下，人们可能对自身的短处还能了解得更清楚一些。

管理学鼻祖彼得·德鲁克曾经在《21世纪的管理挑战》一书中提出，通常人们都觉得了解自己的长处，但实际上，人们更了解自己的短处。但是，人们只能在工作中发挥自己的长处，却不能靠短处创造业绩。

可见，了解自己的长处并不是一件容易的事情。

德鲁克在书中这样写道：“只有一种办法能让我们了解自己的长处，就是反馈分析法。无论做出什么样的关键决策，或者采取什么样的关键措施，都要写下期望的结果。等9~12个月以后，我们就可以把实际的结果跟预期的结果进行比较。我使用这个办法到目前已有15~20年了。每一次比较都让我吃惊。每一个采用这个方法的人也都这么认为。”

关于反馈分析法，德鲁克总结出了以下结论与措施。

第一，也是最重要的结论是：集中精力发挥自己的特长。一个人在什么地方能发挥特长，创造出优异成绩与成果，他就属于那里。

第二，努力增强自己的优势。反馈分析法可以很快发现人们需要在哪些技能方面得到提高，或必须学习哪些新知识以及哪些方面的知识与技能需要更新，知识面上存在哪些差距等。

第三，反馈分析法能够发现人们在哪些方面存在不足。人们在工作中没有做出成绩，是因为没能掌握足够的知识，或不愿意学习自己专业领域外的知识。

第四，人们应该纠正坏习惯——那些能够妨碍人们发挥效率与创造绩效的行为，在反馈分析法中很快就会暴露出来。

第五，要有礼节。通过运用这种方法，我们发现，缺乏礼节会导致无法取得理想的结果。如果两个单独的个体在相互接触时总是产生摩擦，礼节就是这两个个体能够合作的润滑剂，无论他们彼此之间有多么讨厌对方。

第六，明确哪些是自己不能做的。通过对比结果与预期，人们能够发现哪些是不能做的事，自己在哪些方面缺少最基础的能力。

第七，不要浪费过多精力在改进弱项上。人的精力应该集中在自己那些具有较高能力或技能的领域。从一无所知提升到中等偏下水平所需要花费的时间，要比从第一流的绩效提升到卓越所需的时间多得多。人们应该集中所有的能量、资源和时间帮助自己充分提升并发挥最优秀的特长。

反馈分析法似乎并没有隐藏着什么惊人的秘密，但假如一个人能够坚持做一件事情50年，必然能收获属于自己的东西。不管它是神秘古老的瑜伽，还是现代简单的广播体操，或者就是在客厅里转几个圈，其实都无关紧要，最重要的是能够持之以恒。

一个人假如能像德鲁克那般坚持不懈地反馈分析，就一定会获得胜利女神的奖赏！

知道自己到底想要什么

我们在追求梦想、努力实践时，总是要问自己：“我真正想要什么？

这一切都是为了什么?"如果问世俗中的人，他的人生有何目标?大多数人都会答出以下几个词语：财富、健康、成功、家庭幸福、满足感等。其中"成功"和"幸福"是被提到频率最高的两个词汇，并且它们也能概括一些其他追求——成功的人可能会拥有更多的财富以及更高的社会地位等。

我们先来谈谈成功。在人类的各种语言词汇中，无论是否已经形成文字，"成功"如同太阳一般关系着每一个人。"成"是成就，"功"是功绩和贡献，也就是一个人取得什么成就，这成就对社会有何贡献。英文的"成功"源自于拉丁文"succed"，其本义是接替和替代，也就是在时间顺序上先后发生，比如人们的发明、设想和尝试变成现实了，叫成功，意即现实接替了梦想。

尽管每个人对成功的定义和描述都有所不同，但我们只给出同一种建议：不要在成功的篮子里只放一样东西。假如一个人 25 岁时的成功标签，是 30 岁前拥有自己的豪华版宝马车；到时候如果没有实现就会感到一无所获。但假如他在自己阶段性成功的篮子里放的是：30 岁时拥有两室一厅的房子、结婚成家、拿到律师资格证书、升职，那么到时只要有一个愿望实现了，他就会有一定的成就感，体验到成功的快乐。

健康是支撑人生的物质和能量资源。俗话说：50 岁之前用健康换金钱，50 岁以后用金钱换健康。只有健康资源的持续可用，成功才有保证。哪个获得成功的人，不是精力充沛的呢?健康资源优势保证了他们最大限度的勤奋和努力。总有一些人，终因健康资源的短缺而英年早逝，或者没有能力继续研究，变成悲剧英雄。健康的概念除了身体、生理的健康，还包括心理健康。有句话说，"一个人不是因为美丽而可爱，而是因为可爱而美丽"。心理的健康需要人们不断提升对自我和社会的认识、提升自己的情商和智商。在现代职场环境中，人们还需要通过职业化的训练，提升自己的言行举止、着装和形象，使自己由内到外都美丽。

智力是一个人获得成功的基石。这里的智力指的是智慧和魅力，绝不只是单纯地指智商。高智商的人未必能成功，一个人是否能取得成就，智商只起到 20% 的作用。个人成功更为重要的是个人魅力，即对他人的影响力，这由品格和情商决定。那些智慧高、有魅力的人，不仅能及时完成任务，还能勇于创新，善于解决问题，更善于调动一切人员和资源来达成目标，并且善于激发他人潜能。智慧与魅力不但决定了一个人社会成就的大小，而且在很大程度上也决定了人的财富水平。

情有所归，追求并尊重个人感情，这是西方现代社会的最高价值观之一。这里所讲的“情有所归”是指一个人对爱人、对家庭、对工作与事业的情有独钟。成功的最高层面是个人心灵获得解放和满足。你爱的人不爱你，你从事的并非自己热爱的职业，你有能力可始终没有展现才华的机会，这种“情无所归”会给人带来痛苦和挫折感，这类人常常感觉不到幸福的存在。

说完了成功，我们再来说说幸福。

苏格拉底认为人生最主要的目标就是幸福。可是对于普通人来说，幸福是那么的难以捉摸。

什么是幸福呢？幸福是财产，是功名吗？虽然有人觉得拥有大量的财富就会感到幸福，可是很多人在得到一切后并没有像想象中那么幸福，反倒终日焦虑不安。幸福是有一份固定工作，获得这个社会的认同吗？有人怜悯路边的乞丐，以为他们不幸，却不知乞丐反而觉得自由与快乐，倒是可怜主流人群匆忙的脚步。看来，每个人对幸福都有不同的感受。由于期望不同，人们所体验到的幸福的内容与程度也会有所不同。

幸福是属于主观的东西。哈佛大学心理学教授经过长期研究，得出的最新成果表明：幸福仅仅是一种感受，不能被持久拥有；幸福并非来自物质，而是来自人际关系。

时间性的比较（纵向）以及社会性的比较（横向）能够给人们带来幸福感。例如：一个过去住在小房子里的人在上海的徐家汇附近买了一套别墅，他肯定获得了成就感和快乐。但究其实质，幸福的原因更多地来自于比较。从时间的比较来看，因为他以前的房子很小，假如他以前住的就是花园洋房，那么他的幸福感就会减弱。从社会性比较来看，假如他周围的亲朋好友还住在一般的公房中，他当然感到满足和幸福，假如朋友们都住在比这套别墅更好的房子里，那他也不会感到幸福。

脉冲式的变化影响幸福感。假如某人一直生活优越，变化很小，而另外一个人生活水平一般，却时常有一些起伏变化，那么前者的幸福感不会比后者多。这种脉冲式的快乐能令人感觉到更幸福。

公司老板通常有两种方式来支付员工报酬：支付定额的高薪；或者给员工相对较低的工资，但经常有奖励。研究证明，员工对于后者能感到更多的幸福以及更高的满意度，而老板花的钱也并不比前者多。

个人认知模型影响人们的幸福感。每个人其实都对自己有一个概念，这是由其童年经历、教育程度、性格特质等决定的。自我概念是人们对自己能力和在社会中的地位的看法。可是，这种自我认知与实际占据的位置之间常常存在着差距，这种差距越大，人的不满、挫折感以及愤怒感就越强烈。

心理学认为，幸福感是一种特殊的积极感受；是人在自身需要获得满足，进而又对自身满足的情况进行了有意识的反省后体验到的。

由于引发的原因不同，幸福感可以分成许多种层次。按照著名心理学家马斯洛的需要层次理论，最低层次是生理需要，第二层次是安全需要，第三层次是归宿与爱的需要，第四层次是自尊需要，第五层次是认知需要，第六层次是审美需要，第七层次是自我实现的需要。

由于外部诱因的强度以及内部感受性水平的不一样，幸福感又可以分出从“平平淡淡”直到“轰轰烈烈”的很多层次。有些人对幸福的感受强，就很容易满足，也容易体会到幸福的感受。这也恰恰是人们常说的“平平淡淡才是真”的人生境界。需要强烈刺激才能感到满足的人，则不太容易满足，也不太容易获得幸福的体验。

假如一个人从来都没有感到幸福，那就当这个问题根本就不存在，不必刻意去寻求解决办法；回归自己原有的生活，问问什么让自己最快乐。

只要我们遵从内心的热情，简化生活，求精而不求多，与朋友在一起，怀有慷慨和勇敢的品质，始终保持感恩之心，我们就很容易获得满足和幸福感。

不要试图在短时间内认清自我

现实生活中，很多人对认识自我都有着很长的经历过程，同时也有很多的曲折。有这样一个人，他受到很好的家庭教育，他很小的时候就在很多方面表现出很高的潜质。他喜欢所有的课程，而且成绩相当好。与此同时，他对运动非常喜爱，乒乓球打得很不错，可是他对成为一个优秀的运动员没什么热情。文学创作他也喜欢，并在各种刊物上发表了很多的作品，但是对当一名作家也不太感兴趣。面对这种情形，他的父亲非常担忧，认为应该让自己的孩子在某一方面培养出特长来。

等他进入了大学，他仍然随时改变自己的兴趣。刚开始他选择了全部都是物理方面的课程，一度对理论物理十分迷恋，并将物理学家杨振宁、李政道当作自己的榜样。后来，他渐渐发现，物理学中真正吸引他的是抽象的理论部分，是和数学相关的部分，因此他觉得数学在纯理论方面更完善，于是他便改为主修数学。他的父亲对他的做法非常不满，父亲对他说："你总是如此变化，究竟何时才能准确地作出人生道路的选择呢？你应该明白，你人生的关键时期就是这几年大学的时间。"事实上，他有时对自己的这种变化也十分矛盾，他也想对自我有一个充分的认识，然后正确地制订自己的目标，可是他想更多地去尝试，以此分辨自己到底在哪些领域中的兴趣与潜质更大。

时间飞逝，一晃他已上大三，此时的他把兴趣转移到建筑学，他想做一名建筑师。他对父亲说了这个想法，父亲感到非常无奈，只有支持他的选择。此后，他的志向再也没有改变过，他最终成了一个优秀的建筑师，并在建筑领域中做出了非凡的业绩。后来，他在回忆时说："年轻的时候尽可能地多尝试是最重要的，然后把自己最喜欢和最有潜能的领域定为目标。青年时代的主要任务则是准确地认识自我，可是认识自我需要一个缓慢的过程。"他的父亲为他取得的成就感到由衷的欣慰，父亲再也不用为他操心和担忧了。

可见认识自我是一件很难的事情，不可能在很早的时候就完成。

有很多青年学生，他们经常面临着这种问题：如果我到18岁还没有决定自己是否要学法律或者是在大学里未修完企业管理的课程，是不是这辈子就没什么指望了呢？事实说明，他们的这种想法是错误的，由上面的例子我们可以看出来，他们的情况属于正常。在这个年龄段，很少有人能准确制定好自己一生的发展目标，由于准确无误地认识自我需要经历一个时期，因此，我们要给予自己充分的时间。如果在年龄还很小时，我们就为自己确立了发展方向，那么随着年龄的增长和阅历的丰富，这些想法有可能会改变。假如勉强去按它发展，那也许是弊大于利。

还有一个品行兼优的中学生，他对经济、法律和艺术都有浓厚的兴趣，这些方面的书籍也读了不少，可是他对自己将来从事什么职业却没有成熟的想法。在家人与朋友的建议下，他最终选择了经济学，想在经济学领域有所作为。由于他刻苦的学习，在大学的几年里，他的经济学知识和能力都达到了相当高的水平。可是由于他同时非常喜欢艺术，因此，大学这几年，他一直对艺术保持浓厚的兴趣，并积累了非常丰富的知识。在大四时，他发现经济学领域的东西已很难让他再投入，但艺术的东西则更能吸引他，更能与他融为一体。他能在艺术领域中感受到更多充实自己的东西，自己的创造才能也同时能更好地发挥出来。这么一来，他非常矛盾，由于他已经投入了很多的时间和精力在经济学上。他为自己是否放弃经济学而非常迷茫，心中备受煎熬。经过一段激烈的思想斗争后，他果断地决定，改为主攻艺术，尤其是电影创作。他的决定让家人和朋友很难接受，在家人和朋友看来，他根本就不应该为搞艺术而放弃前途一片光明的经济学。可是他自己则认为，艺术能激起他最大的兴趣和热情，自己的潜能也能充分地发挥。尽管他也喜欢经济学，可这种喜爱的程度不能与艺术相比。事实可以说明一切，他成功了，他作出的决定是对的，他创作出了许多非常有价值的艺术作品，并且还是一位十分杰出的电影导演和编剧。

由此可见，人的自我认识是一个很复杂的过程，更不可能一帆风顺。在这个过程中最重要的是，我们要善于自我发现，把握自我。

永远不要低估了你自己

埃里希·福洛姆是美国一位著名的心理学家。一天，学生们向他请教：心态到底会对一个人产生多大的影响？

福洛姆沉思一下，微微一笑，什么也没说，就把学生们带到一间黑暗的房子里。在他的引导下，学生们很快就穿过了这间伸手不见五指的神秘房间。接着，福洛姆打开了这个房子里的一盏灯，在暗淡的灯光下，学生们才看清楚房间的布置，不禁吓出一身冷汗。原来，这间房子的地面就是一个很深的水池，池子里蠕动着各种毒蛇，包括一条大蟒蛇和三条眼镜蛇，有好几条毒蛇正高高地昂着头，朝他们吐着信子。就在这蛇池的上方，搭着一座很窄的木桥，他们刚才就是从那座木桥上走过来的。

福洛姆看着他们，问：“现在，你们还愿意再次走过这座桥吗？”

学生们吓得不敢作答。

最后，终于有三个学生勇敢地站了出来。其中一个学生一上去，就异常小心地挪动着双脚，速度比第一次慢了好多；另一个学生战战兢兢地踩在小木桥上，身子不由自主地颤抖着，才走到一半，就挺不住了；第三个学生干脆弯下身来，慢慢地趴在小桥上爬了过去。

“啪！”福洛姆这时打开了房内的另外几盏电灯，强烈的灯光一下子把整个房间照耀得如同白昼。

学生们揉揉眼睛再仔细看时，才发现在小木桥的下方装着一道安全网，只是因为网线的颜色极暗淡，他们刚才都没有看出来。福洛姆大声地问：“你们当中还有谁愿意走过这座小桥？”

无人应答。

“你们为什么不愿意呢？”福洛姆问道。

“这张安全网的质量可靠吗？”学生心有余悸地反问。

福洛姆笑了：“我现在就来回答你们的问题，这座桥本来不难走，可是桥下的毒蛇对你们造成了心理威慑，于是你们就失去了正常的心态，方寸大乱，一如现在。心态对行为的影响到底有多大，想必你们已经知道。”

生活就好像走过这座独木桥，失败通常并非由于个人能力不够，也不是由于缺乏潜力，而是由于自己给自己设置了心理障碍，在冲上战场时还没有开始战斗就自己把自己给打败了。

石油大王洛克菲勒说：“永远不要、绝对不要廉价出售自己。”很多时候，我们不是去想象自己的能量究竟有多大，而总是揣测自己的能力有多小，实际上，许多事情原本你是可以做到的，不过，由于内心的自我限制使自己的能力受到了约束。

永远也不要低估了自己所具有的能力，当然，也永远不要高估了自己所缺乏的能力。每一个人的潜能都是无穷的，假如可以发挥出来，它的力量将是巨大的。但是，如果自己把自己限定在一个框框里，非但无法激发自身的潜能，就连原本所具有的能力也会大大变弱。

心理学家曾做过一个这样的试验：找来本国最优秀的运动员，让他（她）们做一些别人做不到的运动。

他们将运动员们分为两组，第一组直接参加运动，不过效果并不佳，尽管他们都很努力地去做了，可是能做到指定动作的寥寥无几；在第二组人员上场前，试验者将第一组失败的结果告诉他们，并给他们每人吃了一点粉末，之后对他们说：“你们这一组的结果将会不同，因为我们给你们吃了一种新药，这种药物能够让你们达到超人的水准。”

试验的结果是，第二组运动员非常容易就完成了那些困难的动作。

事后，参加者问试验者：“那是什么新药啊，拥有如此奇效？”

试验者答道：“那仅仅是一些没有任何功效的蔬菜粉末罢了。”

在我们的生活中，有很多人在遭受过几次失败以后，就开始埋怨这个世界的不公平，或者怀疑自己的能力；他们不再奋力去追寻成功，而是不断地降低成功的标准。即便是原来的所有障碍都不存在了，可是他们早已经撞怕了，或是已经习惯了踯躅不前，再也无法达到一个新的高度。

其实，是人们自己弄丢了或者误解了自身的能力，是自己被自己吓倒了，因而不敢前进了。要知道不论何时，生命的主动权都是掌握在自己手里的，没有人可以拿走，除非是你自己选择了放弃。

每个人都有着不同的个体差异

个体差异对工作也会产生影响。个体差异是指因为个人特质存在差别，而使得个体对于相同情况的反应也存在差别。一个人的基本特质对于其工作表现具有很重要的影响，虽然工作环境也很重要，然而人们经常会影响工作环境。

个体差异的形成和发展是由于遗传、环境与个体能动性三方面因素的共同作用。人的素质差异不只表现在生理、性别以及外貌上，更主要地体现在心理上。心理差异一般分为两个方面：其一是个性倾向差异，包括兴趣、爱好、需求、动机、信念、理想、世界观等方面的差异；其二是个性心理特质差异，包括能力、气质和性格等方面的差异。

研究发现，在各类团队或组织中，同一个人在不同岗位的工作绩效，可能会出现差别，能力相同的人在同一个岗位上的满意度与工作绩效也会有很大差别。个体差异的确是客观存在的，并且会对组织造成重要的影响。要想提高组织的竞争力，就必须充分利用个体差异，将不同特点的员工分别安排到适合他们的职位上。

在《心理学与工作》一书中，安德鲁·杜布林认为个体差异对工作产生影响有七种方式。

一、人们的生产力存在差别。正如二八法则，某一项工作的大部分通常是由一小部分人来完成的。研究者们发现，愈是复杂的工作，个人差异愈会对工作产生大的影响。

二、人们的才华和能力存在差别。影响工作表现的重要个体差异是能力。造成能力差异的其中一个重要因素就是人的大脑的不同，一方面是天生的，来自于遗传，另一方面则来自于个人后天成长的环境。

三、人们对于完成高质量工作的渴望存在差别。有些人天生追求完美，由于他们尽责、细致、事业心强，常常能高质量地完成工作。而那些不具备这种特质的人经常是得过且过，不能高质量地完成任务。

四、人们对于承担工作决策责任的倾向存在差别。就像麦格雷戈的“X、Y”理论指出的那样，有些人渴望由自己作出决策，对改善工作有很多建议，他们很愿意享受由此带来的成就感。也有些人不愿意承担更多的工作职责，他们把更多的乐趣投入在个人生活和家庭上，他们更喜欢不需要费神、不需要承担太多职责的工作。

五、人们所喜欢的领导方式存在差别。有的人不喜欢领导事事过问，而是希望在工作时能拥有足够的自由，并且能够出色地完成任务；而另一些人则需要在上级的监督与指导下完成任务。通常而言，对那些不能干、不易被激励和缺乏经验的员工，要多加管理。

六、人们对社交的需要存在差别。一些人需要独自工作，才能够更好地完成任务；而另一些人喜欢在工作中和别人接触，否则就会提不起兴致。

七、人们对于组织的忠诚度存在差别。有的人忠诚于所在的组织，如同忠诚于他们自己，这种人非常关注工作质量。有些人根本不忠诚于组织，也不在乎工作中出现差错和失误。

认识九型人格

九型人格，也称性格型态学或者九种性格。每个人必然属于九种性格中的某一类型，此类型就是一个人的基本人格型态，不会改变。当然反映到现实生活中，可能因为某些原因而有了种种变化，然而人的这种基本人格型态只是出现了某部分的隐藏或是调整，其实没有真正改变。

九型人格不但是一种精妙的性格分析工具，更是一种深入的洞察力，帮助个人修养与自我的提升和历练。九型性格和目前已有的其他性格分类法有很大不同，它越过表面的外在行为的变化，从而揭示了人们内在最深层的价值观与精神关注点。它能帮助人们真正地知己知彼，能让人们明晰自己的个性，从而正视并接纳自己的缺陷、充分发挥自己的优势；能帮助人们理解别人的个性类型，从而知道怎么与不同的人交往才能融洽相处，与周围的人建立更真挚、和谐的人际关系。

我们学习并且了解这些人格类型，并非想要给每一个人贴上固定的标签，以自己属于某类型为由而画地为牢，抑或像个算命先生推断别人可能出现的表现或行为特征。要知道每一型的人也都会因为趋向健康或不健康的两端而发生不同变化。

一型性格：完美主义者（完美型）

一型人的典型特点就是：他们总认为自己很出色，并且追求不断进步，是典型的完美主义者。他们总会担心："我如果不完美，就没有人肯爱我，接受我。"可以用下列词语来概括其特征：坚忍、坚毅、守信、守法、爱家顾家、有影响力、有控制力、光明磊落、有始有终。

该型的人都很有原则性，不会轻易妥协。在他们的观念中黑白分明，无论对己对人都高标准严要求，具有追求完美的天性。此型人感情世界特别薄弱，对每件事都力图尽善尽美，追求进步。喜欢高高在上，对别人予以劝勉教导，感到每天有干不完的事。他们总是在反省自己是否犯错，即使是别人的错误也会去纠正。

他们的人际关系很独特：作为典型的完美主义者，很显然，他们很少称赞人和事，更多时候只有批评，对人对己都是如此，这种超高标准会给自己带来很大压力，也就难以得到放松。

这类人压力的来源，在于不能放下别人的批评，以及与此相关的焦虑和忧心。他们往往被职责压得喘不过气来，感觉做的错事远多于做对的事，虽然试图释放怨恨，却很难做到。每当有人批评自己做错事时，他们就认为是那些批评者在推卸责任。

在情绪表达方面。他们常常感到愤怒和不满，同时心怀失望和沮丧。

1. 他们常常感到愤怒和不满

第一型的人，相信经常会有这种感觉。那就是他们常常感到愤怒和不满，这都源于超高的标准。每逢不顺心时，就容易产生愤怒、不满的情绪，不只是对自己，对周围其他人也是如此。

此型人需要警惕的是，让朋友来承受自己的愤怒情绪，并非那么容易，会给朋友造成很大压力。

2. 他们同时心怀失望和沮丧

由于事事追求完美的态度，令一型人在现实生活中常感不如意。对外他们发泄愤怒和不满的情绪，而其内心也同时经历挫败和失望。这些不利的情绪应该及时化解。很简单，如果能够调节自己对每件事情的看法，就可以轻松面对。

对于一型人，上级和同事应该鼓励他们多放松，多给自己留一些时间。让他们明白生活的目的不是尽善尽美。而一型人自己则要明白凡事并非只有一种正确的方法，不同的办事方法是因为个体差异。要接受自己与别人的缺陷，懂得没有十全十美。应学会原谅，学会放松和娱乐。

二型性格：给予者（全爱型、助人型）

二型人的典型特点就是：认为应该平等、自由地满足每个人的需求，喜欢帮助别人，喜欢付出，内心有博爱。他们认为："想要得到，就必须先付出。我如果不帮助别人，就没有人会爱我。"可以用下列词语来概括其特征：温和友善、随和、委婉含蓄、慷慨大方、乐善好施，很少对别人提要求。

此型人总是渴望别人的爱以及良好关系，乐于迁就和支持他人，以人为本。关注和在意别人的需要，却常忽视自己。有一定的欣赏力和表现力，浪漫，精力充沛。热心付出，爱别人，却不喜欢被帮助。

他们往往有很好的人缘，因为他们很喜欢主动帮助他人，而且慷慨大方。但是这类人对别人的需求很敏感，却常常忽略了自己。他们内心总觉得，满足别人的需要更重要，因此很少向人提出请求。没有强烈的自我意识，常常需要通过帮助别人来肯定自己。

这类人压力的来源，在于总以为自己是很重要的，对很多人及很多事是必不可少的，由于为人际关系投入太多精力和感情，因此情绪总是波动较大。

在情绪表达方面，他们常常感到自豪和骄傲，并且有强烈的占有欲和控制欲。

1. 他们常常感到自豪和骄傲

第二型的人，素来以助人为本，通过热心帮助他人来肯定自己，希望朋友因此接纳并欣赏自己。因此如果有朋友前往寻求帮助时，他们常表现得很开心，并且怀有自豪和骄傲之感，因为在支持别人时，他们得到了肯定和满足。

2. 他们其实有强烈的占有欲和控制欲

此型人由于喜欢通过帮人获得满足，因而就会不断付出时间和精力，自然他们也渴望得到更多的回报。这就有可能在他们内心产生占有欲：希望朋友只接触自己，事事与自己分享。假如朋友没有这样做，他们就会很失望，认为受到背叛。他们或许会对朋友施加压力，试图控制朋友。

当然，并非每个第二型的人都是如此，但当这类型人处于低迷状态、心情低落时，就容易产生此类倾向。因此，第二型的人应该逐步学会控制和改善自己的情绪。

在个人发展方面应注意的事项：

阻碍个人发展的因素："先人后己"和骄傲，会让该类型的人忽视自己的需要，不愿从别人那里获得帮助。如果关注自身，就容易产生自私或者罪恶感。

如何促进个人发展？不要总是为别人改变自己，要学习照顾自己，能正确认识真实的自我。要承认自己的平凡，学会适度地对别人的要求说"不"。

上级和同事如何给予支持？应该赞赏该型人的独立自主，而非他们对周围世界的付出。关注他们的真实需要和感受，鼓励他们学会说"不"。

三型性格：实干者（成就型）

三型人的典型特点就是他们依靠个人努力追求成果，好胜心强，喜欢竞争，是实干家。他们认为："我如果没有成就，就没有人会爱我。"可以用下列词语来概括其特征：自信好胜、富有活力、幽默风趣、处世圆滑、积极进取、充满野心。每一件事情都是依照通用法则起作用及实现的。

这一类人都有强烈的好胜心，爱与别人比较，用成就来衡量自己的价值。他们重视形象，希望能得到别人的肯定，是典型的工作狂。他们还是一个野心家，愿意成为众人的焦点。但他们害怕表达内心的感受，并且逃避失败。

他们拥有长远的目标，做事迅速而有效，通常很忙碌。他们积极参与竞争，通过成绩来获得认可和信任，能调动一切有助于达到成功的因素。

这类人在人际交往中适合做领导者。成就型的人有很强的争胜欲望，他们喜欢接受挑战，能够全心全意地去完成目标，并且动力十足，适合带领其他人追求梦想。

此类型人压力的来源，在于他们好胜心强，不能在朋友面前表现得状态极佳，但其实可能真的缺乏实力。如果能用真面目示人，生活会快乐许多。毕竟世上没有十全十美的完人。

在情绪表达方面，他们喜欢自恋和炫耀，并且害怕亲密的关系。

1. 他们喜欢自恋和炫耀

第三型的人喜欢把自己看成是重要人物，因此常怀自恋，有点自我膨胀。他们展现给朋友的总是自己最好的一面，为了保持自己在他人心目中的形象甚至不惜撒谎。其实，他们真正的实力往往没有那么强，他们有些喜欢夸张。

2. 他们害怕亲密的关系

第三型的人并不是没有朋友，但当与别人关系渐深时，他们或许因惧怕被别人挖掘真面目而躲避。对第三型的人来说，很难与别人建立亲密的友情。因为他们很难敞开心扉，与他人坦诚交往。

在个人发展方面应注意的事项：

阻碍个人发展的因素：处理自己与他人的感受时缺乏耐心，只会工作不会休息，无法放慢自己的步伐。

如何促进个人发展？放慢步伐，表达自己的情感。弄清真正重要的，学会以平常心看待自己。设置自己的底线，听从建议，接受他人。

上级和同事如何给予支持？鼓励该型的人关注自己的感受，及时提醒他们学会自我放松，放慢行事的脚步。让他们认识到，别人对他们有好感是因为其自身，而非他们取得的成就。

四型性格：悲情浪漫者（艺术型，自我型）

四型人的典型特点就是追求独特，有敏锐的美感，易受情绪影响，比较忧郁，他们需要关爱，喜欢自我表现，他们认为："我若不独特，就没有人会爱我。"他们想创造出举世无双的形象与作品，因此总是自我察觉、自我反省以及自我探索。可以用下列词语来概括其特征：情绪化、浪漫、爱幻想、孤独、占有欲强烈、嫉妒心重、我行我素。

这一类人都害怕被人拒绝，觉得别人很难理解自己，浪漫而又充满忧郁气质，他们很珍惜自己的爱与感情，倾向于追求不同凡响、具有一定艺术性的事物。他们有敏锐的美感，在衣着和布置环境方面品位独特，显示出独特性与极具创造力的天赋。

这类人容易受情绪影响，容易沮丧或消沉，经常感到生命的悲剧色彩。富有幻想力，易产生妒忌。

自我型的人与他人合作或交往时，常常从个人的角度出发，很少考虑责任的问题。他们被公认为有艺术家的气质——多愁善感、想象力丰富，沉醉在自己的想象世界中。他们对人总是若即若离，因为害怕关系亲密的人发现自己不完美而离去。

此型人压力的来源，在于过于浪漫。他们往往觉得他人的行为不符合自己的浪漫主义观念，不符合自己对激情的向往。假如别人拥有了他们所没有的东西，他们就会嫉妒，或者去嫉妒别人的工作。遇到情感危机时，更难以调节自己。

在情绪表达方面，他们嫉妒心重，喜欢与人比较，而且很自我，喜欢自我沉醉和自怜。

1. 他们嫉妒心重，喜欢与人比较

第四型的人，往往有些“艺术家”风格。认为自己与众不同，感到其他人无法理解自己，喜欢沉醉在自己的幻想世界中。因此他们常会表现出孤僻与嫉妒。爱和身边人进行比较，觉得别人拥有的很多东西，自己没有。这些情绪反映到现实生活中，都令他们在社交圈里难以获得满足感。

2. 他们很自我，喜欢自我沉醉和自怜

既然在现实生活中无法获得满足，这些自我型的人就会建构一个自己想象的世界，制造一些情绪化的环境，才能发泄自己的情绪。这样他们就显得比较情绪化，与其他人更难互动，显得更加孤立。因此这类型的人一定要警惕，不要让自己过分地与他人脱节。

在个人发展方面应注意的事项：

阻碍个人发展的因素：受操纵于自我感受，陷入“无为”的状态中，个性太强，并且拒绝改变自我。轻视小的进步，容易气馁。

如何促进个人发展？将注意力集中在当下，而非正在失去的事情。无论出现什么变化或情绪如何，都应力图保持言行一致。多参加体育运动，多帮助他人，试着大方慷慨。学会控制自己的情绪，接受日常的平凡事物。

上级和同事如何给予支持？尊重他们的理想主义和浪漫，鼓励他们把握当前的实际事物，让他们认识到朋友是真的理解他们，而非试图改变他们。

五型性格：观察者（智慧型，思想型）

五型人的典型特点就是，追求知识，认为每一个人都需要大量的知识和精神来武装自己。面对周围的事物时，他们常常希望找出事情的脉络与原理来作为行动的准则。他们认为：“我如果没有知识，就没有人会爱我。”可以用下列词语来概括其特征：温文尔雅、富有学问、条理清晰、表达含蓄、沉默内向、缺乏活力。

智慧型的人常常冷眼看世界，抽离情感，喜欢思考分析。他们对物质生活要求不高，追求精神生活，并且不善于表达内心感受，只好通过获取更多的知识来了解环境。他们觉得有了知识才有安全感，才能有机会成为专家。

智慧型的人爱观察，喜欢读书，有学者风范，博学多识。不喜欢把精力浪费在琐碎的事情上，压制自己的期望和需要。

这类人在与人交往时，总会保持一段距离。处事很冷静，不受情绪左右。很多时候，先做旁观者，然后才会投入参与。这类人需要充分的私人空间以及高度的私密，否则容易焦虑不安。

此型人压力的来源，在于对自己有过高的期望，心理上总是要求自己在行动前必须对将要了解的一切进行学习，常常给自己带来疲乏和压力。

在情绪表达方面，他们爱好辩论、抽离。

五型人既然属于思想型，因此他们会仔细观察身边的人和事，却很少参与，因此感情投入也很少。他们好辩，且很少辩输。对知识的执着追求固然重要，可是经验生活中所获得的体会也很可贵。

在个人发展方面应注意的事项：

阻碍个人发展的因素：该类人不能正确认识自身的恐惧和愤怒，不愿意讨论与表露自己的问题。由于该类人经常压抑和忽视自己的需要，而且脱离生活的主流，不喜欢与人交往，因此经常错过与他人共事的机会。

如何促进个人发展？作为该类人，不要逃避自己的感受，要相信自己有足够的能力和精力获得成功。多参加体育锻炼，应学会参与对话，学会自我表达等。

上级和同事如何给予支持？尊重这类人的隐私和个人空间，适当地反馈对他们的感受和关注，并鼓励他们表达真实感受。尊重他们的敏感，承认他们的能力。

六型性格：怀疑论者（忠诚型）

六型人的典型特点就是，世界是危险的，是有威胁的，绝不能轻易相信别人，是怀疑论者。他们认为："我如果不顺从，就没有人会爱我。"这类人对外界常常怀着害怕、怀疑之心，很警惕，相信并服从权威。可以用下列词语来概括其特征：怀疑、忠诚、警觉、谨慎、机智、务实、守纪。

怀疑论者做事小心谨慎，不轻易相信别人，多疑虑。替别人做事时总是竭尽全力，不喜欢受人注视。他们安于现状，不乐于转换新环境。他们相信权威，却又容易反对权威，也常常扮演唱反调的人，性格很矛盾。他们喜欢群体生活，有很强的团体意识，通过别人的友善来获得安全感。讲信用，专心致力于有价值的事业，有一定的逻辑分析能力。

忠诚型的人对企业来说，会是很好的员工，因为他们懂得忠心尽责。他们需要安全感，每当遇到新的人和事，容易心怀恐惧。凡事喜欢做最坏的打算，为人比较悲观，喜欢逃避。

他们的压力在于，应付不确定与不安全的事物。他们对于权威，有可能过分服从，也有可能完全反叛。即使对别人产生猜疑和矛盾，他们依然设法保持信任和友善的态度。

在情绪表达方面，他们常有害怕、忧虑以及犹豫的情绪。

该类型的人通常很忠诚，常怀忧惧之情，做事往坏处想，为人很谨慎。面对抉择时通常都很犹豫，因为害怕作出错误的决定。这种过分忧虑会阻碍前进的脚步，因此要适时调整。

在个人发展方面应注意的事项：

阻碍个人发展的因素：该类人的怀疑和矛盾情绪，常用来怀疑自己的能力和决定；凡事都要求十分肯定；追求过分的控制或保护；常作最坏的打算。

如何促进个人发展？该型人应努力做自己的权威，恢复信任感；认识并接受不确定和不安全因素是生活中不可缺少的一部分。最好能保持忙碌状态，减少焦虑。要用积极的态度勇往直前，不要逃避。

上级和同事如何给予支持？对这类人应予以信任并尽量与他们保持一致。鼓励他们表露自我，表达自己。

七型性格：享乐主义者（活跃型，开朗型）

七型人的典型特点就是追求快乐。尽可能地体验与享受生活，坚持自由选择。他们是享乐主义者：“我如果不带来欢乐，就没有人会爱我。”他们爱说自己的经验，喜欢制造快乐。可以用下列词语来概括其特征：快乐热心、活跃好动、贪新鲜、乐观开朗、多才多艺、精通玩乐。

享乐型的人处事乐观，热于创新，爱追潮流，想过愉快和比较享受的生活。他们厌恨人间的不美好，讨厌承受压力，害怕负面情绪，他们喜欢不断地寻求快乐、体验快乐。

该类活跃型的人，别人对他们的评价就是：乐观、精力充足、迷人、好动、喜欢新鲜……生活哲学就是“玩得开心”。他们希望生活充满新鲜感，因此很厌烦被束缚和控制。

享乐型的人压力在于由于对享乐过于执着，需要处理过重的负担。他们不喜欢面对严肃的事情，处理这样的事情对他们来说既有难度，又感到厌倦。

在情绪表达方面，他们常常不耐烦，容易冲动、容易成瘾。

这些好玩、享乐主义的人，由于怕闷、爱闹，因此做事没有耐性。不耐烦之余，行事也很容易冲动。做事没有计划，经常想做什么就去做。需要警惕的是，不要过于沉迷于自己喜欢的事物，因为该类型的人很容易对不良事物上瘾。

在个人发展方面应注意的事项：

阻碍个人发展的因素：不愿意承认自己的负面行为；不愿意面对烦恼与冲突；不能专心致志。

如何促进个人发展？该类人应学会从一而终，充分把握当下，而非追忆过去和向往未来。学习关注周围人的内心感受，接受关心。

上级和同事如何给予支持？在其松懈时予以鼓励，工作中予以支持，彼此沟通，在其面对烦恼、恐惧时予以鼓励和支持。

八型性格：保护者（领袖型，能力型）

八型人的典型特点就是追求权力，爱做领袖和保护者。他们喜欢命令别人，说话大声，有威严感，报复心重，爱辩论，轻视弱者、尊重强者，靠意志来掌管生活。他们认为："我如果没有权力，就没有人会爱我。"可以用下列词语来概括其特征：威严、领袖、正义、冲动、自我、意志力强、有攻击性。

该类型的人十分热衷追求权力，讲求实力，不喜欢依靠他人，富有正义感，喜欢做大事，是绝对的行动派，一遇到问题就马上采取行动去解决。并且爱冲动，有什么不满意就会当场发作。

他们认为世界常存不公，强权者在利用人们的天真无邪。他们为受压迫者挺身而出，希望独立自主，一切靠自己。他们在建设前不惜先破坏，希望带领大家走向公平、正义。

在为人处世时，领袖型的人常常具有共同的特点，他们豪爽、不拘小节、自视很高、遇强则强，关心正义和公平。该型的人清楚自己的目标，并努力前进。不愿意被人控制，很有做领袖的潜质。但是由于争强好胜，容易攻击别人，让他人感觉到压力。

该型人的压力，在于不得不容忍与自己对立的状况，发现不公却不能去纠正，该型的人常常难以忍受这些情况的出现。

在情绪表达方面，他们常怀侵略、挑战之心，为人叛逆。

该型的人，争胜心强，控制欲高，有时会给人侵略感，而这也是其本身的动力源头。这类人在生活中，通常身兼领袖身份，权力很大，要警惕不要因此伤害别人。他们还“明知山有虎，偏向虎山行”，爱好挑战难度及规范。

在个人发展方面应注意的事项：

阻碍个人发展的因素：拒绝被人控制，却想控制别人；自己的生活方式可能导致疏远别人；常有弄巧成拙的举动；不承认自己的恐惧、脆弱；不愿意承认自己的敏感与缺陷。

如何促进个人发展？学会控制自己的感情，直面自己的弱点；学会倾听和等待来抑制冲动。运用精力要适当，学会妥协，能愉快地接受批评。

上级和同事如何给予支持？对该类型的人要讲真话，坚持其立场。在其暴露弱点和脆弱情绪时予以支持。

九型性格：调停者（和平型，和谐型）

九型人的典型特点是追求和平。但这类人无法集中注意力，常常不到最后一分钟不会完工。他们的观念是每一个人都应当平等地相处，平等地、无条件地去爱。“我如果不友善，就没有人会爱我。”可以用下列词语来概括其特征：温和友善、忍耐随和、怕竞争、爱调和、慢性子、压抑。

调停者们作个决定要花很长时间，不懂得如何拒绝他人，不懂得宣泄愤怒；他们为人温和，不喜欢与人发生冲突，也不爱出风头，个性淡泊。他们常常忽视会使自己不愉快的事物，并尽量让自己保持平稳和平静。

这类人非常依赖别人的提醒，注意力过于集中在细节和次要的事上。对大多数事物缺乏兴趣，不喜欢受人支配。绝对不会直接表达自己的不满，却会阳奉阴违。

和平型的人在与人相处时，乐于配合其他人的安排，是很好的支持者，做事比较被动。大多数状态下是和平使者，善解人意，随和。他们做事缓慢，容易懒惰；并且常常优柔寡断，缺乏主见。

这类人的压力在于，遇到烦恼时常常不知如何处理，及时作出决定，排出先后顺序，作出自己不愿意作出的承诺，这些对他们来说也是令人头疼的烦心事。

在情绪表达方面，他们怕羞、怕事、懒惰。

第九型的和平主义者，向来与世无争，渴望和平共处，害怕冲突。他们比较怕羞、怕事，从不想突出自己，也不愿意展现自己。喜欢偷懒，喜爱平和，讨厌辛劳，此型的人如果希望成就一番事业，需要不断地鞭策磨炼自己。

在个人发展方面应注意的事项：

阻碍个人发展的因素：缺乏计划性；认为不值得去追寻目标；不懂得分辨什么是最重要的，并因此错过真正应该考虑的事。

如何促进个人发展？应关注自己的需要与幸福；学会关爱自己，爱别人。提醒自己尽量少发怒。学会面对不适和改变，早日告别优柔寡断。

上级和同事如何给予支持？鼓励该类人表达自己的立场；弄清什么是他们真正想要的，什么是对他们有益的；给他们找出答案的时间；允许他们表达愤怒；鼓励他们设置与保持自己的界线及做事的先后顺序。

九型人格测试

九型人格理论所描述的九种人格类型，并无好坏之分，只是反映了不同类型的人对现实世界反应的方式的差异。世界上有50多亿人，每种类型平均各占5亿。即便如此，对每个人来说，我们都是独特的。即使人格类型有共同特征，但我们各自的人格——经验、记忆、梦想、抱负和处世方式却是自己的。

现在提供两种可以用来进行九型人格测验的方法，以便让大家更好地了解自己。

方法一

请把下面列出的每一道题的答案填在后面所附的表格里，假如与自己情况相符，请在题号上画钩，假如与自己情况不符，请在题号上画叉。两道相邻的题目，例如1题和2题，只能选择一个答案画钩；假如两个都不符合自己，那两道题都画叉。

把每一列画勾的答案累加，每得一个钩就累计1分，所得结果填在表格每列的下面。

九列中哪一列分数最高，你就有可能是哪种类型的性格。但要确定，还需要对自己进一步分析。

1. 当别人没有对你的帮助表示足够的感激时，你会不开心。
2. 当别人没有听从你的劝告时，你会不开心。
3. 你向来以自己的弹性为荣——所谓适当或者重要的定义是多变的。
4. 你向来以自己坚定的立场为荣——坚持自己信仰的事物。
5. 你很浪漫，而且富有想象力。
6. 你向来很实际。

7. 别人一贯依赖你的洞察力和知识。
8. 别人一贯很依赖你对原则的坚持。
9. 当你获得一个观点时，你倾向于再度质疑它。
10. 即使是某项规定有些问题，在没有确定改变它之前还是会依此执行。
11. 只喜欢做有兴趣的事情。
12. 在生活中你很喜欢自我批判。
13. 你可以忍受一套有关行为的固定规则。
14. 在快乐的环境中你总是玩到最后。
15. 你素来认为自己平静、随和。
16. 你素来认为自己严肃、认真。
17. 你是因为完成了一项任务而获得最多的称赞。
18. 你是因为讨好别人而获得最佳的赞赏。
19. 你常常关注自身。
20. 你常常关注别人。
21. 你常常由于过分专注于自己的事情而与他人疏离。
22. 你常常由于过分融入他人的世界而忽略了自己的事情。
23. 你经常怀疑别人赞美你的动机。
24. 你喜欢赞美别人。
25. 你喜欢沉浸在自己的兴趣中。
26. 你认为别人的需要比自己的更重要。
27. 你不太容易了解别人的需要。
28. 你很容易了解别人的需要。
29. 你常被动迎合别人。
30. 你常主动亲近你感兴趣的人。
31. 你喜欢我行我素，不在乎别人怎么看。
32. 你常改变自己的方式，去迎合你认为别人会喜欢的样子。
33. 你不习惯向他人推销自己。
34. 你不介意向他人推销自己。
35. 你常常感到焦虑，即使这些事不影响你潜在的成败。
36. 你常对成功怀有信心。
37. 面对全新事物时，你通常会自问这是否有趣。
38. 面对全新事物时，你通常会自问这对你是否有好处。

39. 倘若你与别人发生争执，从不退让，并不惜为此付出代价。

40. 为了实现目标，你会改变立场或更改已经发表的言论。

41. 当你和好朋友共处时，就是简单为了高兴。

42. 当你和好朋友共处时，常常都有特定的计划。

43. 你常用理性来体悟生命。

44. 你常用感觉来体悟生命。

45. 你常会试探爱人，是否会全力支援你。

46. 你常会强烈占有爱人，无法接受感情的游离。

47. 你喜欢回避痛苦，或者迅速将其治愈，或者穿过它。

48. 你常感到可能或已经被爱人抛弃。

49. 你并不很了解自己的内心。

50. 你喜欢沉浸在自己的感觉里。

51. 你有稳定的情绪，很少大起大落。

52. 你很情绪化，一天喜怒无常。

53. 你素来以自己的可靠性与承诺为傲。

54. 你素来以自己的清晰与客观为傲。

55. 你的自律能力向来比较差。

56. 你素来和他人没有太多的联系。

57. 面对冲突时，你很容易地发泄出你的愤怒。

58. 面对威胁时，你经常感到恐惧。

59. 你常会迎合其他人以及他们的希望。

60. 你对自我的界限有明确的意识。

61. 你的想象力经常用来引发乐观的情绪，或产生新观念。

62. 你的想象力经常用来考虑悲观的事情。

63. 一旦下定决心，你就不会再去想这件事。

64. 你经常质疑自己的决定，哪怕是在你认为已经下定决心之后。

65. 你很容易相信别人。

66. 你很容易怀疑别人。

67. 假如别人由于你做了某件事生气，你的第一个反应是反击（即使是安静而合理的反击）。

68. 假如别人由于你做了某事生气，你的第一个反应是说明情况，缓和他们的怒气。

69. 你属于平和的人。
70. 你属于快乐的人。
71. 你很喜欢管理别人。
72. 你很乐意追随别人。

把测试结果填入下表

一 爱规则	二 爱助人	三 爱成功	四 爱独特	五 爱知识	六 爱忠诚	七 爱欢乐	八 爱公平	九 爱和平
2	1	3	5	7	9	11	13	15
4	18	17	19	21	23	25	27	29
6	20	32	31	33	35	37	39	41
8	22	34	44	43	45	47	49	51
10	24	36	46	54	53	55	57	59
12	26	38	48	56	66	61	63	65
14	28	40	50	58	62	70	67	69
16	30	42	52	60	64	68	71	72

方法二

从A到I，共有九篇短文，分别描述了九种不同的人格类型，每篇短文只是简单地概括了其中的一种，没有一篇短文能够完全涵盖一个人的人格特征。

请你在认真阅读后，选出最符合你人格类型的三篇短文。并且把选出的三篇短文按相似程度依次进行排列，也就是用“1”表示最符合你性格的短文，用“2”表示很接近你性格的短文，用“3”表示比较接近你性格的短文。

应该注意的是，每篇短文可能只描述了你的一部分性格，但你可以选择与你的性格最符合的三篇短文。此外，在作选择时，必须把每篇短文作为一个整体来理解，千万不能脱离全文去理解个别的字句。

阅读时，你可以这样思考：“这篇短文从整体上来说是否比别的短文更符合你的个性?”假如你觉得无法选择三篇最符合自己性格的短文，那么可以参考别人对你性格的描述而作出决定。

在读完并做好选择后，把它们记录下来。

第1选择：A　B　C　D　E　F　G　H　I

第2选择：A　B　C　D　E　F　G　H　I

第3选择：A　B　C　D　E　F　G　H　I

在完成选择和记录后，请对照下面的记录来确定自己的人格类型。

测验短文 九型人格类型

A	类型八
B	类型一
C	类型九
D	类型二
E	类型三
F	类型五
G	类型六
H	类型七
I	类型四

短文A

你的处事方法比较极端，或者是，或者不是，特别是处理那些与自己相关的事情时。你非常崇尚坚强、诚实，还有独立的品格，你相信“眼见为实”的道理。因此你绝不轻信他人，除非他们能够证实自己是值得信赖的。你喜欢别人对你用直率的态度，不喜欢别人拐弯抹角，更不用说欺骗你了，也不喜欢别人对你颐指气使。

对于软弱的人，如果你不知道个中缘由，或者看到他们正在改进，就很难对他们宽容。对于别人的命令或者指示，如果他不是你所接受或认同的权威人士，就不愿意接受。此外，你很难控制自己。假如你生气，则无法掩饰自己的感受。如果你的朋友和爱人受到不公正的对待时，你通常都会极力支持他们，也许实际作用不大，但他们可以感受到你的友情和关爱。

短文B

对于大是大非，你有内在的标准，并且希望自己能达到那些标准。你不但能轻而易举地找出错误，并且懂得怎么改进。有些人认为你很严厉或者吹毛求疵，如果事情不是按照你所认为的正确方式去做，你就不能接受。

你言而有信，目标坚定，只要答应做一件事，就一定会把它做好。你的情绪轻易不会外露，但是当有人办事不妥或行事不公时，你也会流露出不满的情绪。为了完成工作，通常你都会控制自己的欲望；“工作在前，享乐在后”是你至高无上的准则。

短文C

你通常能够同时看到事物的利与弊，可以全面地观察事物，但也因此常常举棋不定。然而凭借这种能力，你可以帮助别人解决分歧。你还能凭借这种能力更清楚地觉察到别人的处境以及他们个人的优点。但却常常不能充分认清自己，尤其是当你心烦意乱时，你常常轻重不分，捡了芝麻丢了西瓜。

你很难说清，对你自己而言，什么是最主要的。你常常迎合别人以避免纷争，因此在别人看来，你很随和，能给别人带来快乐。一般情况下，你不会当面对人发怒。舒适、和谐的生活是你想要的，大家都能接受你是你所期盼的。

短文 D

即使是一个陌生人，你也能感知他的需要，因为你对他人的感受非常敏感。但这种关爱和慈悲，有时会让人灰心，特别是当别人遇到痛苦与不幸，而你又爱莫能助时，你感到自己能为他们做得太少了。你愿意主动提供帮助，但是当你因为照顾别人而耗费过多的精力，却忽略了自己时，你就情愿自己说“不”，如果有人认为你是为了控制或者操纵他们才来帮助他们的，你就会感到受了伤害。

你很重视别人对你的看法，希望别人觉得你是一个热心肠的好人，假如没有人重视和赏识你，你就会变得十分情绪化，甚至有些苛刻。你很重视良好的人际关系，并且也的确努力去营造这种良好的关系。

短文 E

你就是那种追求完美的人，这是你处事的根本动机。因为多年来的成就，你得到了许多赞美。成功几乎总是与你相伴，你十分认同自己，因为你坚信一个人的价值在于他的成就和别人对他的欣赏。你总是希望在有限的时间里尽可能地多做一些事情，所以，为了把事情做好，你常常忽略了自身的感觉，也顾不上反省。总有事情烦扰，你难得清闲，更不用提休息了。

你不怎么喜欢那些不会利用时间的人，有时你会从那些做事效率太低的人那里抢活干。你喜欢高高在上，也喜欢竞争。

短文 F

你性格安静、善于分析，与他人相比，更喜欢独处。你喜欢在一旁静静观察事情的发展，而不希望身陷其中。你不喜欢别人对你有太多的要求，也不需要别人理解你的感受。因为独处时，你可以更深入地体会自己的感受，你还可以“温故而知新”，从旧事重温中获得经验，当然在初次尝试某件事时是不可能做到这一点的。

即便独自一人，你也从未感到无聊，因为你的精神生活非常丰富。因此，对你而言，最重要的就是，保留独处的时间和精力，过一种简单的生活，并且尽可能地保持自给自足。

短文 G

你极富想象力，并因此变得机智和幽默。特别是在安全受到威胁的时候，你往往能发现潜在的危险，并且马上就能感受到灾难真正来临时的害怕和恐惧。一般情况下，你会躲避危险或是避开对它的正面挑战。

虽然希望生活变得更加确定，但你常常对自己周围的人和事产生怀疑。可能会有人认为你很机敏，因为你能看出别人的缺点和错误。你不怎么相信权威，常持怀疑态度，如果有人认为你是权威，你就觉得特别不自在。你能分辨出别人观点中的错误，因此你能找出失败者失败的真正原因。还好，你有一个非常明显的优势，就是一旦你作了决定，不管是为某人抑或是为了某个理想，你都会专心致志地去做。

短文 H

你很乐观，善于尝试新鲜有趣的事。由于你头脑非常活跃，思维属于跳跃型，你喜欢把不同的观点交织起来，汇合成一张总图。如果你能把原本毫不相关的概念联系在一起，你就会变得异常兴奋，并且在这方面花费许多精力。

正在计划中的和处于准备阶段的工作，通常会有许多有趣的选择可以考虑，这令你很喜欢。你没有耐心与兴趣做那些无偿的或乏味的工作。你只做你有兴趣的事情，也就是说，当你对这件事失去兴趣时，你就会转而去做另一件让你感兴趣的事。即使生活中有沮丧的事情发生，你也会去想那些让人更愉快的事情。你相信，过快乐的生活是人们的权利。

短文 I

你很敏感，感情强烈并且丰富，对美学有很敏锐的感觉。你常常有种别人误解的错觉，而且觉得很孤单，认为这可能是因为你与众不同。别人认为你的所作所为如同在演戏，也有人批评你过度敏感以及情绪夸张。你渴望获得强烈的情感体验，但你与别人的关系总是很难融洽，因为你总是渴望获得遥不可及的东西，又不能珍惜已经拥有的。

你这一生都没有几个知己，虽然你一直在寻求心灵的沟通和理解，因而变得郁郁寡欢。你总是疑惑，怎么别人都活得比你快乐，人缘也比你好得多。

相信大家已经对自己做了九型人格的分析，那么在现实生活中，如何更好地与具有不同人格特征的人沟通呢？请看下面的几点建议。

一、与一型人（完美型）的沟通注意事项

要想得到这类人的认可，就要用理智、合乎逻辑，而且正经的态度和他们沟通。和他们交往时，不妨适时表现出幽默感，以缓和他们的严肃生硬，引导他们放松心情，发挥出他们应有的幽默，并且引导他们凡事尝试想好的那一方面。

假如他们突然生气，或表现急躁时，你们也不必太在意，不要追究这种态度的由来，不必与之冲突，也许他们的怒气只是把无名火，也许并不是针对哪个人的。

和他们说话要直接、真诚，他们十分敏感，有很强的判断力，不要玩弄伎俩，拐弯抹角，这只会让他们感到不屑与厌恶。

二、与二型人（全爱型）的沟通注意事项

和这类人交往时，对于他们的付出，一定要及时表示感激。不要拒绝他们的好意，这是他们最厌恶的事情。假如实在要拒绝，就请告诉他们自己最真实的感受，真的不需要他们的帮助。

这类人总是把关注放到别人身上，不妨鼓励他们多谈谈自己，并且告诉他们很想知道他们的事，让他们可以自我释放。当他们心神不宁，看上去很情绪化时，不妨就心情问题跟他们交流一下，或者问问是否需要帮助。

假如想帮助他们时，不妨告诉他们这么做会让自己觉得快乐，他们便会接受这份善意。

三、与三型人（成就型）的沟通注意事项

假如希望这类人改变作风或是方案，不如直接告诉他们这样做可能会有助于获得更好的成效。对于和他们处于同一阵线的人，积极配合他们的人，会受到他们的保护，并且能分享他们的成就。

对于感到被他们利用或操纵的人，不妨告诉他们自己内心最直接的感受，他们多半会收敛一些，尤其是这种伤害是无心之时。因为他们有时候真的会忽略别人的感受。

要真正改变这类人，就要去爱他们，并且设法让他们去探索自己真正的感受。批评不是个好办法，过度的批评只会让他们出于讨好、顺应的心理而矫情地做改变。

四、与四型人（艺术型）的沟通注意事项

与他们沟通时，一定要重视他们的感受，这对他们很重要。要让他们了解自己的感觉和想法。最好能密切配合他们，让他们感觉到被关心、被支持。假如他们沉浸在某种情绪中难以自拔时，不妨问问他们当下的感觉，最好的方法就是让他们有机会宣泄自己的情绪。

不要总是用理性来要求、评判他们，也许他们的直觉，能为你们开启不同的视野。他们非常容易有负面情绪，总是喜欢否定自我，因此当他们能发挥自己的特质而有所贡献时，一定不要忘记称赞他们。

五、与五型人（智慧型）的沟通注意事项

这类人不喜欢在大庭广众下表达自己，所以不要在这方面给他们太大的压力，不要带给他们紧张和焦虑。他们喜欢与别人保持一定的距离，因此要尊重这种界线，既要有善意的亲切，又不能表现得过于依赖而使他们有压力。

如果希望他们作出某个决定，就要让他们拥有独处的时间和空间。如果请求他们做什么事时，请记住求人要有求人的样子。作为这类人的伴侣，得到他们的信任，减轻他们的焦虑，有个最好的方法就是身体的接触（例如按摩），这绝对胜于语言的沟通。

六、与六型人（忠诚型）的沟通注意事项

由于这类人很多疑，所以对于别人的称赞总是持怀疑态度。要想取得他们的信任，只有愿意倾听他们、支持他们、和他们站在一起，这才是最好的方法。和他们交往时，要让自己保持一致，不能言行不一、变来变去，这样才能获得他们的信任。

对于他们的多疑，不要嘲笑和批评，否则他们会更缺乏自信。他们很喜欢猜测别人的言外之意，并且会产生很没必要的联想，因此和他们说话必须真诚、清楚、明白。

作为这类人的伴侣，要每天把自己的行动告知他们，这倒不是他们喜好控制和干涉，而是因为他们只有知道了才能觉得安心。

七、与七型人（活跃型）的沟通注意事项

由于他们不喜欢过于严肃、拘谨、无趣的人，所以要力图建立彼此的好感，首先得用一种轻松愉快的方式和他们交谈。假如他们谈起自己伟大的梦想和计划，不要立刻指出其中不切实际的地方，只是把它简单地看成是对某种想法或喜悦的分享就好了。假如想指出这些计划中的一些问题，记得不要用一种高姿态的批评或指示，若是采用一种建议、提供参考的口吻，他们才有可能接受。

他们是善于思考的一类人。他们对于不同的见解和方案，开始可能会有些对立情绪，这时不要急于求成，而是给他们重新思考的时间，他们自然会作出理智的判断。作为他们的朋友，当他们开始逃避问题时，不妨给他们些提醒和建议，让他们能够静下心来想清楚。

八、与八型人（能力型）的沟通注意事项

跟这类人说话尽量说重点，他们通常没有耐心听你絮叨。别人认为是彼此起了争执、冲突的事情，他们却可能觉得很棒、很有效，反而喜欢这种沟通模式。他们的观点是：冲突是进一步沟通的开始，而非结束。如果讨厌这种争吵，觉得不舒服时，不妨直接告诉他们。

如果有谁对他们感到不满，可以直接批评，但是不能对他们进行嘲讽；他们会因此而产生敌意，进而攻击。他们非常讨厌玩弄权谋和说谎的人，也不喜欢受人操纵。再强调一遍，跟他们沟通，最好直接说重点。

九、与九型人（和平型）的沟通注意事项

对这类人，要尽可能地倾听，并鼓励他们说出自己的想法。由于他们不知道自己的优点和重要性，所以需要人们适时地赞美和认同他们。他们有可能仅仅是为了迎合别人而赞成或是去做某事，所以凡事应该问问他们的真实意见，听听他们的心声。而且要给他们一点空间和时间来思考及回答，不能太急切。

人人皆可从九型人格里找到自己的基本性格。而且每个人从出生到成年以后，因为受到先天及后天环境的影响，在性格方面都会逐渐出现各种各样的“雷区”。例如有些人死要面子，有些人疑心很重，有些人固执狂妄等，这些性格雷区常常滋生出种种心理缺陷，会影响到一个人的现实生活。

心理缺陷是指不能保持正常人所具备的心理调节和适应等能力，心理特点偏离心理健康标准很多，但还没有达到心理疾病的程度。较为常见的心理缺陷有以下这几种类型，若是予以了解，就能有意识地控制自己，远离这些不良状况。

1. 经常自以为是的人。这类人妄自尊大、过于自负、自视过高，目空一切。

2. 情感非常幼稚的人。希望用幼稚的举动引起别人的关注。

3. 好高骛远，志大才疏，没有自知之明的人。这类人不能正确估测自己的才能和潜力，对自己要求太高，没有理智。

4. 有很强自卑感的人。这类人在自卑心的作祟下，经常会作出荒诞的行为来证明自己的价值，结果往往是自取其辱。

5. 有强烈报复心的人。这类人经常意气用事，心中常怀怨怼。

6. 爱出风头，让别人都关注自己的人。这类人不惜给他人留下笑柄，对他人皱眉头的反应视而不见，喜欢高谈阔论。

7. 喜欢追求刺激，爱走偏锋的人。这类人的生活节奏很快，晕头转向之后才能满足。由于只顾追求刺激，往往失去正确判断事物的能力。

8. 有欺世情结的人。这类人总觉得自己的才能没有外人所想的那样好，总担心有一天真相会被揭穿，以致非常内疚，严重到用自毁来惩罚自己。

9. 执拗多疑、心胸狭隘的人。这类人天天疑神疑鬼，总在怀疑别人的动机，以致周围的人疏远他、冷落他，甚至对他产生反感。

10. 具有中年危机的人。产生中年危机的人，认为工作事业皆不如意，逐步变得死气沉沉，没有活力，喜怒无常；而且破罐子破摔，消沉颓废。

11. 求败性格的人。这类人天生就倾向于自取其败，他们往往自陷于被欺压、被打击的绝境，即便眼前有退路、有出口，他们也会视若无睹，拒绝利用。

12. 没有自信的人，总感觉自己会失败，怀有错误的预期心理。

其实每个人的身上都有可能或多或少地存在这些缺点，这并不可怕。只要认真反省，客观地认识自己，努力修身养性，培养自己的德行，不断修正自己的过失，就能够朝好的方向改进，也能获得幸福美好的生活。

第三章

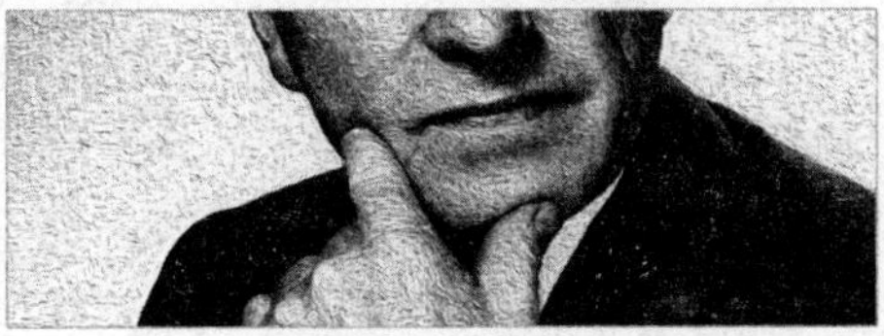

目标管理

目标明确是获得成功的前提

前美国财务顾问协会总裁刘易斯·沃克曾经在接受记者采访时指出，模糊不清的目标是使人无法成功的因素。他对此进行了详细解释：假如一个人说自己的目标是“希望有一天能够在山上拥有一栋小屋，这就是一个模糊不清的目标。问题在于‘有一天’不够明确，由于不够明确，成功的机会也就比较小。”

假如一个人渴望在山上买一间小屋，刘易斯·沃克认为：“你必须首先确定好那座山，确定你想要的屋子是什么样的，然后算出5年后这栋房子的价值。最后你必须作出决定，为了达成这个目标每个月应存多少钱。假如你真的这么做了，你就有可能在不久的将来拥有这栋山上的小屋；但假如你只是说说，梦想就有可能实现不了。”

人要想获得成功，就必须设立一个清晰明确的目标。一个人假使没有清晰明确的目标，即便他充满激情与热情，拥有聪明和智慧，他仍然很难到达成功的彼岸。因为他没有努力的方向，再怎么积极工作也只能是时东时西，抑或南辕北辙，浪费自己的时间和精力。尽管每天都在不停地奔波劳碌，但极有可能走了很多弯路，做了不少无用功，即便侥幸成功也是身心疲惫。

人的行为特点本身是有目的性的。目标好比一个人或一个团队实现目的的明确宣言，为人的行为确立了明确的方向。人们可以将目标作为参照物，对照自己的行动，对每次行为的进展和效率作出清晰的评估，这有利于人们在进程中的检查和反省。人们通过了解每一个行为所产生的效果，进而弄清楚自己与目标的距离，知道什么才是目前最需要解决的问题。

让我们一起来看看康拉德·希尔顿的故事。

希尔顿在20世纪20年代收购了一些旅馆，但1929年股市出现大崩盘，经济萧条，外出旅行的人很少，而且他们也不住希尔顿的旅馆。到了1931年，由于债主的逼迫，他不但典当了洗衣店，甚至穷得向门房借钱维持生计。用希尔顿的话说，“那段迷失而混乱的日子真是让人连想都不敢再想”。

穷困潦倒没有击败希尔顿，他把“世界之最”沃尔多夫饭店作为自己的目标，当时这家饭店拥有6个厨房、200名厨师、500位服务生、2000间房间，并且还有附属私人医院和位于地下室旁的私人铁路。他将沃尔多夫饭店的照片保存起来，一直激励自己努力奋斗。过了18年，希尔顿终于买下了沃尔多夫饭店。就是那张照片令希尔顿的梦想有了具体的雏形，成为他全力以赴的目标。那张照片如同一张提示卡，跟格利·布朗放在桌上的杂志一样，不断地鼓舞着他们靠近目标。康拉德·希尔顿最终将他的成功归功于目标的魔力。

那些成功人士与普通人最明显的区别之一就是，他们拥有明确的人生和职业目标。在行动之前，他们就清楚地知道自己的目的，以及为了达到这样的目的，哪些问题和事是重中之重，并能够排列出自己行动的前后顺序。他们做任何事都有目标和计划，比如有目的地把自己有限的时间和精力集中到一个方向上。在任何时候，面对任何问题，他们都有条不紊地为实现自己的目标做加法。这就是他们的努力更有成效，更能相对轻松地走向成功的重要原因。

目标有哪些积极作用

任何一件事或一项工作均会有其特定的最佳结果，这个最佳结果亦即人们做一件事或一项工作预期实现的最终目标。人只有确立了目标，才能实现自己的人生价值。假如没有目标，就不可能采取切实的行动，更不可能获取实际的成果；假如拥有目标，人的命运便由自己决定。

目标是人们努力的方向，而且是具体的并且可超越的。如同一位跳高运动员面前的横杆，假如跳高运动员的前面没有这根横杆，他的“跳”就是漫无目的，那他永远也无法跳出好成绩。有效的措施是，为他确立目标，用横杆来制约他，令他不停地超越，目标也就继续上升。

无论是人生，还是职场，目标都起到了非常重要的积极作用。

目标是指路明灯，为人们指明方向，让人知道哪里才是自己的最终目的地，知道自己现在的位置，让人们的追求具体化。

目标能坚定人们的信念，提高人们的激情。

目标鞭策和鼓励人们前行，是人们努力的依据。

目标能够让人们明确当前的任务，帮助人们把精力和资源集中在已确立的目标上，让人们做事按照轻重缓急的次序，更有计划性。而且有助于人们把握重点，充分利用有限的时间与精力。假如没有目标，人们就很可能陷入茫然无知、胡乱行动、浪费生命的困境中。

目标可以激发人之潜能。确立了什么样的目标，就能激发出多大的潜能，获得多大的进步。

目标为人们提供了一种自我估测的重要手段，人们能够根据自己与目标的距离来衡量所获得的进步，并测试自己的工作效率。

目标可以令人们尽最大可能地发挥优势，集中自己的精力用在个人的优点和长处上，必然促使其进一步提升，人们也就会在一定意义上不断获得成功。

当不断地完成了自己确立的目标时，人们能够获得成就感，并激励自己变得更积极主动，生活因此更加和谐美丽，人生也充满了希望。

不要为自己设置可望而不可即的目标

丹尼斯·狄德罗是18世纪法国的哲学家。他曾经得到一份礼物，是一件质地和做工都很考究的酒红色睡袍。他喜欢穿着睡袍在书房里踱步，可是书房的家具和装饰在这件华贵睡袍的映衬下，显得灰头土脸，风格庸俗，甚至连地毯粗大的针脚也令狄德罗反感。狄德罗干脆把书房的布置重新换了个遍，使之终于可以衬得上那件睡袍了。事后一想，狄德罗对自己的行为感到有些不可思议。他“自己居然被一件睡袍胁迫了”，于是就写了一篇名为《与旧睡袍别离之后的烦恼》的文章，讲述了自己的经历。不过事情并没有完，200年后，一个名叫朱丽叶·施罗尔的美国哈佛大学经济学家，在一本《过度消费的美国人》的书中提出了“狄德罗效应”，也称配套效应。

“狄德罗效应”其实就是一种常见的“愈得愈不足效应”，人们在未得到某种东西前，心理状态很平稳，可是一旦获得，却并不满足。这就提醒人们，应该认真考虑自己想要的到底是什么。与自己的工作生活联系起来，自己的文化层次与我们所要求的工作职位就可以称为“狄德罗效应”了——这或许正是大多数人为工作烦恼的真正原因。

苏格拉底去过一趟集市后，对学生们谈他的感受时说：“去过市集后，你才发现有那么多东西是你不需要的。”

人所追求的幸福其实很简单，如同一所自己的大房子，里面装满了想要的东西，一件不缺，多余的东西也一件没有。

人人都渴盼成功，并为自己制定了无数个目标，目标能成为一种动力，激励、鞭策人们奋发向上。但是，假如脱离客观现实，为自己设置了可望而不可即的目标，人们所能收获的常常是压抑、担心和失望，而非成功。一些来自宾夕法尼亚州立大学的心理学家，经研究发现，那些获得参加奥林匹克运动会资格的运动员，跟其他运动员的最显著的不同，就是他们不会制定完美的目标。

在关于工作效率和情绪健康的科学研究中，心理学家调查了150名年收入在10万～150万美元的销售人员，其中有四成的人是完美主义者。可以想象，在工作和生活中，与那些非完美主义者相比，他们要承受更大的精神压力；他们总是因为担心失败而焦虑和忧愁；他们故步自封，患得患失；他们的工作效率也比非完美主义者要低，他们并不能获得更多的成功。事实上，因为这些焦虑和压力，他们的手脚被束缚，创造性被压抑，工作效率被降低。

这种“完美主义者”，为自己确定不可能达到的目标，并强迫自己去实现，用成就来衡量自身的价值。其最终结果就是，他们由于担心失败而惴惴不安。这种“完美主义者”不包含那些为理想而健康地追求着的人们。我们必须明白，缺乏客观的目标和科学的态度，成功是无法实现的。

完美主义者表面看来显得很自负，其内心深处常常挥之不去的阴影却是自卑。他们很少发现并了解自己的优点，总是将注意力放在自己的缺点上，而且总是不知足，从不肯定自己。知足者才能常乐，不知足的人就不快乐，而且会让周围的人也跟着不快乐。因此，要想进一步实现下一个目标，最重要的是先学会欣赏别人和自己。

为了维护自己的完美形象，完美主义者的交际圈通常很狭小。其实他们很想融入到群体中去，可是又心存恐惧，害怕暴露了自己的缺点。他们不敢吐露自己的真情，不敢表达自己的观点及态度，他们被太多的条条框框束缚住了，总是希望自己尽善尽美，因而压力很大，总觉得自己还差得很远。他们宁可委屈自己也会违心地去满足别人的要求。

美国心理治疗医生发现有很多成功的商人、艺术家、医生、律师以及社会活动家等前来求助。这些人在各自的领域都是出类拔萃的，但他们似乎过得并不幸福。这些人差不多都属于完美主义者，其共性是：成功没能给他们带来成就感，也没能带来一个完整、独立的自我感受。他们希望通过心理治疗，能让自己的生活不再空虚，变得更有意义。

完美主义者不能接受自身的不完美。他们经常埋怨成功似乎没能带来快乐，谁都不理解他们，就连他们也不能理解自己。他们的生活就是隐藏那些自己无法接纳的缺点。所以他们的自我往往是分离并矛盾的。一方面，他们表面成功，也体验到这种快感；另一方面，在内心深处却隐藏着深深的自卑感。

完美主义倾向和个人童年的家庭教育有很大关系。望子成龙，父母为孩子树立的标准过于高大完美，孩子常常获得的不是赞美而是贬低和批评，长此以往，这些孩子也就认为自己总是有错，习惯了自我挑剔和自责，甚至产生了自虐的倾向。

要想改变这种可怕的性格，就要求当事人重新确立评价标准。不再用完美到苛刻的、全面否定的态度对待自己，而是改为一种宽容、注重自我肯定与鼓励的态度。比如可以学习赞美自己，把自己的成就罗列出来，对别人的赞扬坦然接受等。

现实世界是没有完美的，完美毕竟是抽象的，只有生活才是具体的存在。生活中的完美，并不是靠追求就能得到的，生活中的许多遗憾无法避免。一位当红的国际女影星曾被问及，是否认为自己长得完美，她回答："不，我长得并不完美，我觉得正是由于我长相上的某些缺点才让观众更能接受我。"那些能认识到自己的不足并能坦然接受的人，他们的心态才是健康的，并对自己充满了自信。

在人际关系中，不要总试图扮演好人的角色，绝对的好人根本不存在。"最完美的商品只是存在于广告中，最完美的人只是存在于悼词中。"人们应该只管尽心尽力地去做事，而不要去追求完美。

那个问题又来到眼前："你究竟需要什么？想要什么？"是该好好思考的时候了。让我们拿掉虚假的面具，亮出真实的自我。不要压抑自己，也别太在乎别人的言论和眼光，毕竟人要活出自己的特色和风格。

目标贵在务实

人们只有尽快设立目标，并且努力沿着目标前进，才能早日实现梦想。当然，设立目标并不是对任何事都采取功利主义，也并不是要将目标缩小，而是需要更大、更清楚地设定目标。

约翰·高德从小就充满梦想、敢于挑战自我。他15岁就为自己确立了一生想要完成的127个愿望，比如去尼罗河探险、攀登珠穆朗玛峰、研究苏丹的原始部落、5分钟内跑完1英里、读一遍《圣经》、用钢琴弹《月光曲》以及环游世界一周等，他中年时已完成105个目标以及其他令人兴奋的事，成为世界上最有名的探险家之一。

他还想走遍全球141个国家——他已去过113个；全程探险中国的长江；他希望活到95岁，有一天能探访月球。

目标具有巨大的威力，它可以循序渐进地推动梦想的实现。

哈佛大学为了研究目标对人生的影响，曾对一群智力、学历、环境等条件相似的年轻人，做过一项跟踪调查。这些人里，约27%的人缺乏目标；60%的人目标不明确；10%的人有清晰的短期目标；只有3%的人目标清晰而且长远。经过25年的跟踪研究，这些人的人生正在发生着有趣的变化。

那3%的有清晰且长远目标的人，经过25年，几乎个个成为社会各界顶尖的成功人士，他们很多都是白手起家的创业者、行业领袖或社会精英。他们始终朝着同一方向不懈地努力，人生目标几乎没有改变过。

那10%的目标清晰但比较短期的人，大都成为社会的中产阶级。他们具有一个共同特点，就是通过不断达成短期目标，最终变成各行各业不可或缺的专业精英。

那60%的目标模糊者，几乎都处在社会的中下层，他们的工作与生活都很安稳，却成就平凡。

那27%没有目标的人群，25年来都没有目标，处于社会最底层。他们生活不如意，甚至失业，靠救济过日子，并常常怨天尤人。

由此，我们可以得出结论：目标对人生有着非常深远的影响，达到目标是实现人生梦想的重要步骤。

确立具体的目标意味着对所期望成就的事业真正下定决心。具体的目标由于比梦想更贴近现实而更容易实现。没有具体的目标，人的生活就不会有任何事情发生，人也不可能有任何积极的措施和行动。如果一个人没有目标，就没有方向感，只能徘徊不前，无法走向成功。

目标对于成功有绝对的必要，就仿佛空气对于生命一样。假如没有空气，人们便无法生存；同样，假如没有目标，人们也无法取得成功。因此，在有所行动之前，必须先明确自己的方向。

一个人的过去和现在是什么情形并不重要，重要的是将来能够取得什么样的成绩。那些发展迅速的企业和集团一般都设有10~15年的长期目标，这就是它们日后发展的方向。

经营者会经常提出这样的问题："你希望公司在10年后是什么样的呢？"并根据目标来规划各项努力。新建工厂并不只是为了适应今天的需求，而是应满足5年、10年以后的需求，这就是长远眼光。

企业的研发部门也是针对10年或者10年以后的产品进行研发的。人们从很有前途的企业能够学到一课：作为个人，也应该对自己10年以后的事有所计划。

从今天开始，我们就必须努力变成自己10年后所期望的那个样子。这是重要并正确的。

人若没有一个确定的目标，也许会终生漂泊，常常胸怀不满。目标是能够令人们前进的动力。假如只有不切实际的梦想，梦想就会越来越遥远。

设立目标也许没有那么容易，甚至需要经历痛苦的自我考验。但显然这些努力都是值得的。

设立目标的最大好处就是，在潜意识里，人们能够遵循一条普遍的规律来进行工作。它就是：只要人能想象和相信什么，就能用积极的心态去完成什么。假如一个人能预想出他的目的地，他的潜意识就会接受这种自我暗示的信息。它就会施展自己的魔力，把人带到目的地。假如有谁知道他需要什么，他就会存在一种倾向：试图按正确的方向，走上轨道。于是他就会采取行动和措施，工作也随之变得有乐趣。他因受到鼓舞而愿意付出代价，也能预算好时间及金钱。

当一个人越来越愿意研究、思考以及设计他的目标时，他思考得越多，就会越有热情，想要实现的愿望就变得更加强烈。这样的人对机会有更为敏锐的感觉，这些机会将帮助人们达到目标。

成功者决非空洞的梦想者可比的，成功者的梦想是用目标的珠子串起来的，一个个目标的达成激励他们加倍地努力，直到他们实现人生的梦想这个最大的目标。

坚持错误的目标，将注定失败

有很多人在为自己设立目标时连起码的调查都不做，就一条道跑到黑，这是非常悲哀的。

据报载，河南有一位忠诚无比的文学青年，高考落榜之后便夜以继日地搞起诗歌创作来。他一篇篇地投稿，又一篇篇地被退回。他一气之下跑到新疆去寻找灵感，可是跑遍了所有的地方也没有人愿意收留他。他万念俱灰，饿了五天五夜，步履艰难地回到家里，因为无脸见人服了毒药，被抢救过来之后不但受到亲人们的责怪，父母亲还发誓以后再不认他。他沉痛地说："一个不幸的人选择了文学，而文学又给了我更多的不幸。"不能说他没有目标和远大的理想，甚至他还有坚持不懈、锲而不舍的毅力，但是为什么落到了这般田地？

感觉好并不一定能够卖得好，卖得不好就说明行不通。拼搏奋斗的劲儿很重要，盲目用力却只是白费力气。勇气也许并不仅仅是坚持，人生就是一个试错的过程，更可贵的勇气不是坚持错误，而是发现自己错了后笑一笑，坦率地说一句："我错了。"生命的指南针有时恰恰是告诉我们什么地方不该去，回头是岸。

伟大的文学家歌德在年轻时曾经定下目标要成为一个世界闻名的画家，为此他一直沉溺于那变幻无穷的色彩世界中而难以自拔。他付出了10年的艰辛努力去提高自己的画技，但是最后收效甚微。在他40岁那年，他游历了意大利，亲眼见到那些真正大师的杰出作品之后，终于被震醒了：他终于明白，即使自己穷尽毕生的精力恐怕也难以在画界有所建树。在痛苦和彷徨中度过了一段时间之后，他毅然作出决定：放弃绘画，改攻文学。

晚年的歌德在回顾自己的成长过程时，就告诫那些头脑发热的青年，不要盲目地设立目标，跟着感觉走。歌德感慨地说："要发现自己多不容易，我差不多花了半生的光阴。"在人生之路真正开始时，我们也许要面对着两个盲区作决策：一个是外部的世界，对于各行各业各自独特的酸甜苦辣、艰难险阻以及所要求的素质条件，我们都所知甚少；另一个盲区就是我们自己，即我们自身的性格、特长、知识积累等条件，适合于去做什么？能够干成什么？恐怕没有经过实践的检验和锻炼，我们很难给自己作出一个一成不变的定论。

不可否认，人的潜力很大，可塑性也很强，也有很多人会干一行爱一行，而且能作出成绩，但有选择总比没选择好，有比较总比没比较好，随着对自我本身和世界的了解，我们终会给自己设立一个明确的目标。想想看，如果孙中山、鲁迅都坚持做医生会是什么样子呢？

价值观是确定目标的前提

价值观是一个并不复杂的哲学概念，是指一个人对周围的人和事的看法或观点。详细来说，就是一个人认为何为有意义，何为有价值，何事值得努力追求；何为无意义和无价值，不能也不值得去追求。举例来说，小孩子和父母的价值观就相差很多，例如孩子们都喜欢在海滩上捡贝壳，而父母却会说："把它们扔了，你为什么要浪费时间？"在父母眼中没有任何意义的贝壳，对孩子们来说，却是漂亮可爱的。

父母们追逐金钱，而孩子们却想要搜集贝壳。孩子们弄不明白父母为什么对金钱那么感兴趣："你们要那么多钱做什么呢?"这就是价值观不同造成的差异。

关于价值观问题，有一个流传很广的故事。

一位商人来到一个小渔村，看到渔民只捞了一船鱼虾就靠岸休息。商人问渔民："打这么多鱼用了多长时间?"渔民说不到半晌的工夫。商人接着问："那你剩下的时间都干些什么?"渔民回答说，闲暇时光就晒晒太阳，睡睡觉，和同伴们打打牌，喝喝酒之类的。

商人希望能给渔民提供一个建议，让他的日子过得更舒服。渔民也很有兴致，要求商人说下去。

商人于是建议渔民每天应该工作至少10个小时，用赚来的钱购买一条全村最大的渔船，再过两年，渔民就可以拥有自己的船队，雇用帮手了。接着呢，渔民可以开办鱼产品加工厂，随着生意做大，渔民就可以成为一个真正的大老板，去城里居住。

商人在渔民不停地"然后呢"的追问声中，为渔民描述着他的美好前景，"然后你就可以成立自己的大型渔业集团，然后你或许能成为著名的企业家，然后你周游各地做巡回演讲，迎接你的都是鲜花和掌声。"

渔民继续不停地追问，商人告诉他，等他光荣退休之后，就能衣锦还乡，到那个时候，想晒太阳就晒太阳，想喝酒就喝酒，想打牌就打牌。

可是渔民对最终结果感到莫名其妙，他问难道自己现在过的不是这种生活吗？商人顿时哑口无言。

这也是价值观的不同所带来的差异。形象地说，价值观就是人生理想和经验的一个过滤器。它决定了什么对一个人最重要，什么不重要；什么是一个人最看重或最珍惜的，什么是其不屑一顾的。日常生活中，经常有人会这样说："我问心无愧!"所谓问心无愧是指要做的事或工作是自己想做的，根据自己既定的价值观、良知以及理性去做，就不会感到愧疚和痛苦。换言之，当人们所做的事情符合自己的意志和价值观时，人们就会心安理得、心情愉悦。现实生活中，常常见到有些人得到了他人求之不得的金钱、权力以及荣誉之后，却备感失落与痛苦。因为他们在违心地工作和生活，他们做的事情，不符合社会共同认可或自己内心深处的价值观，这种不一致必然导致痛苦和迷茫。

有一部分人对事业最看重的是能有更多的培训和学习机会，或者有较大的发展空间；有的人最看重的却是创造性和挑战性，他们因此更具活力；也有一部分人最看重的是能否有更多的休闲时间及假期，以便更多地与家人相处；还有一部分人看重的是期望更多的报酬和金钱。这都是价值观不同造成的。

不同的价值取向能够决定不同的人生选择，不同的价值观构造了不同的人生。就如同那个商人和渔夫的故事，商人和渔夫互不理解对方的选择，因为他们拥有完全不同的价值观。

人在自己的生命中作出什么样的决定，就会带来什么样的命运，而主宰人们作出不同决定的关键因素便是个人的价值观。相信很多人在生命的历程中，都曾经遭遇过棘手的事情，此时人们常常难于快速作出决定，以致陷入忧郁和彷徨之中。原因就是人们往往不清楚在这种情况下，什么是最重要的，什么才是最爱的。

其实，大多数成功者并不具备什么特殊的天赋，他们和普通人的本质区别就是只要符合他们的价值观，他们就能坚持做自己不愿意做的事。

只有按照自己的价值标准生活，人生才会快乐。人们是否幸福，取决于所作所为是否偏离或扭曲了自己的信念。金钱和权力是人们追求的价值之一，甚至成为世俗衡量成功的标准，可这些远非人生的全部。心灵的宁静、家庭的幸福以及求知欲的满足等人生体验，是用金钱换不来的。因此，我们需要经常审视自己的价值理念，不断去伪存真，才能活出精彩快乐并且有价值的人生。

怎样设定目标

前面我们谈到了设定明确的目标对自己的人生和职业生涯的重要性，那么，该怎样设定目标呢？

通常而言，设定目标的程序有这样几步：一、列出符合 SMART 标准的目标。二、列出上述目标能带来的好处。三、列出在实现目标过程中可能遭遇的困难与阻碍，并思考相应的解决方案。四、列出为了达到目标所需要的技能及知识。五、寻找到为达到目标必须合作的对象。六、写出完成目标的截止日期。

这其中最关键的是“SMART”原则，“SMART”由五个英文词语 Specific、Measurable、Acceptable、Realistic、Time Indication 的第一个字母构

成。我们把这些词语翻译成中文，即可确定的、可衡量的、可接受的、现实可行的、有时间限制的，这就是“SMART”原则所代表的真实含义。

所谓可确定的（Specific），就是指目标必须是明确并且具体的。所谓明确，就是预先规定目标的工作量、完成日期、责任人、资源等，都是一定的，能够明确的。所谓具体，就是指和任职人的工作职责或者部门的职能相对应的工作。

所谓可衡量的（Measurable），就是指目标必须能够用数字来描述，或者其表现形态能够用数字化指标来补充描述，也就是有个量化的标准。使用类似于更好地、更正确地等含糊词语并不能为实现目标提供所需的量化衡量标准，目标要量化，衡量标准也要量化，应该具体到每个数字。假如目标无法用确切数字衡量，就无法告诉执行者要做到哪一步；假如没有一个衡量标准，就可能出现很多困扰，比如那些具体的执行者因为没有具体的数字约束，就会偷懒，工作不到位，尽量减少自己的工作量，并且少付出。在管理一个集体时，给每个人以具体的指标要求来制约每个人的工作，是非常必要的。

量化的具体内容是，数字具体化和形态指标化。

什么是数字具体化呢？就是假如某一目标能用数字来描述，就一定要使用精确的数字来描述。

什么是形态指标化呢？就是假如目标不能直接用某一个数字来描述，就必须进一步把它分解，将其表现形态全都用数字化指标来补充描述。比如说，有人的目标是想买一套房子，那就要补充描述是多大面积、在哪个地段、价格是多少的房子。

所谓可接受的（Acceptable），就是指目标必须是能被执行人所接受的。此处所说的接受指的是执行人真正愿意接受和认同这一目标。

所谓现实可行的（Realistic），是指目标在现实条件下不可行，常常是由于制定人乐观地估计了当下的形势。一方面可能是错误地估计了完成目标所需的各种条件，确定不合适的工作目标；另一方面可能是没有准确地理解企业的目标，主观地认为下属能够完成，但客观条件却不允许目标实现。从最基本的出发点来说，一个不能实现的目标，就无法进行目标管理。

所谓有时间限制的（Time Indication），是指假如缺乏预先约定的时间限制，所有的执行人员都会对一项工作的完成时间有各自的理解。就会出现主管认为下属应该早点完成，下属却觉得不用着急的情况。等到主管要求下属呈交成绩时，下属还没有完成，主管责怪下属工作不力，给予下属不好的工作评价，下属却感到十分委屈和不满。这就在上下级之间造成了矛盾和沟通障碍，甚至可能影响上级在下属中的威信。

无论什么目标都必须有个完成期限，可以具体到某年某月，甚至是某日某时某分。没有完成期限的目标，就算量化得再好，也可能会不知拖到猴年马月才能实现。人们可能很轻易地就为自己找到拖延和懈怠的借口，而且也不知道究竟应该用何种办法去追求它。一个目标如果不能被量化，或者没有设定时限，都是无效目标，因为它是模糊目标。可以想见，在练习射击时，如果连靶子都看不清，那能射中吗?

人们设定目标一定要根据 SMART 原则。在设定目标时，SMART 原则就是一个评估标准，同时结合问题的具体情况，才能确定出现实、可行的工作目标。这个目标要非常明确，比如目标执行人员具体应做什么、得到什么结果等。最好使用一些类似于“开发、设计、修正”的词语来对“具体做什么”作出详细描述。具体的我们可以来看一个案例。

例如，如果你奉上级之命出差到外地，为了顺利完成任务，需要提前设定这次出行的目标，该怎样设定呢? 下面这些考虑都是你一定要明确的。

1. 出差的目的（可确定）。首先应该明确出差的目的，也许是去跟外地的客户交流，也有可能是为了产品去外地开拓市场，又或者是同外地的公司签订合同等。目的不同安排也会不一样，这是你事先要跟上司沟通、了解清楚的。

2. 费用的预算目标（可量化）。出差肯定要有一定的花费，这个最好事先作个具体的预算，否则没有节制的浪费或者费用不够花，都会给自己带来烦恼，等回来跟老板汇报时，老板或许会质疑你的办事能力。

3. 可以实现的目标（现实可行的）。和外地客户交流，为公司产品开拓外地市场，跟外地公司签订合同等，这些都是可以实现的目标。

4. 注重结果（可接受的）。出差当然不是为了游玩享乐，而是为了达成以上一个或几个目标。

5. 时间目标（有时间限制的）。应该把握时间要素，明确出差的日期、出发时间和回程时间，这样才能合理安排每天的行程。否则，可能会出现返程时间已到，而任务还没有完成的尴尬局面。

目标能够引导我们走向成功

古人云：“凡事预则立，不预则废。”法国拿破仑也说过：“凡事都要有统一和决断，因此成功往往并没有站在自信的一方，而是站在有计划的一方。”

做任何事情，都必须有所计划，也就是预。有了预，还要付诸具体行动，也就是如何做。事情的结果能否达到预期的目标，预的高低和好坏非常重要。

关于鲸鱼搁浅海滩的报道时常见诸网络和报端。专家研究发现，鲸鱼之所以会搁浅海滩甚至为此送命，是由于它们追逐沙丁鱼群，把这些庞然大物引入死亡歧途的居然是那些微小的沙丁鱼群。也就是说，鲸鱼的死亡是因为追逐眼前的小利造成的，它们经不住美味的诱惑，将自己巨大的潜能与力量耗费在没有价值的小事情上，结果竟遭遇横死。

无独有偶，在现实生活中，也存在跟这些鲸鱼一样的人们。他们也许很聪明，拥有智慧，充满活力和激情，可就是缺乏远大的理想与目标。没有目标的指引，他们迷失了人生的方向，因此把精力与智慧浪费在了无意义的横冲直撞之中。如果一旦明确了人生与职业的目标，人们就会把宝贵的时间与有限的精力用到该用的地方去。因此，成功大师指出：你成为什么样的人远比你得到什么东西更重要。

目标不只是规定了追求的最终结果，它对整个人生都有很重要的作用，目标就是成功路上的里程碑，给人以激励，也给人以方向。

著名的长距离游泳健将弗罗伦丝·查德威克，是横渡英吉利海峡的第一位女性。1952 年 7 月 4 日清晨，34 岁的她从卡塔林纳岛出发，跃入大海，她的目标是要成为第一个从卡塔林纳岛游到加利福尼亚海岸的女子，距离出发点 21 英里。如果成功，她就能创造另一项世界纪录。

当时大雾弥漫，她几乎什么都看不到。她在冰冷的海水中咬紧牙关坚持着，一直游了大约 15 个小时，这时她感到非常疲惫，身体冻得发麻，就呼喊着让人拉她上船。一直在船上跟随她的母亲劝告她不要放弃，已经离加利福尼亚海岸很近了！然而，她根本看不到陆地，远方能看到的就是浓雾。她又坚持游了一段，15 个小时 55 分钟之后，她再也无法坚持，就上了船。令人扼腕叹息的是，她上船的地方离海岸仅有半英里的距离。事后她说：“假如当时我能看见陆地，或许就能坚持下来。”她没有真正放弃这个目标，两个月之后，她终于成功地游过了这个海域。

一旦确立了自己的目标，它就既是努力的依据，也是对自己的鞭策。目标就是看得见的射击靶，随着这些目标的不断实现，执行人的成就感会油然而生。对很多人而言，确定与实现目标就如同广场比赛。随着一个个目标的不断实现，人的思维及工作方式也会逐步改进，人生将从此与众不同。

上文讲过，美国哈佛大学对一群年轻才俊进行过一次关于人生目标的调查，一直追踪了 25 年，25 年后，这些人有的生活得很好，有的人生活得却很惨。那些有明确的长期目标的人都很成功，那些毫无目标的人则始终没有长进。这些年轻人之前的外在条件差不多，他们之间的差别仅仅在于：25 年前，他们是否已经确立了自己的人生目标。

没有获得成功的人往往混淆了工作本身和工作成果的基本概念。他们认为做了大量的工作，特别是艰苦的工作，就能成功，可是不明白任何活动本身都不能保证成功。要想让这些努力真的有用，就要朝着同一个明确的目标努力。换句话说，成功的尺度不是衡量一个人做了多少工作，而是取得了多少成果。

有位老实厚道的业务主管，虽然工作勤奋踏实，但是他的业绩考核总是排在后面。上司就找他谈话，他说自己早晨上班从未迟到，下午下班后，其他业务人员都走了，他还经常加班到晚上八九点，“虽然忙点累点，为公司作贡献也感到挺充实的。”上司听了便问他：“你为公司作了些什么贡献呢?”“我……”他竟然答不出来。

其实，公司需要的不是员工的加班加点、出力流汗，而是用数据说话的实际业绩。对一个业务人员来说，具体的就是每个月能为公司争取多少订单。这位可怜的主管自以为忙碌和干活本身就是成功，实在是本末倒置。

目标可以帮助人们避免这种情况发生。假如一个人设定了目标，能定期检查工作进度，自然就会把关注点从工作本身转移到工作成果上。仅仅用工作来充实每一天，实在是愚蠢而麻木的行为。衡量成就大小的正确方法是获得足够的成果来达成目标。

给大家讲一个“龟兔赛跑”的演绎故事。话说兔子输掉了第一次比赛后，觉得很没有面子，就关起门来深刻地反省。它给自己约法三章：不服输，不自满，不偷懒。这样过了一个月，兔子要求跟乌龟再比赛一场。

比赛选定在一个阳光明媚的早晨，老虎、猴子、大象等动物都来当观众。发令枪响了，兔子这次跑得飞快，还不断地鼓舞自己：“你是最棒的!你一定能成为第一!”可是，乌龟又胜利了。兔子怎么可能跑不过乌龟呢?

因为兔子跑错了方向。

现实生活中，很多人都没有方向或者跑错方向。虽然这些人坚信“天道酬勤”，还是不能成功。不是有很多格言这样说吗?比如“一分耕耘、一分收获”，再比如“勤奋 + 汗水 = 成功”。那是人们不了解，这些都有一个基本前提，就是要有正确的方向。

选择目标比单纯的努力重要，确定方向比出力流汗更重要。假如方向错误，越努力离成功就越远，而离失败就越近。那不就是南辕北辙嘛?

确保自己一直走在正确的道路上

很多成大事者资质往往都很平庸，而非才智超群、多才多艺，可这些人取得了远远超过自己实际能力的成就。他们看似愚钝，却有顽强的毅力，有坚如磐石的决心，他们不受任何事情的诱惑，从不偏离已定方向。他们专注于一个领域，有一个具体而清晰的目标，并为此努力奋斗。虽然智力平庸，可他们一步步地积累了自己的成果，最终到达目的地。反而那些所谓智力超群、才华横溢的人却喜欢四处涉猎，最终难有成就。

这再次说明，善于把时间和精力投入在同一目标上的人更可能、也更容易达到目标。如何才能把时间和精力集中在同一个方向呢？可从下面几个方面入手。

1. 学会放弃。人的一生会面临各种选择，各种诱惑，这就需要在确定的目标上尽量作加法，在和目标无关甚至相悖的事情上多作减法。一定要学会选择，学会放弃，集中精力专注于一个方向或目标。

2. 检视自己的积极性。一旦发现自己失去了做事的积极性，或者积极性不高，就应认真考虑，是否与既定方向背道而驰。

3. 经常关注自己具有多少责任感。每做一件事，都担负着一定的责任。如果发觉自己缺少责任心时，就要想一想，也许是偏离了目标所致。

4. 及时对事情进展作出评估。要及时地评估离目标的距离，看看还有什么事情要做，还要在哪些方面投入，最好能列出一张表格，以防走弯路。

5. 发现偏差要及时更正。这一点非常重要，如同航船必须随时校正自己的方向一样，一旦出现偏差，如果没能及时发现，就会带来很大的麻烦。

6. 有目标，更要有韧性。目标的实现不是那么简单的，不可能一蹴而就，在现实与目标之间总有一段很长的距离。在追求目标的过程中，人们会面临种种挑战，种种诱惑。有人半途而废，有人偏离方向，要想一直坚定不移地走下去，还需要有坚韧精神。

什么是坚韧？坚是坚定之意，指的是一个人能坚守目标，心无旁骛并保持平衡的心态，努力不懈直到达成愿望，实现梦想。韧指的是长时间坚持的意志，包括忍辱负重。就好像越王勾践甘于忍辱负重，韬光养晦，却在暗中积蓄力量，等时机成熟时才最终“亮剑”，终于转败为胜。这两种意志合并起来便是坚韧。

一个人拥有坚韧精神，就等于具备忍耐挫折的能力、忍受压力的能力、控制自我的能力以及意志力等。拥有坚韧精神就能够在面对艰难困苦时，勇于克服，坚持完成任务，在巨大的压力下仍然能够坚持目标和人生信念。

雷·克洛克是麦当劳的创始人，他最欣赏的格言是：“世界上没有什么能代替坚忍不拔：才干不能代替，有才干但却一事无成者并不少见；天赋不能代替，天生聪颖而一无所成者几乎成了笑谈；教育也不能代替，受过教育的流浪汉在这个世上到处都是。只有坚忍不拔，坚定信念，才能无往而不胜。”

有一位主管在描述自己心中的理想员工时说：“我们所急需的人才是那种有坚定的意志力、能够全力以赴地工作，并且有奋斗进取精神的人。我发现：最能干的大都是那些天赋一般、甚至没有受过高深教育的人，他们往往拥有全力以赴的做事态度及永远进取的工作精神。成功者中，九成是那些做事全力以赴的人，只有一成是天赋超群者。”

确立目标固然重要，有时却会由于力量不足、能力有限等而受阻。只有凭借韧性，专注于确定的目标，并且投入激情，方能最终迈向成功。做事三心二意、缺乏韧性和毅力的人，不但难以实现目标，而且也得不到他人的信任与支持，因为大家都知道找他做事有风险，不可靠。

如果说目标是人们努力的方向，那么坚韧就是生命的脊梁，它支撑着人们不屈的信念，战胜前进道路上的困难，让人们始终不会偏离目标，并且不断走近。

确立平衡和谐的人生目标系统

当人们明确了自己的处世准则以及自身在社会中所扮演的各种角色时，就能认真地规划自己的人生目标系统了。目标系统，意味着在追求人生价值和生命意义的过程中，人们一定要统筹兼顾，千万不能顾此失彼。

通常来说，一个平衡和谐的人生目标系统，包括四大子系统，即个人发展、事业经济、兴趣爱好、和谐关系，它们相互联系；内容则包含八个方面：健康、发展、理财、事业、休闲、心灵、家庭以及人脉。那么，如何制定平衡和谐的人生目标系统呢？可以从下面四个方面着手。

一、个人发展目标

1. 自己的身体健康处于何种状态？健康确立的身体应该是何种情形？

2. 自己的心理健康处于何种情形？健康的心理应该是何种状态？

3. 要想保持良好的身心健康状态，应该确立何种目标和计划，采取何种措施？

4. 要想实现职业生涯目标，自己目前掌握的知识、才能、技巧等方面准备好了吗？

5. 就个人情况来说，自己实现人生目标的最大障碍是什么？要如何克服这些障碍？

6. 自己具备职业和事业发展所要求具备的资质吗？

7. 自己有哪些潜力还没能发挥出来？有哪些能力需要提升？如何发挥与提升？

8. 如何确立一个终身学习目标以及计划？这些目标和计划又如何实现？

二、事业经济目标

1. 自己是否有创业的打算？如果想要创业，现在是否在做准备工作？如何做？

2. 自己有创业的方向、领域和目标吗？是否怀有激情、兴趣和强烈的期待？是否会全力以赴呢？

3. 假如自己的志向是做职业经理人，那么该如何规划职业生涯呢？

4. 自己对目前的职业和工作是否满意？目前所从事的行业、企业、职业符合自身的优势、兴趣和特长吗？是否有转变职业角色与转换行业、企业的打算？

5. 我有最终的职业理想吗？是否确立了 10 年、5 年、3 年的职业目标？为了实现职业理想及目标，自己有奋斗计划吗？

6. 我的经济目标是什么？如果用金钱来衡量，20 年、10 年、5 年、3 年，应当达到的定量目标是什么？为了实现经济目标，自己将如何确立实施计划？如何努力与奋斗？

三、兴趣爱好目标

1. 在别人眼中，自己兴趣广泛抑或索然无味？

2. 我满足于别人称自己是工作狂，并感到骄傲吗？

3. 在不加班的八小时之外，自己都做些什么？

4. 我目前的兴趣、爱好对身心健康和丰富人生有利吗？

5. 自己有需要克服的不良兴趣与爱好吗？比如没有节制地吸烟、酗酒、打牌、玩游戏、看电视等？

6. 自己童年的兴趣和爱好是什么？

7. 自己应该培养哪些兴趣与爱好，或确立一个培养计划，来缓解职业压力，变成一个兴趣广泛、充满活力、精力充沛的人？

四、和谐关系目标

1. 我是否善于处理人际关系？别人喜欢我吗？我有人缘吗？

2. 我富有个人魅力和影响力吗？有坚定的追随者吗？

3. 为了实现事业目标，自己应该如何改善和提升人际关系技巧？我懂得人际关系的基础是互相尊重和理解，彼此帮助，知道感恩吗？我为别人做了什么？今后如何做？

4. 要想成就大事必须要有贵人相助，我的贵人是谁？哪些人是我现在的贵人？哪些人是我潜在的和将来的贵人？你应该如何做才能与他们保持联系？

5. 如何确立人际关系改善计划？准备建立怎样的人脉支持系统？

6. 我拥有温馨、和谐、美满、幸福的家庭生活吗？家庭是自己身心停泊的港湾吗？

7. 自己常常关心父母的身体健康吗？最近经常回家看望父母吗？拿出足够多的时间和他们聊天了吗？

8. 自己在意和关心过妻子（丈夫）的物质与精神需要吗？自己是一个称职的丈夫（妻子）吗？自己是否对孩子尽到责任？了解孩子的思想、行为、心态吗？

9. 我打算如何改善家庭关系，并确立目标和计划？为家庭负责，具体该如何做？

10. 我是否具有博爱精神？对社会公益事业、困难群体和那些需要帮助的人，我是否打算提供力所能及的支持与帮助？

做好自己的每日计划

对于一个想要获得成功的人来说，给自己确立一个每日计划并遵照执行是非常必要的。那么，该怎样来制定并执行呢？可以参照下面七个步骤。

1. 将目标任务写下来。

2. 估计完成任务所需要的时间。

3. 简要计划行动方法以及步骤。

4. 预测可能出现的问题与应对措施。

5. 为防突发事件，应留出缓冲时间。

6. 确定优先次序，简化及授权。

7. 追踪和检查。

应该在每天晚上或早晨做日计划，检查自己每天所做的事情是否与周目标相符合。累计一周以后，检查自己所做的事情是否与月目标相符合。以此类推，检查每个月所做的事情是否与季度目标相符合，而今年所做的事情是否跟自己的人生目标相符合。

为了更好地实施计划，建议你做一个自己的每周行事历，下面这个表格可供参考。

目标管理一周做事表

本月目标计划排序：	本周目标计划排序：
人生目标宣言：	年度目标重点：
今日工作和生活重点：　月　日 健康 发展 理财 事业 休闲 心灵 家庭 人脉 其他	具体时间安排： AM： 6：00～7：00 7：00～8：00 8：00～10：00 10：00～12：00 PM： 12：00～15：00 15：00～18：00 18：00～21：00 21：00～23：00
注意优先排序与平衡和谐	每天早上或者晚上抽出 15 分钟时间，进行自我检查与反省，并安排第二天的行动计划

学会分解目标，大目标更易实现

有效的目标是提高工作效能的重要依据，也是考核工作效率和效果的重要指标。然而，假如确立了目标，却不会将之分解，目标就会成为海市蜃楼，可望而不可即。

大多数人做事之所以会半途而废，并不是遇到了多大的困难，而是迷失了目标。

是的，只凭方向的指引，我们很难到达成功的彼岸，目标似乎也总是遥不可及，从而容易导致行动困难。但假如我们把长期目标分解成许多个小目标，一个一个地去实现，就能变得轻松，也容易达成。

要想火箭飞向月球，就需要达到一定的速度和质量。早先，科学家们计算出，火箭的自重至少要达到100万吨，但是物体达到这个重量是根本飞不上天的。于是在很长一段时间里，科学界一致认为：火箭飞上月球是不可能的。直到有人提出“分级火箭”的构想，问题才得到解决。把火箭分成若干级，当第一级把其他级送出大气层时就自动分离出去以减轻重量，这样火箭最终有一部分能到达月球。

从“分级火箭”的设计理念中我们可以得到启发：设立了正确的目标后，要想成功，还需要根据具体情况和自身实际，将其分解，化整为零，变成一个个容易达成的小目标，然后再各个击破，这样就能一路凯歌，最终到达胜利的终点。

在1984年的东京国际马拉松邀请赛中，日本本土选手山田本一出人意料地夺得了世界冠军。当时他尚名不见经传，于是人们认为，这是山田本一占了东道主之利，是偶然获胜。然而到了1986年，在意大利国际马拉松邀请赛上，山田本一再度夺冠。记者们采访他时，他只简单地说他是用自己的智慧战胜了对手，不善言辞的他当时并没有详细解释。

后来在山田本一的自传中，他对这个问题进行了阐述。“我在每次比赛之前，都要把比赛所要经过的路线仔细考察一番，并记下沿途比较醒目的标识。例如：第一个标志是银行；第二个标志是一棵大树；第三个标志是一座红房子……这样一直记到赛程的终点。”

“开始比赛后，我就用百米冲刺的速度冲向第一个目标，等到达第一个目标后，我再以同样的速度冲向第二个目标。就这样，八九十里的赛程，被我分解成几个小目标后就轻松地跑完了。”

“刚开始，我其实也不懂这样的道理，我把目标定为终点的那面小旗，可我只跑到二三十里就跑不动了，因为前面路程太遥远了。”

山田本一的成功就在于把大目标分解为多个容易达到的小目标。每达到一个小目标，都让他体验到成功，这种成功感增强了他的自信心，并激励他稳步挖掘潜能去实现下一个目标。

一开始就想追求最终目标是不现实的，如同大海是由水滴积聚起来的那样，大成就的达成依靠小成就的累积，而大目标的实现也是靠小目标的实现累积起来的。大大小小的目标就像路灯，照亮我们的人生旅途。无论是人生规划，还是具体事情的处理，都适用目标分解法。在前进的路途中，我们就能有阶段性的路标可参照，也能走得更快、更稳、更安心。

用多杈树法分解目标

当人们在一个大目标面前时，往往会由于目标的遥远与艰辛而感到气馁，甚至怀疑自己的能力。但是当面对一个小目标时，人们却常常能满怀信心。

有些人，一开始给自己定下了个大目标，一旦发现目标离自己很遥远，甚至还很模糊时，就会失去信心，而放弃努力。然而如果把这个大目标分成许多个小目标，完成了每个小目标，大目标还会远吗？

“目标多杈树法”是一个专业的目标分解工具，树干即代表大目标，每一根树枝即代表分解后的小目标，叶子代表的是即时目标，就是现在要去做的每一件事。这是一种有条理的计划和分析方法，可以把宽泛的目标分解成具体行动（项目），可以保证目标和行动计划之间确立因果联系。“目标多杈树法”，又名“计划多杈树法”。

那么，如何运用“目标多杈树法”来分解目标呢？

首先把大目标写下来，然后找出：实现该目标需要哪些条件？并列出达到目标的必要条件和充分条件。这些条件就是小目标，必须首先完成这些小目标，才能达成大目标。这些小目标就是大目标的第一层树杈。

然后继续找出：要实现这些小目标需要哪些条件？列出实现每一个小目标所有的必要条件和充分条件。这就是第二层树杈。以此类推，直到画出所有的树叶，也就是即时目标，就完成了该目标的多杈树分解。每个目标最终都能被描绘成一棵枝叶繁茂的大树。一棵完整的目标多杈树，就是一套完整的实现该目标的行动计划。

如何检查多杈树分解是否充分和完全呢？只需反推回去，从叶子到树枝再到树干，不断思考：假如这些小目标全都实现，大目标就一定能实现吗？若是，表示分解已完全；若非，就说明所列的条件（小目标）还不够充分，尚需继续补充被忽视的树杈（小目标）。

在目标多杈树里，大目标与子（小）目标的关系是：大目标是子目标的结果，子目标是实现大目标的策略与条件；子目标实现之和一定是大目标。

目标多杈树分解步骤如下。

1. 把自己的大目标写出来。

2. 列出达成该目标所有的必要条件和充分条件，并且以之为小目标，这就是第一层树杈。

3. 列出达成每个小目标所需的必要条件和充分条件，变成第二层树杈。

4. 以此类推，直到画出全部的树叶——即时目标为止，才算对该目标多杈树完成分解。

5. 检查多杈树分解是否充分，也就是反向从叶子到树枝再到树干，不断检查假如小目标均实现，大目标是否一定能实现。如果是，说明分解已完全，如果不是，就意味着所列的条件还不够充分，需要继续补充被忽略的树杈。

6. 评估目标。目标评估可分为两项，目标合理性评估和计划可行性评估。这两项评估的核心是评估目标的大小。目标多杈树分解已完全，是评目标大小的先决条件。

评判标准一：目标分解完后，假如单位时间内不能完成"树叶"所显示的工作量，就说明该目标太大，比如规定销售人员三年收入超过千万。

评判标准二：目标分解完后，假如单位时间内能够轻易完成"树叶"所显示的工作量，就说明该目标太小。

学会了这个办法，每个人都可以为自己的各种目标进行一个系统的评估，以防目标太大而最终不能实现，令自己遭受挫折和打击，也防止因太小而浪费自己的潜能。

7. 判断目标能否实现。把目标进行多杈树分解后，如果列出的条件只是必要条件，就说明即使所有小目标全部达成，大目标也并非肯定能实现，只是有可能实现。如果列出的条件是充要条件，就是说，除了必要条件外，还有充分条件以及辅助条件，就说明只要小目标全部实现，该目标就肯定会实现。

如果小目标全部实现，而大目标不一定实现，就说明分解时忽略了其他辅助条件，就需要继续补充，直到条件完全充分为止。

按照这个具体步骤去分解目标，目标才能一步步实现。

享受生命真义的RELAX原则

人们总存在一种错觉，认为忙碌就是有效率，有效率就是有效果。有些人一生都过着忙忙碌碌但没有什么成绩的日子。如何成为一个既有效率又有效果的人？又该如何在奋斗中享受生命？英文“RELAX”意即“放松”，我们用这个单词的五个字母来代表享受生命真义的五个要点。

R：认清生命价值（Readjust）：人们经常做的往往并不是重要的事，而只是紧急的事。例如，几乎人人都明白健康、学习、家庭很重要，然而能有多少人每天坚持做运动？有多少人能每天坚持学习？又有多少人能保证留出足够的时间给予父母和家人？

E：反思评估检查（Evaluate）：千万不要在忙碌的日子里丢失了自己。每隔一段时间，人们都应该重新评估自己的价值定位，反省自己有没有因为忙碌的生活和工作而忽视或放弃了那些很重要却不紧急的事。通过不断的自我反省和评估，思考自己有没有朝着确立的目标前进？有没有在做着重要的事情？在繁忙的工作之余，一定要记得停下来休息一下，也许是几分钟，也许是几小时，不妨享受一杯咖啡，或一杯啤酒；或者给朋友打个电话；或是牵着家人的手一起在夕阳下散步。这些事不需要花费多少时间，却能让一个人的生活充实而快乐。

L：限制工作时间（Limited and labor）：全天都在工作并非好事，人们除了工作，还应该去欣赏生活中的美好事物，因此，人们应该对工作时间有所限制。“先把工作做完再说”，抱有这种想法的人并非少数。人们一直面临许多挑战，做不完的事情积累在那里，工作时间一再延长。要知道，工作永远是做不完的。生命和时间都是宝贵的，应该过得更有意义。因此，鼓足拒绝的勇气，对过长的工作时间说“No”吧。试着每天留一段时间给自己，也许，生命从此将不再暗淡无光。

A：明确人生目标（Activity）：在社会和历史的舞台上，人的一生都在扮演着不同的角色，不同的角色和定位自然就有不同的目标和价值。很多人只记得工作，往往忽略了生命中那些比工作更加重要的角色和价值。

在这个充满拜金主义的商业社会，人生的色彩不应该只是金钱的颜色，生命中还应该有炽热艳丽的玫瑰，充满灵性的大自然，流畅优美的音乐……每个人都不应该仅仅是永无休止的传送带上的一个零部件，或钢铁机器上的一颗螺丝钉，人还应该拥有自己的兴趣和精神自由，应该拥有平衡与和谐的人生。我们应该大声疾呼，劝导人们不要被这个工业社会异化。

X：分享精彩生活（Exchange）：教大家做一个“殡仪馆之旅”的游戏吧。“殡仪馆之旅”，是的，就是这个名字。有人会觉得这是个不吉利的游戏。这有什么呢？殡仪馆将是每一个人的最后归宿，只有在那个地方，一个人才能得到真正的惬意和安详。让我们开始殡仪馆的心灵之旅吧！

现在，设想你就要下班了，忽然有位朋友来电话通知你，你们共同的好朋友不幸因病去世了。这太令人震惊了，因为上个月你们还在一起吃饭、唱歌。你伤感不已，情绪低落。

第二天9点，你准时来到殡仪馆。由于一夜难眠，你感到头脑昏沉，精神萎靡。这时，好友们也都陆续赶到。其中一人突然拉住你说：“去看看遗容吧。”来到告别瞻仰厅，你居然看到自己的照片被挂在告别厅的正中央！搞什么鬼啊，你简直以为自己在做梦。

好友们走了过来，原来这竟然是他们跟你开的玩笑。你身心冰冷，脑子一片空白，只晕乎乎地记得朋友对你说的话：“假如真的有这么一天，你希望我们怎么来怀念你？”

这个问题总在你耳边响起，即使离开殡仪馆回家后，你也不由得陷入沉思中：的确，如果真有那么一天，我希望别人怀念我什么呢？我希望能给后人留下什么值得纪念的东西呢？我希望别人在给我写的悼词里如何评价我呢？或者我如何给自己写墓志铭？——这就是这个游戏的目的。

想想看，当我们平静安详地躺在水晶棺里时，一切喧嚣与尘世已经离我们渐行渐远，其实无论什么评价都已经不再重要。然而，在告别万丈红尘的最后时刻，为了跟自己倏忽而逝的短暂人生道别，为了生命最后的尊严与责任，我们是不是应该从现在开始就做点什么，让自己无愧无悔呢？

好的，请你拿出白纸和笔，在左侧写下你现在扮演的人生角色。

一个好丈夫（或妻子）

一个好父亲（或母亲）

一个好儿子（或女儿）

一个好朋友

一个好领导（经理、主管、老板）

一个好同事

一个好下属（或员工）

一个好邻居

一个遵纪守法的良好公民

一个有良好道德情操的人

一个对社会及他人有卓著贡献的人

一个富有并且慈善的人

一个热心帮助别人的人

一个正直公平并且光明磊落的人

一个才华横溢并且热情奔放的人

写好后，从左到右再增加两栏：一栏是“我希望别人怎样评价以及怀念我”，另一栏是“我从此刻开始应该如何做”，对应自己所扮演的人生角色，制订出相对应的行动计划来。

现在做一个游戏总结：太多的人在成功之后，却感到精神空虚；获得名利之后，却发现失掉了更可贵的东西。我们必须掌握真正重要的愿景，才能勇往直前、坚守信念，使人生充满意义。不如尝试做一次“殡仪馆的心灵之旅”，盖棺定论时，一个人希望获得的评价才是他真正渴望的目标以及人生的最终期许。

一位网友曾经在博客里这样写道：“生命只有一次，因此实现人生目标的机会也只有一次。归根到底，实际上不是我们询问生命的意义何在，而是生命正在质疑我们，要求我们回答究竟什么是存在的意义。总之，人应该对自己的生命负责。”

不要为摘不到星星而闷闷不乐

为了实现目标和梦想，必须先要确定合理的目标。如果目标太低，触手可及，就谈不上追求和成就感；如果目标太高，仿佛遥远的星辰那样，就永远不可能达到，当然不合适。太低和太高的目标，都无法激起人们去实施的热情。只有跳起来就能碰到的目标才是合理的。因此不要为摘不到星星而闷闷不乐。

沙漠中的骆驼有一个简单的目标，就是帮主人带着货物走出沙漠。这个目标不仅注重过程，而且有明确的结果。显然，确立目标不能超出自己的能力，要合适、明确而具体。

瑞士著名心理学家皮亚杰曾提出“最近发展区”理论。他认为，人们对一件事情是否感兴趣，完全是由这件事的难易程度决定的。只有当人们知道努力跳起来就能拿到自己想要的东西时，才会发掘自身的潜能去追求。

什么样的目标算是跳起来就能够到的呢？就是那一类既具有一定挑战性，又能让自己经过努力就能够实现的目标。因此确立目标时一定要从现实出发，还要超过一般标准。

如何确立合适的目标，情况因人而异。人们应该以自身能力及现有的知识和经验为基础，此外还要考虑外部环境的各种因素，才能设立最适合自己发展的目标。现实生活中，并不缺乏有梦想的人，他们之所以未能成功，是因为很多梦想都不切实际，没有考虑到客观实际，一味求高、求大，梦想也成了幻想。所以，那些基于现实的目标才有可能达成，才会变成人们前进的动力。假如一个人对自己的目标感到不可信，觉得犹如天方夜谭，他如何还能采取坚定的行动来达成目标和理想呢？

确立合理的目标，也并非意味着降低目标。只有那些具有较高标准并且有一定挑战性的目标才是真正可行的目标。面对这种看似不可能的目标时，人们常常能够尽最大努力，进而发掘出自己的潜能，展现出非凡的才能。而且，就算最后没有成功，只要能完成原定目标的绝大部分，比过去表现得更为出色，那也是一种成长和进步。经过一次又一次的积累，最终还是能够实现自己的梦想的。

每个人不可能只拥有一个目标，同时有几个目标是正常的。比如既想成为行业中的顶尖人才，又想赚取更多的金钱，还希望能晋升到某个职位，又要身心健康，家庭幸福等。这些目标往往包括了工作、家庭、健康、经济等多方面内容，涉及众多领域，这么多目标都需要付出努力，这就要排出优先、重要的次序，找出最主要的目标。一般而言，主要目标就是一个人努力追求的东西。它可能是长远的，也可能是近期需要实现的，如何衡量其重要性以及如何选择，均由自己决定。

要想合理分配资源，做到有的放矢，统筹兼顾，就需要先确定主要目标。人的主要目标也许只有一个，但显然一个深刻的目标胜过十个琐碎的目标。

也许有人还记得当年的秦池，当时曾有传言，秦池往央视开进一辆桑塔纳就会开出一辆奔驰，可秦池如今早已成为明日黄花。1996 年，默默无闻的山东秦池酒厂以 6666 万元的高价争得中央电视台黄金时段广告的“标王”，“秦池”酒在人们怀疑的眼光中，凭借广告的威力，竟然取得了超常的市场业绩。然而秦池酒厂有些得意忘形了，接着其又以 3.2 亿元的“天价”，在 1997 年 11 月央视举办的第三届广告竞标中，勇夺“标王”，令国人瞠目。然而好景不长，随后一连串的事情使秦池陷入绝境，因为债务问题，其厂房、设备、土地使用权等都被法院查封或银行抵押，数千万白酒积压在仓库。这样的局面对于一个企业而言意味着什么，所有人都心知肚明。而引起这种隐私曝光的仅仅是一笔 300 多万元的债务纠纷，对于曾一把掷出 3.2 亿广告费的企业，真是令人扼腕叹息。滚滚长江东逝水，浪花淘尽英雄。谁能料想，秦池“标王”之霸业梦，转而成空，悄然湮灭于市场之滔滔巨浪之中。

秦池忽视了市场需求等客观条件，不顾市场规律，确立了过高的目标，终于因好高骛远而品尝了失败的苦果，给人们留下了深刻的教训。

企业如此，人也如此。假若一个人好高骛远，那他就可能在人生操作上犯严重的错误。有人如果认为可以不经过程而直奔终点，舍弃涓滴而妄求大海，跳过近前而直达远方，最终结果就是黄粱美梦一场空欢喜。在长长的梦境中，也许他时而做了享誉世界的学者；时而成了百万富翁；时而得了高官厚禄。但是始终是白日做梦，一觉醒来，现实是这么残酷，连豆腐干文章也没发表几篇，连孩子的钢琴课学费还要等到发了工资才有，在官场打拼好几年了还只是个副科级。

一个人若心高气傲、志向高远固然不错，只是目标好似靶子，除了射程之外对射手就没有什么意义了。抱负是促使高尚行为成长的萌芽，一个人所追求的目标越高，他的聪明才智就会发展得越快，对家庭和社会的贡献也就越大。但是确立志向要面对现实，不能好高骛远。目标过于高远，不利于自己取得进步。另一方面，仅仅有了目标也还不行，要为实现目标付出努力，如果空有大志，而不愿为实现理想付出汗水和心血，那理想不过是胡思乱想，将一文不名。

那些好高骛远的人，最重要的错误就是不切实际，既脱离现实，又脱离自身。有些人在日常生活中总是什么都看不惯，要么就认为周围的一切都跟他过不去，要么就对周围的一切很不屑，每天就知道发牢骚，怨天尤人，认为一切对自己都不公平，别人都不如自己。这就是好高骛远者的典型特征，既不能正视现实，又无自知之明。这种人从来不会掂量掂量自己有多大的本事和能耐；仅仅取得一点点成绩，就扬扬得意；从来看不见自己的缺点，也看不到别人的优点；日复一日，带着“英雄无用武之地”的怀才不遇，生活在虚幻之中。每日也只知幻想着空中楼阁，不知假如没有现实做基础，一切都是虚幻，一切都是泡影。

古人云：“图难于其易，为大于其细。天下难事，必作于易；天下大事，必作于细。是以圣人终不为人，故能成其大。”

要想成功，做大事，就要从小事做起。做难事，就要从最简单的事情做起。说到底，要想走遍千里，就要从脚下开始，一步一步坚定地往前走。对于成功者来说，古今皆然。

每个人都有自己的优点和短处，设定目标应在自己力所能及的范围内。超出范围，则会给自己带来烦恼。但是，假如我们努力向上伸手，却没有摘到星星，那也不要紧，至少摘星星的手不会弄上污泥。

第四章

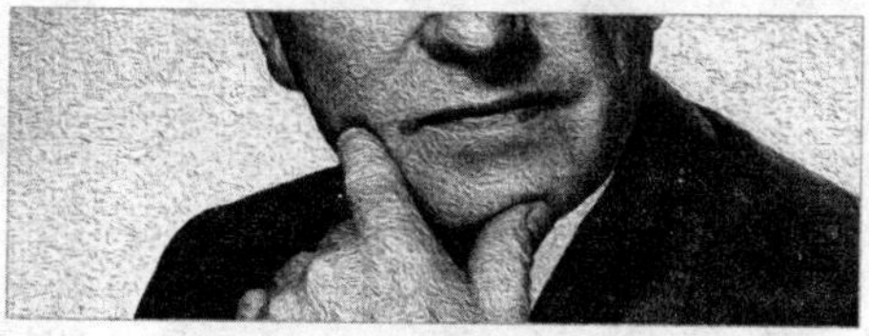

时间管理

高效能人士必须学会管理时间

人生苦短，对每个人来说，时间都是公平的；而且时间是不可逆转的，用一秒少一秒。人的一生何其短暂，除了学习和工作，还要在睡、吃、行等不直接产生价值的活动中花费很多时间。例如，人的一生有1/3的时间用于睡眠；吃饭才能保持生命的存在，那么吃饭时间加起来也得几年工夫；出门行走以及旅行又得几年；还有娱乐、节假日休息、养育子女、侍奉老人，至少也要几年时间。那么从有限的寿命中减去这些时间，还能剩下多少时间用于有效的工作呢？

据估算，假设全球平均寿命为65岁，一个人能留给自己的时间是其有生之年的17%。

所以古代贤达总是慨叹逝者如斯夫！时间是不等人的。然而，时间是可以被支配和管理的。不同的人在相同的时长和环境下，其工作效能差异很大，可见管理时间对个人来说是多么重要。时间管理就是在耗费同等时间的情况下，人们为提高时间的利用率与有效性而进行的控制工作。学会更好地管理时间，可以提高单位时间的利用效率，可以做更多的事以及更重要的事。学会管理时间，可以克服时间上的浪费，使行动效率和效果最大化。能够高效率地做事，其实质就是把生命长度相对延长了。

在调查了美国的3000名职业经理人后，美国麻省理工学院的研究学者发现，但凡成功的经理人都具有两个特点：一是对自己的工作范围有所限定，不把手伸得过长，尽量做好自己职责范围内的工作；二是对时间进行合理安排，最大限度地节约时间。

人们往往每天都有太多的事情要做：电话在响，客户来访，过10分钟有个会议，老同学要聚会，家中老人或孩子需要照顾等。每件事看上去都很重要，都要去做，一天到晚忙不完。甚至牺牲了自己的私人时间，结果还是忙不过来。这些看似急迫的事也许远没有想象的那么重要，正是由于没有掌握时间管理和高效能工作方法，才把自己弄得焦头烂额。

凡是高效能人士都具有强烈的时间观念，由于他们有极强的事业心及成就欲，对时间就易有很强的紧迫感，因此，他们往往能自觉、科学地做好时间管理这门人生的功课。

在哈佛管理百科全书中，就把“管理时间”作为管理者是否成熟的九个条件之一。

德鲁克作为著名管理学家，认为有效的管理者应具备五项要素，其中第一项就与时间管理有关。他说："有效的管理者必须清楚时间应花在什么地方。他们所能掌控的时间是非常有限的，他们必须懂得系统地工作，才能充分有效地利用有限的时间资源。"德鲁克还提醒世人："时间是最为稀缺的资源。要想妥善管理任何其他事物，就要先妥善管理好时间。"一个人能否合理地管理时间将能影响他事业的成败以及他对社会贡献的大小。

在《时间地图》一书中，罗伯·列文教授强调："当钟表时间支配一切时，时间就变成了有价值的商品……诚如富兰克林的劝诫：'要切记：时间就是金钱。'"

直到今天，人们还是常常用"时间就是金钱"来说明时间的珍贵。中国古代也有"一寸光阴一寸金"的名谚。要想计算时间的价值，可以用一个人一年的收入为准，计算出各自时间的价值。当然不同年薪的人一小时或者一分钟的价值是不同的。看，时间是有价的，时间又是无价的，毕竟时间是无法用金钱来衡量的，因为它不能蓄积、不能替代、流失了就没有了。古语云："寸金难买寸光阴"，所以人们一定要学会管理时间，争取在相同的时间里比别人创造出更高的效益。那些高效能人士就是如此，才走上成功之路的。

用四象限规划自己的时间

在某商学院的一节"时间管理"课上，教授把一个大口的玻璃瓶子放在桌上，告诉学生一起做个试验。他首先在玻璃瓶里装满了鸡蛋大小的石块，他是一块一块放进去的，直到瓶子放不下才停止。教授问学生："瓶子装满了吗?"学生都回答说满了。

教授狡黠地一笑："是真的满了吗?"说完他拿出一袋小石子，把这些小石子倒进了瓶子里，直到瓶子装不下了。教授再问学生："现在满了吗?"有些学生说："满了。"有些学生说："还没有满。"

接着教授又拿出一袋沙子，慢慢地倒进了瓶子里，沙子到了瓶口，瓶子又装不下了。教授还是重复那个问题："现在满了吗?"当然，一部分学生回答："满了。"另外一些人回答："还没有满。"最后教授拿出一瓶水，倒了进去，直到水流了出来。试验结束了，大家都若有所思。

教授说："人的生命是有限的，就如同这个瓶子，它能放进去的东西是有限的。假如我们没有将生命和工作中最重要的事情——这些大石块事先放进去，那我们的一生就有可能浪费在没有意义和价值的小事情上。假如人的生命空间里充满小石块和沙子，是多么悲哀的事情！"

时间就像流水，逝去难回。那么，如何将有限的时间用在有意义和有价值的事情上呢？那就需要对时间进行有效的管理。在日常生活和工作中，管理时间应着眼于工作。工作与工作不同，并非都是同等紧急、同等重要的，对工作进行分类可以根据事情的紧急程度和重要程度来划分。

第一类，按照工作的紧急程度。有些工作特别急迫，刻不容缓，自然应该优先处理。然而有些工作则是不怎么急迫或不紧急的，就可以另行安排时间去处理。非常明显，优先顺序原则就是急迫的在前，不急迫的在后。所以在工作时应集中精力与时间把紧急工作做好，不太紧急或者根本就不紧急的工作就可以不做，假如是一名领导者，不妨授权或委托他人去做。

第二类，按照工作的重要程度。对于重要的工作要投入较多的时间和精力，对于不太重要或不重要的工作则暂时不必去做，或只投入很少时间去做。很明显，这一类优先顺序原则就是重要者在前，不重要者在后。所以，工作时应集中精力与时间做好重要工作，不太重要以及那些根本就不重要的工作就可以不做，或授权他人去做。

怎样明确工作的重要性和紧迫性呢？可以参考下文列出的指导性原则。

重要性，指必须完成的，假如不完成，就会有严重影响的事情。

非重要性，指那些即使没做完，也不会产生严重后果的事情。

紧迫性，是指当天工作的要点，不能有丝毫拖延的事情。

非紧迫性，指什么时候做都可以，不会产生严重后果的事情。

当然，在实际工作中，每项任务都既有紧急程度的差异，同时也有重要程度的差异。因此，决定优先次序就要综合这两个维度来考虑，即优先次序 = 重要性 × 紧迫性。

按照这两个维度，工作可以被分为四类：一、位于第Ⅰ象限，指那些紧急又重要的工作。二、位于第Ⅱ象限，指那些重要但不紧急的工作。三、位于第Ⅲ象限，指那些紧急但不重要的工作。四、位于第Ⅳ象限，指那些不紧急也不重要的工作。

第Ⅰ象限：紧急又重要的事项。

紧急的含义是必须立刻就要做的事项，而重要则意味着对公司、部门或者个人有重大影响的事项。在现实生活中，有不少是既紧急又重要的事项。举例来说：处理客户抱怨和投诉，老总命令限时提交的工作报告，家人病重住院等。这类事情都是不但紧急而且重要的，人们必须暂缓手头的事情，而立刻去处理它们，否则就会影响自己正常的工作与生活。假如由于拖延而令事情变得更为急迫，就会得不偿失，或者变得更加被动。

无论在什么情形下，紧急又重要的事都是最重要的事情，并且是当务之急。它们有的是完成事业或目标的关键环节，有的可能与自己的生活息息相关，相比其他事情而言，更值得列入优先顺序。除非这些事情都得到合理、有效的解决，人们才有可能顺利地继续其他工作。

第Ⅱ象限：重要但不紧急的事项。

现实生活中往往有很多重要却不紧急的事项，这类事情常常并不是最急迫的，但是关系到企业或个人的长远发展。有的也许与自己的理想有关，有的也许与自己的工作或学习的长期规划有关。例如：某项专业技能培训，一篇一直想写的文章，自己的健身计划，想要做的年度健康检查，起草合作意向书等，这些都很重要，但却可以拖延一定的时间，并非紧急。

一般来说，重要的事项都安排有较充足的时间，在一定的时间内可以完成。然而假若人们每天忙于琐碎而且次要的事情，反而把重要的事项搁置或推迟，那么这一象限的事项就早晚会变得既重要又紧急，成为第Ⅰ象限的工作。是否有能力处理好这些事情，在某种程度上反映了一个人对人生、工作目标与进程的判断能力。因为，这些事情都是常常遇到的，虽然重要却又不是立即需要完成的。

第Ⅲ象限：紧急但不重要的事项。

人们常常会遇到很紧急并且需要立刻去处理的事，例如：你正忙于处理很重要或者在计划之内的事情，一位朋友却打来电话，你没有找到适当的借口来推辞，只好跟他聊了聊，这一聊竟然花掉了宝贵的半个小时，耽误了手上的事情。类似的情况还有可能是：为下属解决问题，比如上司找你了解工作，下属却不停地请示工作让你作决定，以及会议讨论，客人来访等。

上述事情，都显得比较紧急但并非重要，应归入次优先的事项中。

假若没有预先安排优先次序，就有可能会把一些紧急的事情也当成了重要的事情来处理，本末倒置。大多数人的习惯都是按照事情的紧急程度来决定行动的优先次序，而没能首先衡量事情的重要程度。假若有人每天把80%的时间与精力都用在了紧迫的事上，肯定会导致工作效能的下降。

如果希望有效地解决这个问题，就要兼顾紧急和重要程度，将每天需要处理的事情划分成三个层次。必须做的事，就是最为急迫的事；应该做的事，就是有点急迫的事；可以做的事，就是不急迫的事。

在大多数情况下，越是重要的事越不紧迫，例如规划长远目标等。然而，成功人士是不会让这些不紧迫但重要的事被看似紧急的事延迟或耽搁的，因为他们懂得做要事，而非做急事的道理。

第Ⅳ象限：不紧急也不重要的事项

这些都属于既不紧急也不重要的事项，它们可做、可不做。现实社会中，人们经常会遇到很多此类不需要即刻处理，甚至不需要处理的事情。例如，去酒吧喝酒，天天逛商场等，假如投入精力在这类事情上，那就是在浪费时间，甚至浪费生命。

用80/20法则分配时间

意大利经济学家帕雷托提出了80/20法则：原因与结果、投入与产出、努力与报酬之间本身就存在着无法解释的不平衡。通常情况下，产出或报酬是经由少数原因、投入以及努力产生的，如果用数学方法计算这个不平衡，获得的基准线是80/20关系，即结果、产出以及报酬的80%取决于20%的原因、投入和努力。

例如：企业80%的销售额是源于20%的顾客，个人80%的电话是来自20%的朋友，企业80%的总产量是源于20%的产品，社会80%的财富集中在20%的人手里，20%的人口以及20%的疾病，会消耗社会80%的医疗资源等。

帕雷托强调，在所有特定群体中，假如能够控制那些具有重要性的少数因子，就等于能控制全局。这个原理历经演化，已成为当今管理学界所熟知的“80/20”法则，也就是80%的价值来源于20%的因子，剩下的20%的价值则来源于80%的因子。

而将“80/20”法则用在时间管理上就是：在人们所作的努力中，通常有80%的收获，来源于20%的时间付出；而另外80%的时间付出，则只带来20%的利益。

因此，“80/20法则”给我们带来的一个重要启示就是：尽可能避免把时间花在那些琐碎的不怎么产生效能和价值的大多数事情上，因为即便是花了80%的时间，我们也只能获得20%的收效。要尽量把时间花在那些少数却是重要的问题上，要知道，解决这些重要的少数问题，只需花20%的时间，就能获得80%的收效。

也就是说，假设一个人一天的工作要求完成10件事，根据80/20的原则，其中只有两件事是需要集中一个人80%的精力和时间去完成的，完成这两件工作，就能获得80%的价值，即最大的价值；因此我们应认真地挑选价值80%的两件事情去做。至于其他的8件事可以延缓推后，或授权给他人去做，或另作安排，甚至暂时不做。因为这8项工作所获取的价值，远远低于那两件事的价值。

例如：只会见销售量占80%的那些20%的客户，只批阅信息量占80%的那些20%的文件，去听取20%下属80%的建议，一定出席发挥80%作用的20%的会议。

当美国企业家威廉·穆尔还是一位油漆销售员时，第一个月只挣了160美元。他仔细研究了自己的销售图表，发觉80%的收益都来自20%的客户，可是他却在对待每个客户时花费同样多的时间。于是，他要求公司把他最不活跃的客户重新分派，而他就把精力集中投入到最有希望的客户上。没过多久，他一个月就可以赚1000美元了。穆尔一直坚持这一原则，这让他最终成为凯利穆尔油漆公司的主席。

人们的时间和精力都是有限的，要想在有限的时间里作出不俗的成就，就应该运用好“80/20法则”将时间和精力花在那些重要的事情上。那么，怎样运用这一法则呢？可以依照下面三个步骤来做。

第一步，列出你每天的全部工作。

第二步，依据下列表格对工作进行分类。

价值80%的工作	价值20%的工作
事项五： 事项一： 事项三：	事项四： …… 事项二：

第三步，依据表格分配时间和精力。

价值 80% 的工作	价值 20% 的工作
事项一：需 2 小时集中精力 事项二：需 1 小时不受打断 事项三：需 2 小时整块时间	事项四：可延后处理 事项五：可委托下属 ……

下面我们再举一个具体的例子来说明一下如何运用“80/20 法则”。

根据 80/20 法则来合理分配李经理一天的时间。

第一步，列出所有工作事项。

· 参加例会。
· 和人事经理讨论奖金问题。
· 审批文件。
· 接听电话。
· 制订招聘计划。
· 会见客户。
· 辅导下属（3 件）。
· 老总召见。
· 处理应急事项（3 件）。
· 撰写工作总结。
· 和财务经理谈预算费用问题。

第二步，给工作价值分类。

价值 80% 的工作	价值 20% 的工作
事项一：审批文件 事项二：撰写工作总结 事项三：与财务经理谈费用预算问题 事项四：与人事经理讨论奖金问题	事项五：参加例会 事项六：制订招聘计划 事项七：会见客户 事项八：接听电话 ……

第三步，如何分配时间和精力。

价值 80% 的工作	价值 20% 的工作
事项一：审批文件（例会后的 8：10 ~8：30） 事项二：撰写工作总结（8：30 ~ 9：30） 事项三：与财务经理谈费用预算问题（30 分钟） 事项四：1 个小时临时紧急事件处理 ……	事项五：参加例会 事项六：制订招聘计划和奖金问题请人力资源部先提供资料 事项七：将会见客户的任务授权给业务经理 事项八：让秘书负责过滤电话，只处理重要电话 事项九：处理其他事情 ……

如何测定时间

如果想要测验自己的行动是否是在浪费时间，应该先准备一份时间表。在进行测验时，除了已完成的工作外，对那些未能按时完工的工作，也要进行详细分析。

当我们如实地记录工作一段时间后，可以发现自己所采取的各种措施可大致分成两种：一类是定期反复从事的工作；另一类是偶尔从事的工作。

下面的表1和表2是时间表制作的模式之一，大家当然可以按照个人的方式制作出更加理想的时间表。在这里，将为大家介绍该时间表的正确使用方法和特征。

表1的用处，是为了让我们在结束工作后做检查用的。可以一边参考附表，一边参考解说。表1里，有“日”、“周”、“月”三大栏，又各分成几个小栏，当事者可以按照结束工作的时间，作一个检查。比如，是在上午还是下午，这种工作肯定是属于定期反复的工作。假如是一个星期才做一次的工作，可在做完当天作检查；假如是一个月才处理一次的事，则须在做完当周进行检查；假如每周有两次，或一月有两次的工作，就应该在适当的日期作检查工作。

表1

	日		周							月			
	上午	下午	星期一	星期二	星期三	星期四	星期五	星期六	星期日	第一周	第二周	第三周	第四周
工作													

表2的用处，专门用于测定反复进行的固定工作所费的时间。表中的时间栏，以每15分钟为一个单位，从上午八点开始按时间顺序排列下去。表右端是工作栏，可按照我们每日的固定工作类型记录下来，然后按照当天各项活动所花费的时间在所属时间栏里做个记号“√”，按这个方法做下去。在一天全部工作结束后，就试着做一个总检查，用来探讨每件工作所花费的总时间，比如：当天开会从8点15分到8点45分，

则做一个"√"记号，当天总计下来，就能知道花费在会议上的时间共计30分钟。

表2

工作 时间	拆阅邮件	口述笔记	访问面试（谈）	制作文件报告	会议	等待时间	旅行
8：00～8：15							
8：15～8：30							
8：30～8：45							
……							

这种统计时间的工作，能让人们明白各项工作所花费的时间，分析有没有无谓的浪费？时间的分配是不是恰当？有没有浪费太多时间在不重要的事情上？只要根据上述图表适时进行调整，就能提高工作效率。工作也只是工作而已，没必要把人搞得身心俱疲，劳累不堪。将时间分配好了，完全可以做到轻松自如、游刃有余。

管理大师德鲁克的时间管理法

作为管理大师，彼得·德鲁克对时间管理的论述和方法，很值得我们学习并在工作生活中运用。下面我们就来看看他的时间管理法。

一、管理大师彼得·德鲁克认为我们首先要做的就是记录我们的时间

时间就如白驹过隙，稍纵即逝。企业经理人承担着为企业创造价值的重要责任，他的每一天、每一小时，甚至每分、每秒都与企业的生存及发展息息相关，因此，经理人必须善于利用时间去处理最重要的事务，以保障每分每秒都能够给企业带来最大价值和利益。究竟怎样做才能判断和检查自己的时间究竟用在了什么地方呢？

有一个很好的方法就是养成记录时间的习惯。这其实非常简单，就是连续三四周，都详细记录时间的去向，每年至少进行两次这种时间的记录。这件事最好亲力亲为，就如同记流水账，把每天从起床一直到晚上睡觉前，自己在每个时间段究竟做了些什么事都记下来。如果能做到随时记录当然更好。要是不方便，也可以在晚上睡觉前，把当天的时间去向回忆并整理出来。假如身为管理者确实没有时间记录，也可以请秘书帮忙，把自己的时间和行程详细记录下来。这样在连续坚持三四个星期之后，当人们来回顾以及检查自己的时间记录时，往往会有不少收获和启发。

此种方式简单并且有效。它能令人们发现自己在时间管理上的漏洞，帮助人们避免把宝贵的时间花费在没有价值和意义的事情上。通过反复练习和反省，人们就可以养成良好的时间管理习惯，这不仅能确保人们的工作能获得优异成效，而且也是身为优秀职业经理人所必备的技能之一。

二、要排除根本不必做的事

一定要牢记，检查与改进才是记录时间的真正目的。因此，每当完成一段时期的时间记录之后，切记要拿出专门的时间对流水账上的一切活动进行仔细认真的审查和反省。审查时，要问自己一个问题："假如根本不做这件事，将会怎么样?"如果答案是"没有关系"的话，以后这类事情就可以不做了。

三、问自己一个问题

我们可以向自己提出这样的问题："记录上的哪些活动可以让别人代为参加却又不影响效果?"就拿饭局来说，如果细致分析一下，会发现有很多正式宴会并不需要我们亲自去参加，主办单位可能只是想把公司的名字列在客人的名单上而已。

有位经理人，几乎每天都有饭局和宴会，他经过分析，发觉在自己参加的宴会里，至少有30%是需要公司的高级管理人员出席的。由于主人有时发邀请纯粹是出于礼貌，而并非真心希望他出席，如果他真的出席了，主人反倒会觉得意外，以至于手足无措。

身为管理者应该学会将大部分日常工作交付出去——别人能做的事情就让别人去做，这样自己才能集中精力做好核心工作，极大地提高工作效能。

四、再问自己一个问题

我们还可以再问自己一个问题："我常做哪些浪费下属、同事以及上司时间却又没有效果的事情?"敢于问这样的问题，就标志着一个人敢于了解事情的真相，能够成为卓有成效的管理者。

很多经理人都发现，公司的很多会议其实并不需要全部人员都参加。然而，会议召集者往往出于礼貌、面子或者摆平关系的目的，每次开会都召集很多人。那些接到通知的人明知此次会议和本部门的工作完全没有关系，根本不必参加，然而碍于情面只能耽误自己的工作前去参加。出于表明自己部门的重要性，或者表明关心公司大局以及展示自己的才华等目的的需要，每个人又不得不长篇大论地讲一番话，“短会变长会，小会变大会”，就是这样来的。有句话叫“浪费别人的时间就等于谋财害命”。想一想，每天有多少人在充当着谋财害命的凶手！

有位经理人深受其害，很想改变这种浪费自己和别人时间的会议陋习，他进行了一个改革，在开会前先在下属中传达一份通知：“我已邀请财务经理、业务骨干以及某某人在某日某时到会议室参加会议，讨论关于某个项目的预算拨款问题。假如哪位觉得对此有兴趣或想参加讨论，也欢迎前来参与会议。”

会议结束后，不管有没有参加会议，相关人员都会收到一份详细的讨论纪要，介绍会议决定，并向他们征求对这些决定的意见。

这只需要 3 个人和 1 个秘书（做会议记录），不到 1 个小时，就解决了原来需要 10 多个人花半天时间研究讨论的问题，而且没有谁会认为被冷落。

五、找出因“危急现象”而浪费的时间

“危急现象”会反复出现，这是它们共同的特征。假如一种危急现象已经发生了第二次，就必须及时解决或提前预防，不能允许第三次出现。

比如每年都必须做的库存盘点，很多企业总是等到年底财务要数字的时候，才加班加点甚至通宵工作。往往急中出错，忙乱不堪，甚至某些工作人员为了掩盖问题，索性胡乱编造数字了事。既浪费时间，又影响了管理效率。这并非什么太大的难题，只要制定一个日清日结、月清月结的制度并认真检查落实情况，就可以彻底解决这个问题。

这一类反复出现的危急现象通常都是能预料的，所以也就可以被预防，也可以用一套普通员工都能够掌握的常规方法来进行处理。很显然，只要有不允许同一问题再出现第三次的决心，就能有效地控制工作效率和管理效率。

时间管理的 12 个具体策略

“真正的敏捷是一件极具价值的事。因为时间是衡量事业的标准，正如金钱是衡量货物的标准，因而在做事不敏捷的时候，那事业的代价肯定是很高的。”这是培根的名言。敏捷对于我们如此重要，那如何培养做事敏捷的习惯呢？也许以下这些策略和方法会帮助我们更好地创造人生的价值。

一、确立明确的目标

目标的确定范围并不只是限于工作、事业、金钱，还有很多其他更重要的东西。所以在涉及人生的八大领域：健康、工作、心智、人际关系、理财、家庭、兴趣爱好以及休闲，都应确定自己的个人目标。

然后把全部目标进行分割和量化，诸如确定自己的健康目标或家庭生活目标要达到什么状态，自己工作的长期、近期目标各是什么等。

二、每一件事都要设立一个期限

《巴金森法则》一书中，作者巴金森曾经写道：“你有多少时间来完成工作，工作就会自动变成需要那么多时间。”想必在生活中大家也有同感，假设我们有一整天的时间可以用于某项工作，我们通常就会用一天的时间去完成它，而假如只有一小时，那我们就可能在一小时内，想方设法加速完成这项工作。

在前文述及的目标管理 SMART 原则中，很重要的一个要求就是，给工作和事情设定一个期限。目标必须是有时间期限的，没有时间期限的目标不能称为目标，最多不过是梦想或幻想罢了。

三、立即行动，拒绝拖延

有相当多的人都习惯于待会儿再说，这一拖就不知拖到猴年马月了。那些善于执行的人，在自己的成功词典里只有立刻行动这样的字眼。凡属成功者，必然很清楚一件事：把时间花在最有价值的地方。拖延不仅是消极的代名词，还是一事无成的主要因素之一。

每个人都怀揣各种梦想或理想，当人们下决心要做某事之时，一定要拒绝一切诱惑，排除所有干扰，并且立刻行动。不然，无论多么美好的梦想也只不过是海市蜃楼，到头来一切成空，人生只能充满无法言说的遗憾，甚至抱恨终生。例如，有的人对于自己的身体健康状况总是不那么在意，出现问题总要拖到工作不忙了再去检查，也许等最后进了医院，一切都晚了。再比如什么“等有时间就学习，等出差时就回家看家人”等，不但在等待中错过了最重要的事情，而且可能埋下恶的种子。

四、坚持 PDCA 循环

仅仅有明确的目标还不够，还要有具体详细的实施或执行计划，一定要写出来，甚至张贴出来。假如缺乏计划，就很难顺利地完成各项工作任务。成功者做事永远是先制订计划，计划一旦制订就会执行，这就是自我管理的PDCA循环法。我们从每一天到每一年乃至每一个人生阶段都应不停地计划、执行、检查、更正，形成一个个良性循环，不断实现每天、每周、每月、每年、每个人生阶段的大大小小的阶段目标，把这些小目标不断地累积起来，到一定数量，必然产生质变，成就自己的大目标乃至人生理想。

五、太阳落山法则：日事日毕，日清日高

著名零售商沃尔玛有个著名的太阳落山法则：员工或顾客的所有要求必须在当天太阳落山前得到答复。当天的目标及计划必须当日完成，绝不能拖到第二天。就像一句格言说的那样，“昨天是一张作废的支票，明天是一张信用卡，唯有今天才是现金，要善加利用。”所以，人们要想办法完成每一天的目标，大目标是小目标的累加之和，每一日都能完成小目标，自然离实现大目标就不远了。

六、在固定时间做计划和检查

计划是迈向成功的第一步。所以人们在每天晚上睡觉之前或者每天清晨，应该养成计划第二天或当天工作的习惯，在制订计划时，越详细越好，把可能会遇到的障碍也在计划里列出。

千万不要忘记，检查是成功的基础。对于自己过的每一天，人们都应该检查，检查当天所做的每一件事情，在事业方面、家庭方面、人脉方面、理财方面等，是否偏离个人目标或计划，哪些还做得不够好，如何修正与提高。

七、对事情进行优先排序

如同在前文不断重复的那样，对于工作和事项，一定要辨别清楚它们的重要性和紧迫性，把它们分成ABCD四个等级。对于重要紧急的事情，必须及早处理；对于重要不紧急的事情，应该安排适当的时间去处理；对于紧急但不重要的事情，可以委托别人去做；不重要又不紧急的事情，学会说不或延后再做。

至于具体怎么做，前文已经讲述了很多，在这里，我们归纳一下。

首先列出一个清单，就是把每天或每周的工作和其他安排逐条列出，当然尽可能详细点。

其次是排序，就是把清单上每天或每周的核心事务，最多挑选三个最重要的，排在优先位置。

可以先分别按事件的紧急程度和重要程度排序，然后进行综合考量，确定每天或每周时间安排的优先顺序。

最后，把排好的工作项目列一个日程表。

八、手表法则：一段时间专注于一件事情

如果一个人拥有一只手表，就能知道时间，假若他同时拥有两只时间不一致的手表，就不能弄清准确的时间。两只表并不能帮助人们获知更准确的时间，相反会令看表者对准确时间失去信心。人们要做的就是选择其中值得信赖的一只，把它校准，并以之为自己的标准，在它的指引下行动，这就是手表法则。

在实际工作中，我们很容易掉进“两只手表”的陷阱中。比如：正做着的与心中所想的不是同一件事，或同时做两件事，也可能一件事还未完成，又开始做另外一件事。这样做就等于同时在奔向两个或者更多的方向，因此我们的行为就会陷入混乱，结果往往是一件事情也没有彻底解决。

在一段时间内应专心做一件事。写工作总结时就不要想着下午开会，度假的时候就不要考虑工作……总之，人的精力和时间是有限的，学会集中“优势兵力”，显然更容易打到敌人的“七寸”。

九、坚持二八法则，学会掌控关键

一定要坚持用80%的时间与精力去做那些能影响和决定自己工作、生活的20%的重要事情。换言之，就是要一直抓住并做好那些核心而少数的工作。

如果我们冷静地检查一下自己的时间安排和工作效率，就能发现尽管我们天天忙碌不已，可其实大部分时间并未能用在有效工作上。那些每日通宵达旦的工作狂们，真的是合理利用时间了吗？还是在琐事上耗费了太多的光阴？这种以牺牲自己的健康和人生乐趣的所谓的“事业成功”，是真的成功吗？

所以为了有效地利用时间，我们必须遵守这样的原则：把精力集中于能够获得最大回报的事情上，不要把时间浪费在对事业成功无益的事情上。

十、第一次就把事情做对

对于任何工作和事情，都要有一种非常专注的意识，下决心第一次就要把它做好。这种训练可以从最简单、最容易的事情开始，逐渐增加难度，最后就能把大事情一次做好。不要存在“亡羊补牢”、“下不为例”的侥幸心理，这种观念害人害己。总是寄希望于下一次的人，等待他的将是永远不能成功的悲剧。

十一、学会分工授权

俗话说：“会当领导的自己不忙下属忙，不会当领导的总是瞎忙。”身为管理者，假如总感到时间不够用，请检查一下自己是否做了属于别人职责范围的事情。很显然，在琐碎的事情上浪费自己的才智和花费太多的时间是很不明智的。

管理者的职责是通过他人来完成任务，并非一切都要身体力行。假如管理者懂得区分和运用授权原则，能够在工作中迅速抓住和解决主要矛盾，就能大大提高工作效率了。

十二、留出思考和独处的时间

每一天我们都应有一段属于自己单独思考的时间，哪怕只有十几分钟到半小时。把喧嚣关在心灵的门外，认真聆听心的声音，做个自我反省与思考：当天哪些事情离目标很近，或者走错了方向；哪些事情做得还不够完善。或者干脆就是闭目养神，让心灵不再作为身体的奴隶，给心灵一个飞翔的机会。

创造时间的艺术

不管再怎么勤奋，对一个人来说，一天也只有24小时，这是上天赋予的，那么还能创造出更多的时间吗？答案当然是肯定的。

只要做个有心人，创造时间也并非难事，只有动脑子，才能节约时间从事自己所喜爱的工作，还可获得工作的满足感和成就感。以下简单介绍一些创造时间的方法，希望能给大家以启发，结合自己的具体情况，也能找到适合自己的方法。

一、为避免堵车，不妨早起15分钟

上班要穿的衣物和公事包等，一定记得放在固定位置，方便寻找，避免手忙脚乱。每晚临睡前必须准备好第二天要穿的衣服和上班所需的资料。一天之计在于晨，如若早晨一开始就能条理清晰地处理各项事务，这一天都能过得轻松愉悦，并且精神抖擞。

二、培养速读及速写技巧

时间本来就很紧张，再面对那些堆积如山的各类文件，简直让人一个头两个大。但是对于那些接受过速读和速写技巧培训的人来说，那就是小菜一碟了！

三、培养记录的习惯

俗话说，“好记性不如烂笔头”，为了便于留存，也方便日后检索和查找，我们应该把各种需要的信息、资料、创意等记录下来，并加以整理和归档。若能如此，即使偶有漏误的事情，也很容易解决，而日后需要这方面的信息、资料，查找起来也要快得多，这就可以节省出很多时间。如果遇到开会或者重要的商谈等，也应该随身带着备忘录，随时记录重要的或对自己有用的信息以及会议内容、决定等，以备后用。

四、行动果断而迅速

不是所有的人都能快速并且正确地作出决定，有些人遇事总是优柔寡断。要想彻底改掉这个缺点，你可以随时提醒自己，要想成功就要尝试着让自己变得刚毅果决。比如：当顾客进行咨询时，客服或销售人员必须立刻回答并能处理大部分问题，否则也许到手的生意就飞了。

在工作过程中，如果遇到障碍，暂时无法解决，能绕过的可以先绕过去，解决周围或其他相关的问题。等有了条件，再回头来解决这个障碍，而不是一筹莫展地等待下去，既浪费了时间，又耽误了工作进度。

五、要善于运用网络

对一个处于当代社会的人来说，网络意味着不受地域限制的沟通，不受学历约束的自我培训，无须纸媒体版面的巨大数量的资讯，只需提升自己的科技应用能力。企业的管理者更可透过互联网，把自己的产品推销给全世界的消费者；也可利用电子邮件或各种网络即时通信工具跟员工、供应商及采购者建立沟通渠道。网络就是四通八达的高速公路或蜘蛛网，把这个世界的每个角落都联系起来，无处不达。学会充分利用网络，在这个时代，无疑可以节约时间，处理事情也更为方便快捷、及时有效。

六、减少没有必要的闲聊

在开展工作和促进人际关系上，谈话是一种重要的方式，同时，也能缓解紧张情绪，促进彼此关系等。但是，凡事过犹不及，谈话也应该有个限度。比方说：你滔滔不绝地谈了半小时有关种花的事，可能浪费了15分钟！

七、善用空闲时间

大多数人都是一边喊着时间不够用，一边往往忽视了日常生活中的零散时间，这也是浪费时间的一个主要原因。要知道“集腋成裘”，如果能将零碎时间充分利用，就如同得了一笔定期存款的利息，即便不多，可毕竟也是一笔收入。

假如你和某个客户有约，正在等候他的到来，完全可以把这个时间利用起来，比如批阅不太重要的文件，或者利用这个间隙交代秘书一些事情，或者打几个不用长时间交流的普通电话等，都好过无所事事地瞪着天花板，或焦虑不安地看手表。

还有，如果在等公交车，或在车上，也可利用这段时间听听广播，或者阅读报纸和财经杂志，或思考一些问题等。在地铁上我们也能经常看到捧着英语书，或在背英文单词的年轻人，他们都是真正懂得如何利用时间的人，日久必然有所收获。

八、了解工作的性质

若能提前了解将要进行的工作的性质，不但能减少许多意外事故和麻烦，而且也能避免浪费时间。

九、管理者不必事必躬亲

对于次重要的事最好多委派下属去做，切忌凡事都自己揽上身，否则，即使是齐天大圣，变出三头六臂同时工作，时间也不够用。管理者的工作是决定由谁来负责某项事情，而不是对每一件小事都要亲力亲为。

十、应优先去做重要且困难的工作

在身体和心理状况良好时，应集中精神去处理重要且困难的工作，相反，如果感到精神恍惚、没办法集中注意力、感到疲倦时，可以做一些有弹性的、轻松的工作，像批阅公文、收电子邮件等。而在早晨思维清晰时，可以做那些费脑筋的、有难度的事项。

十一、寻找节约时间的捷径

提醒自己时刻不忘寻求节约时间的捷径，比如可以让助手、能干的下属提供一些他们节约时间的心得，也许无意中就能找到适合自己的有用的东西。

十二、创造一个能专心工作的环境

所处的工作环境不同，人的工作量和工作速度也存在很大的不同。通常情况下，最适合人工作的环境条件是温度在19℃～21℃，湿度在50%以下。还有适当的照明也能帮助人提高工作效率。

十三、适当休息能够提高工作效率

做某件事遇到困难暂时无法解决时，不如放松放松，暂时休息一下，停下来跟同事交流一下，喝杯水，或者闭目几分钟，没准灵感就来了。

十四、脚踏实地，避免空论

做事应该量力而行，踏踏实实，切忌好高骛远，对于自己能力所不及之事纠结不放，只能面临挫折和失败。当然，假如自己坚定地相信，一定能成功实现某个构想，就付出最大努力，坚决执行到底。

时间管理的15个小窍门

只要我们的生命没有停止，就需要跟时间打交道。假如能掌握一些关于时间的小窍门，在日常生活和工作中，对时间管理往往有意想不到的效果。

一、学会格式化

把自己常用的公文、信件、名片、档案、表格等根据自己的习惯设计成固定的格式，通过电脑制作成固定文档。当有需要时，只需从电脑里调出文件，稍作修改，或仅需填空就可以了。

二、学会说“不”

倘若碍于情面不会客气地说“不”，不但浪费了自己宝贵的时间，还有可能耽误大事。若遇到诸如无休止的电话、闲聊以及不速之客来访等，要记得提醒自己委婉地回绝，把精力用在重要的事情上。

三、遇到难题请人帮忙

“万事不求人”其实是一种很闭塞的心态，如果遇到难题和棘手的工作，不妨请朋友和同事帮忙，能大大缩短这场“遭遇战”的时间。

四、尽量避开高峰期去做某件事情

外出乘车、就餐、购物、看病等都要尽量避开高峰期，最好预先安排，便于更迅速地解决问题。

五、要善于运用工具

现代科技提供了很多快捷方便的工具，若能善加利用，必能节约很多时间。诸如电话、电子邮件、MSN、视频（远程）会议、网络购物、网络银行、网络大学等，而且随着科技的发展，必然还会在未来创造出更多、更好的工具。

六、要懂得计算时间成本

要懂得计算自己的时间成本，比如有时候叫出租车也许会多花10元钱，然而若因此节约了1个小时的时间，会值多少钱呢？在很多琐碎重复、附加值低的事情上，不妨用较少的金钱换来宝贵的时间，比如琐碎的家务活、接送孩子、做饭等，都可以请人替自己做。

七、远离诱惑

有趣刺激的往往都是不重要的，有些还没有任何意义。因此要适当远离肥皂剧、花边八卦、麻将扑克，还有不必要的闲聊、聚会等。

八、尽量避免争论

人们有时会在非原则问题或无聊话题上争论不休，这除了伤害人际关系外，还浪费自己与他人的时间，得不偿失。

九、过滤信息

这是个信息爆炸的时代，人们能获得大量信息，有些毫无益处，但却要以牺牲时间为代价，因此拥有较高的过滤和采集信息的能力就显得非常重要。比如读晚报只浏览标题，爱上网浏览新闻的话，只要固定几个网站和频道，每天浏览一两个就行了。

十、合理计划

人体生物钟如果能被科学合理地利用，人们就可以更充分地利用时间。比如，早晨七点到八点是大脑最清醒以及最活跃的时间段，应该用来思考一些复杂的问题，或者做当日的计划；上午的工作效率相对较高，可以用来处理重要工作；午饭后可以稍作休息；下午两点至四点，精力有所回升，是生物钟的另一个小高峰，可以用来会见客户，处理公文等；其余时间不妨处理信件，回电话等零星的工作。

十一、选择绿色休闲方式

一张一弛，才能保持旺盛的精力。休闲和娱乐，尽量不要选择放纵，喝酒、打牌、打麻将等活动偶尔为之即可，不可沉溺其中，否则不但损害健康还浪费时间。不如经常出去旅游、登山、散步等，既有利于身心的放松，又能提高自身的各种素质。

十二、慎重加班

加班在亚洲都已经形成了一种文化，但是，加班过多并非是好事。假如加班过多，不如自我反省一下，有可能是时间管理以及工作效率出了问题。即使需要加班，也必须控制加班的频率和时间，不然身体健康受到影响，还会因此耽误了后面的重要工作。

十三、学会“拖延”

这里所说的“拖延”不是拖拖拉拉，而是指科学地“拖延”。遇到难以解决的问题时，可以暂时把它放到一边，先做其他的工作，千万不要钻牛角尖，那样只会浪费时间。或者不妨放下手头的工作，松弛绷紧的神经也许就会“得来全不费工夫”呢。

十四、办公室要保持整洁

办公桌上应一直保持整洁干净，文件和各种办公用品应摆放整齐，各有去处，以备不时之需。这不但能节约时间，而且也是树立个人职业形象的关键因素之一。

十五、养成整理文件的习惯

应该养成每月清理文件的习惯，把因工作产生的各种文件和资料予以整理、分类和归档，没用的可以销毁，也可以用颜色来标示文件，比如分成红、黄、蓝三类，来区别急办、待办以及备忘的工作。尤其存在电脑中的文档，也应按时清理、归档，对重要文件与资料做好备份，最好单独拷贝到移动硬盘或光盘上，甚至备份2~3份，以防电脑以及移动硬盘出现故障，所有辛苦化为乌有。

时间管理效率低下的原因和对策

尽管我们都知道时间很重要，可大多数人都在不知不觉中浪费掉了大量的时间。有专家通过调查发现职场中浪费时间主要体现在八个方面。

一、会议效率低下

会议的普遍问题是，往往众多与会者并不清楚开会的真实目的；只有少数人发言；说明占用了太多时间，而非讨论；很多人迟到早退，开会时走神或睡觉；争论过于激烈或跑题都会令会议浪费时间，会议结束时间不定等。

应对策略就是采取科学的会议管理方法。明确有效会议的5个“P”，也就是目的、参与者、计划、参与及远望。

目的（Purpose），当然指召开会议的原因。会议通常具有“发布通知”、“进行决策”和“进行头脑风暴”三种功能，而后两者才能作为召开会议的原因。当“分享信息、达成一致、信息散播和反馈、问题解决”这些条件有一个或多个被满足时，才应该召开会议。

参与者（Participants），是指被邀请参加会议的人员。必须弄清楚参与者的规模、成分与技能，才能使会议有效。

参与者无论是多了还是少了，都会造成决策的肤浅或混乱，也可能因为信息不充分而造成问题不能解决。据研究，与会者数目是奇数时更有利于取得较好的会议效果。会议的成分是指与会者的同质性与异质性，以及他们的竞争与合作意愿等。技能指与会者的胜任能力。通常情况下，问题的知情者、提出解决方案者、控制资源者以及最终掌权者都应一起参加会议。

计划（Plan），当然是指为会议做的日常准备。有效的会议包含很多规则。

1/6 规则。议程表上关于当前的问题讨论应安排大约 2/3 的时间，1/6 的时间则用于过去与未来的议程项目上，面向未来的头脑风暴则安排占用剩下的 1/6 时间。

报告规则。倘若没有一个接一个的“报告”，会议就能更有效地进行。不妨把“报告”中的信息重新组织成具体项目，比如公告、决策以及头脑风暴。

3/4 规则。搜集的信息，包括以前的会议记录以及议程表，最好把会议间隔中 3/4 的时间点发放给参会者。

议程规则。会议的议程不要使用单一的字或词来描述，而是采用行为动词或概括性的句子来归纳描述。

按时规则。准时开始并准时结束，这是会议的基本要求。

议程完整规则。不要遗漏议程上的任何问题，即列在议程上的要讨论，而不要讨论无关的问题。

执行总结规则。给与会者提供报告时，必须包含执行总结或观点备忘录，也就是关于可行方法和决策的报告。

参与（Participation），指会议的实际过程和保证每个成员都能参与会议的途径，包括提供介绍、确立基本规则以及形成决策的规则。

远望（Perspective），是指远距离观察会议，意味着对会议以及会议的决策与程序实行评估。

要想对会议进行有效管理，就要做到：会议要准时开始；制定决策；让与会者保持参与感；控制重要人物，对会议内容及时记录。会议结束后：把会议记录发给参会者；检查决策的贯彻情况；向上级汇报。

二、不当人员干扰

在整体管理水平较低的企业中，管理者经常被人干扰，可支配时间减少。比如：经常有不速之客；整天都有人来访；客人占用时间过长；主管高高在上，秘书不能帮助主管安排行程。

对策：善用他人、事先过滤，会客时让秘书掌握时间，站立会客；建立惯例以及形成规则；主动约谈；利用其他沟通方式；绝不推迟下班时间。

三、不当电话干扰

诸如：很多事情都需要用电话回复；工作经常被电话打断；煲电话粥；经常等电话；不知道来电的目的。

对策：由助理或秘书过滤电话，看来电显示；拿出某段时间专门回电话；不用电话聊天；合理地运用插拨系统；打电话前想好谈话内容；适当运用技巧来结束电话。

四、文书系统紊乱

某些人的办公桌上总是堆放很多杂物，急需资料时，总是东翻西找，严重影响了工作效率。

这种问题主要表现在：办公桌或文件橱里资料无序摆放，总是在找文件；抽屉物品杂乱；做事常常半途而废；办事没有效率；处理文件往往超过时限。

对策：学会分类管理文件；不要滥用文件，比如电话能解决的问题就没必要形成文件；设立文件销毁日期，定期清理；办公桌上的物品要摆放整齐有序；书面报告尽量简短，长的报告应要求在封面上写上标题、作者以及摘要；授权下属处理文件并培养他们的相关能力。

五、信息不足与拖延

工作中，经常出现因为处理问题的信息不足，或各种问题的拖延而不能在计划时间内达成工作目标的现象，并且会妨碍开展下一个目标。

对策：设计每日执行计划的表单，并遵照执行；梳理组织的各类流程；确定每项工作期限；克服拖延习性，必要时进行培训学习。

六、计划不良

企业中经常出现各自为政的现象，工作时没有目的，这是典型的计划不良的特征。

另外还有工作缺乏绩效指标和结束期限；被琐碎的不重要的事情占用过多时间；同一时间处理多个事情；成员工作分配不均；没人掌控全局，没有给所有项目确立优先次序。

对策：在行动方案中落实各级目标；能系统地分析整个工作流程；制

订计划时必须留出弹性时间；监控计划的实施过程；奖励及时实现目标者。

七、授权不当

授权得当既能让自己脱离琐碎的事务，又能培养下属，假若管理者能力不强，动机不纯，授权时把自己的职责也丢给下属，就会导致企业或团队的低效率。

授权不当可能出现的现象有：下属事无大小都要请示；领导事必躬亲；没有职务的替代人选；长期不能休假，琐碎的事情上投入太多精力，而不能高瞻远瞩。

对策：有效授权，任务指示要明确，获得下属的承诺；授权时，上级需要提供必要的支持，承担整体责任；依据工作特点，对授权对象谨慎选择；对被授权者实行有效监控；授权必须以信任为基础。

八、沟通不良

沟通不良能造成很多问题，人们往往因此付出成倍时间。

造成沟通不良的表现，主要是团队信息和情况无法通畅地传达；责权不清；小道消息代替了公开意见；会议没有效率；工作不能一次交代清楚，出现错误再来更正。

对策：建立企业内部的沟通协调网络；使用共同语言，尽量达成全员共识；沟通前要确定目标、内容以及预算时间；引导和控制谈话过程；提升沟通技巧。

第五章

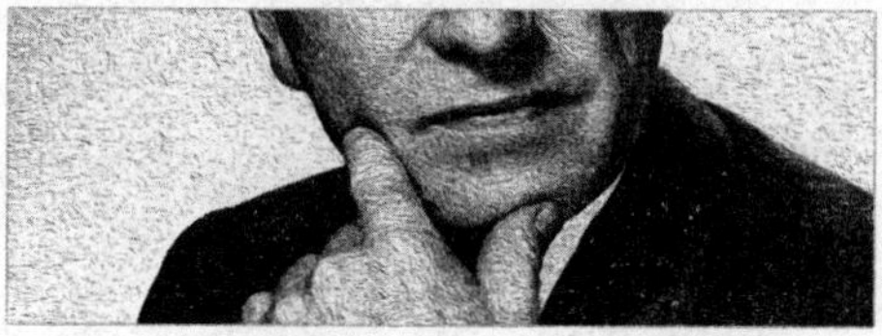

情绪管理

认知自己的情绪

习惯性地觉察自我情绪的变化是情绪管理能力强的一个重要标志。情绪管理能力强的人还能够依据环境状况，积极主动地调节心理，判断情绪产生的后果，给出适当的行为反应。

认知自身的情绪，能帮助自己迅速化解不良情绪，这是进行情绪管理的第一步。并且由于自身觉察能力的增强，更能了解他人的情绪。

低情商与高情商对情绪的自我觉察和认识有很大差异。心理学专家认为，情商的高低就是从觉察自我情绪开始的。

那么，什么是情绪呢？人们在认识外界事物时，会产生悲喜苦乐，爱恨恐惧等主观体验。人们对客观事物的态度体验及相应的行为反应，就是情绪或情感。人类具有快乐、愤怒、恐惧与悲哀四种基本的情绪。以此为基础，能够派生演绎出众多的复杂情感，诸如喜欢、悔恨、嫉妒、同情等。

根据情绪发生的强度、速度、紧张度以及持续性等指标，可以把情绪分为心境、激情与应激三种状态。

所谓心境是指具有感染性、相对稳定并且能持续存在的一种情绪状态。当一个人处于某种心境之下时，他就会不由自主地受到这种心境氛围的影响，并且用相同的情绪体验来观察、看待周围的人、事及物。

比如，当人们心境好时，看什么东西都顺眼，原来不喜欢的人也觉得他有可爱之处，原来看不惯的事也觉得不是那么难以容忍了。可是当人们心境较差时，吃的即使是珍馐佳肴也如同嚼蜡，听的是人间仙乐也难免心烦。心境的不同还能导致即使对于同样的事物也会产生截然相反的情感体验，比如同样是一轮明月，有人见月伤心，有人则借月抒情。心境的持续性表现能够延续几个小时、几星期、几个月甚至一年以上。因此，人们需要尽量延长充满阳光的快乐心境，尽量缩短那些悲伤、不安及害怕等不良心境存在的时间。

所谓激情是一种爆发性的、强烈并且短暂的情绪反应。诸如怒不可遏、喜极而泣等都是这种情感的外在体现。大多数人都知道“范进中举”的故事，当穷困潦倒的范进知道自己中了举人后，一时承受不了，竟然在“我中了！我中了”的喊叫中晕厥过去，醒后就犯了疯病。多亏他的屠夫老岳父一巴掌把他打醒。由此可知，不管是高兴还是悲哀都不能过度，在激动的状态下，应避免过于冲动，要有调控自己情绪的能力。

所谓应激是指在意外事件或者突然而来的刺激下所产生的一种适应性的反应。比如，当人们遇到抢劫、交通事故等危险以及突发事件时，身心就会处于高度紧张状态，并引起一系列生理反应，诸如肌肉紧张、心跳加速、四肢发颤、脸色发白、血压升高等。应激是人的正常生理和情绪反应，但这种反应不能太长，长时间处于应激状态有可能引起疾病。

现在我们已经知道了情绪的定义和表现状态，那么，我们怎样才能认识自我情绪呢？有下面四种方法。

一、情绪记录法

我们可以记录自我情绪。抽出一两天或者一个星期的时间，有意识地观察自己的情绪变化过程，可以按照情绪的类型、时间、地点、环境、人物、经过、缘由、影响等项目做一个情绪记录表，连续记录自己的情绪状态。这样记录一段时间后，对记录进行检查，就会有新的感受。

二、情绪反思法

我们可以利用情绪记录表对自己的情绪进行一次反思，也可以在经历一段情绪后判断自己的情绪反应是否得当。

三、情绪恳谈法

通过跟自己的家人、同事、朋友等沟通交流，向他们征求对你的自我情绪管理的看法或意见，利用别人的眼光了解自己的情绪现状。

四、情绪测验法

可以借助专业情绪测验工具，要么就去咨询专业人士，从而得到关于自我情绪认知和管理的方法及建议。

有些人会拒绝观察自己的情绪，认为这是在浪费时间。其实了解自己的情绪是重要的领导能力之一。人人都会产生情绪，首先接受这样的事实，才能了解内心真正的感受，也便于更合适地去处理正在发生的问题，不至于在冲动中做错事，或不恰当的决定。

因此，我们每一个人都要停下脚步来，了解自我情绪，从而对自己有一个良好的认知。

自我情绪调节能力

美国密歇根大学研究发现，人生平均有30%的时间处于情绪不佳状态之中。而这种消极情绪有害人体健康。医学研究发现，经常发怒以及充满敌意的人容易患心脏病，时常处于焦虑、抑郁中，以及脾气暴躁的人得心脏病的概率比普通人高出三倍。

由此可见，学会控制自己的情绪是多么必要。它关系到人的健康，关系到人生是否过得美满，或许还关系到事业的成败。可是情绪似乎是一种虚无缥缈的东西，也许一件小事就能激起人的强烈的情绪反应，也可能在人没有察觉的时候，它就杳无踪影了。因此，该如何控制情绪呢？

假如把情绪及其相关行为的产生看成一个过程的话，那么在整个过程中我们可以把它分成五个阶段，这样分解开来，控制情绪似乎就显得容易多了。我们只要充分发挥自己的主观能动性，就能理智地操控情绪，让它无法肆虐。

接下来我们用一个具体的事例来详细说明这五个阶段的控制方法：假设你是一名客户部经理，第二天就要去拜访一家大公司，这对你和你的公司来说都很关键，关系到公司全年任务的完成。老板千叮咛、万嘱咐，只许成功，不许失败。从现在开始，你必须控制自己的情绪，才能以良好的身心状态迎接第二天的挑战。

一、情境选择阶段

在此阶段，你可以选择有利情境来控制自己的情绪。

例如，在头一天晚上，你可以跟朋友们聊些愉快的话题，而非熬夜背专业技术名词。

二、情境修补阶段

假如你所选择的情境不太理想，可以在这个阶段再进行一些修补。

例如，在上个阶段你选择了跟朋友聊天，可闲聊了一段时间，话题就转到了大客户拜访上，此时不妨要求朋友们换一个话题。

三、注意分配阶段

你可以尝试把注意力转移到其他事物上，来控制自己的情绪。

假如你是一个性格内向的人，当朋友们聊起客户拜访时，你难以提出让他们换个话题，那么你就把自己的注意力转到其他事情上，像朋友的新发型以及新衣服等。还记得“关公刮骨疗毒”的故事吗？关公一面下棋，一面接受刮骨，其实他就是借下棋在转移注意力。

四、认知改变阶段

这个阶段指当情境基本稳定，不太可能改变时，你仍能通过给情境赋予不同的意义来控制情绪。

例如，虽然你使用了前三个方法，但还是无法避免对拜访的担心和忧虑，这时你就可以把客户拜访看成一次绝佳的锻炼机会，即使失败，它也能带给你宝贵的教训和经验，有助于你的进步。

五、行为调控阶段

这个阶段和前四个阶段有着巨大的区别。前四个阶段都是在行为冲动产生前进行调节，也就是大家常说的“疏导”。而此阶段则是在行为冲动已经产生之后对这种冲动进行调节，通俗一点讲，就是“压抑”。

假如这个拜访没能成功，可是你在别人面前还需“强装欢笑”，就像小说《祝福》里的祥林嫂一样，你有不管看到谁都想跟他诉苦的“冲动”。这便是最后一阶段的可用的情绪调节方法。如果你是一位职业经理人，建议你最好选择跟家人以及值得信赖的朋友倾诉，千万不要真的做祥林嫂，不分青红皂白就乱哭诉。

在起伏波折的人生中，我们能做的是尽量不要成为情绪的奴隶，不能让消极的心境左右自己的生活。希望每一个人都能学会控制自己的情绪，成为情绪的主人，让自己的事业之路走得更平稳。

控制情绪能够改变生活

一项研究显示，成功、成就和升迁等原因的85%源于我们的正确情绪，而仅有15%是源于我们的专业技术。哈佛大学教授、美国心理学之父威廉·詹姆斯说过：这一划时代的重大发现，表明我们每个人都可以通过控制情绪来改变自己的生活。

弗兰克·哈多克在他《意志的权力》一书中这样说道：“最重要的是，要让愤怒、刺激、妒忌、沮丧和乖戾的感觉，愠怒的思想与烦恼，都用你坚强自主的意志，将它们从脑际永远赶出去。它们都是生理上的恶魔，它们不仅骚扰神智，而且会用有毒的与歪曲的细胞侵害你的身体。它们阻滞原本平衡的血液循环，它们所产生的毒素是致命的，它们会压平与粉碎神经组织的细胞，诱发对坚强意志有害的生理状态，它们赶走希望，妨碍高尚的动机，让人日趋下流。从生命中去除，它们将可以全然离开你而被缢死、屠杀和监禁——无论哪一位能这样做的人，都将发现自己具有能够应付所有日常问题的意志。”

如果我们常常情绪不宁，精神颓废，习惯遇事懊恼和抱怨，或是一再地缅怀过去，我们就永远得不到片刻的安宁与自由。像这样难以忘怀，无异增长了它们的气势，这是再真实不过的事了。凡是尝过苦头的人，应多想想开心的往事，曾在艺术领域或大自然中所见的美丽事物，阅读一些令人振奋向上的书籍。这样一来，我们就会变得豁然开朗，所有的郁闷也都会烟消云散。阴暗被阳光替代，忧愁被喜乐替代。

就像威格斯夫人所说的那样：“获得快乐的法门就是，当你感觉不开心时，就要放声大笑。当你头痛要命时，就想想他人还有更多困扰。当乌云密布不见太阳时，你要始终相信，太阳依然在散发着光和热。”

每当你清晨起床，面对一些令人厌烦的事情，而感觉抑郁和沮丧时，不妨打定主意：不管发生什么事，都要将这个特别的日子，作为自己人生的一个欢乐日。这样一来，你非但不至于失败和虚度一日，反倒要比你屈服于沮丧的心境下所做的事要更有成就一点。

就像玛蒂尔德女士，她是一个“最聪明又最快乐的女子”。其实，她的经历，本是最容易灰心绝望、情绪沮丧的。但是，只要她一感觉将要有这样的袭击到来时，她就会强迫自己唱一首意兴风发的歌曲，或是弹一首轻快流畅的曲子。这样一来，她就逐渐变得快乐起来了。只要新思想较老思想更为有力，相反的情绪所产生的力量，是绝对足以排除一切困扰的。

治疗人们的心情不好，就是使用所有好的情绪去健全其心灵，当然这需要具有坚强的意志力。再者说，克服错误的唯一法则，就是不断去思考相反的好德行，并且去实践它，直到这种好品格能够为己所用。

每当自己被恶劣情绪所困扰时，只用对自己说：“这是完全虚假的，它和我那较高层面优秀的自我毫不相干，因为造物主从未要我为这些黑暗的影像所钳制。”你可以不断地怀念自己一生中最快乐的经验与最美好的时光；不断告诫自己，把握曾经享有的种种事物；想着自己已成功地用许多圆满事物把那些失败的思虑排除在外；有忧愁威胁时，不断谨记那些充足愉悦的思想，以希望为臂膀，描绘出光明美好的未来。短时间里，让这些愉快的思绪围绕着你，你一定会备感讶异。那些幽暗而凄惨的鬼魅——一切让人发愁、扰人不休的思想——竟然都对你退避三舍，杳无踪影了。原来是它们耐不住所有的愉悦、光明、喜乐、圆满及和谐的抵御，最佳的保护者已被你拥有。

就像一位西方著名的作家所说："所有困难麻烦最害怕的，就是我们不但不去理睬它们还会嘲弄它们。当我们想要摆脱它们，并有了其他更大的兴趣而遗忘它们，或是在我们心里对它们的地位不屑一顾时，它们就会抱头鼠窜，不再出现在你面前。"

要知道，在我们能控制自我情绪以前，总无法从事我们最好的工作。只要是受到情绪支配的人，就不算是一个自由的人。只有能不顾心智上的敌力而独自振奋的人，才能享受真正的自由。

假如，一个人必须每天早上要依从自己的心情，以决定能否做好事情或仅能敷衍了事；假如他必须在每天起床时，看看他那情绪的温度表，才能知晓他的勇气究竟是升是降，那他无疑是个傀儡，永远也得不到真正的快乐和成功。

假如，有一个人，一早起来就觉得自己要去做应有的工作，要尽力地去干好那份工作。那么，无论什么样的心情或外来因素，都不能阻挡他的成功。当然，他也就会拥有更加美好的前程。

总之，这种思想和情绪上的改良，可以使一位镇静而有能力的人在芸芸众生中更为出类拔萃。任何人只要乐于付出自己的努力，都能做得到。一旦获得了这种能力，我们就不必再去羡慕别人的镇静自若和无忧无虑了。那些能够控制自己情绪的人，其实并非什么高人，无非是懂得正确思考，善于自制罢了。假如我们愿意，随时都能够与他们一样。

找出情绪产生的原因

一旦人们感到闷闷不乐或者忧心忡忡时，所要做的第一件事就是找出情绪产生的原因。

王雁是某家广告公司的部门经理。她素来心平气和，可前段时间却像换了个人似的，对谁都没有好脸色。经过分析，她发现自己情绪改变的原因是担心自己会在公司一次重要的人事变动中失去职位。其实她已被告知不会受到影响，但仍然感到不安。

王雁了解到问题的症结后，立刻感觉到了轻松，并且承认，事情似乎并没有那么糟糕。然后，王雁便想办法来应对，"我开始充实自己，工作也更加努力"。就这样，她消除了内心的焦虑。

心理学教授罗伯特·塞伊说："很多人只把情绪的变化归因于外部因素，却忽视了它们极可能也和身体内在的生物节奏有关。人的饮食、健康水平和精力状况，甚至一天中的不同时段都能对情绪产生影响。"

塞伊所提到的身体内在节奏即人体生物钟规律。生理学家和心理学家经过长期的观察和实践发现，人的大脑记忆力及情绪跟时间有非常密切的关系。一般情况下，在一天24小时里，人体生物钟有三个明显的波动曲线，最佳的波峰值时间段是上午9：00~10：30、下午3：00~4：15、晚上7：40~9：00。在一星期内，最佳的生物钟周期是前两天，然后中间三天降到最低点，最高值出现在最后一天。

因此，人们应该尊重并善于利用生物钟规律。在情绪和精力表现最佳的时间段做最重要的事情，诸如作计划，思考与讨论重要问题，处理重大事务，会见重要客户等。而在低潮时段则处理琐碎的事情，松弛一下，为自己的体能充电。

认识清楚生物钟现象并且加以科学利用，不但能帮助人们调整情绪，而且还有利于认识和把握他人的情绪波动规律，沟通与合作尽量选择他人情绪高涨的时段，避开他人情绪不佳的时段。

例如谈判，假如对方正处在人体生物钟最低点的时间段上，往往导致谈判难度大，失败频率高。还有，员工向上司汇报方案时，最好选择在上司生物钟的最佳时段，这样员工的建议和请示就可能很容易通过。

此外，尊重生理规律，还要求人们能够保证充足的睡眠。如果长期睡眠不足能够导致精神萎靡，免疫力降低，注意力不集中，记忆力衰退，莫名其妙地发火、烦躁等。一个人偶尔加班还不要紧，通常很快就能调整过来。如果频繁熬夜，就要引起足够的重视了，熬夜带来的不良情绪很可能会抵消加班带来的工作效果，那可是得不偿失。

用自我激励来调节情绪

什么是自我激励呢？自我激励，是指通过激发人的行为动机，让人保持一种兴奋状态。这种状态不但可以令人充满激情地面对工作和生活，还能使人创造出不平凡的成绩。成功，只属于那些不懈努力以及不断自我激励的人。自我激励是调节情绪的重要手段。

"强烈的自我激励是成功的先决条件。"这句话摘自《激励的神话》，它的作者是德国人力资源开发专家斯普林格。无独有偶，来自哈佛大学的威廉·詹姆斯用数据证明了激励的价值。他发现：一个完全没有受过激励的人，只能发挥其能力的20%～30%，可是等他受到激励时，其能力可发挥至80%～90%。也就是一个人受到充分激励后，跟激励前相比，他所发挥的作用可以相差3到4倍。

曾有一位名叫坎贝尔的女子，在1991年徒步穿越非洲，最终她不仅战胜了森林与沙漠，而且通过了约400公里的无人区域。她在总结自己能完成这不可思议的壮举的原因时，说道："因为我对自己说过我能。"

很多时候我们都需要自我激励，每一个人都有陷入情绪低谷的时候，情绪低谷就像是吞吃了幸福的恶魔，一瞬间就能令人失去理智和控制，从而落入情绪黑洞。

而实际上，人的情绪如同股市的K线图，在各种外界环境的刺激与作用下，充满了变化。有时平缓，有时跌宕，很有可能前一分钟还在兴奋，后一分钟可能就变得忧虑失落。职场竞争如同股市的博弈，实质就是一场心理持久战，比的就是谁的心理素质好，谁的心理抵抗力强。谁也不敢保证一生都如意顺利，当情绪低谷来袭的时候，是任由自己被恶魔吞噬，还是通过自我激励，尽早摆脱不良情绪的阴影，都取决于自己。不同的选择将决定不同的命运，甚至关系到人生的成功与失败。

当我们遭遇挫折时需要自我激励。设想，当我们投入最大精力才完成了一份计划书，却被断然否决，我们是否选择了一醉方休来面对这种挫折呢？在晋升的竞争中，我们的对手成功晋升，居然成了我们的上司，我们是否躲了出去，在大街上游荡了一个下午，甚至感到灰心？

现在看来，我们也许觉得好笑或愚蠢，但当时，我们正处在危险情绪的边缘。遇到这样的情况，大多数人都是靠激励自己，走出了心理困境。

当我们信心不足时需要自我激励。信心，不仅是一个人生活的基本信念，而且是一个人不断进步与发展的动力源泉。人的信心犹如汽油，然而在人生的高速路上，信心的汽油会有燃烧殆尽之时。因此当人们在奋斗的历程中感到信息不足时，就要通过自我激励以及自我肯定的方法来为自己加油。

我们每天不妨把自己喜欢的励志格言以及关于成功的座右铭，或自己撰写的自我鼓励的话写下来，每天清晨出门前，都对着镜子大声念几遍，带着自信和成功的强烈念头，奔向一天生活的新目标。比如每天告诉自己："我会成功的，我一定是那个可以成功的人！"

当我们感到自卑失落时需要自我激励。大多数人在心灵深处都隐藏着自卑，哪怕是那些成功者。自卑是一种自我设限以及自我萎缩的心理状态。自卑的表现是因为个人的具体情况而有不同，但是自卑的人总是自我否定与自我打击。

那些个子矮的人，长得不太漂亮的人，口吃的人，有残疾的人，性格的某方面有缺陷的人，都很容易给自己找到自卑的各种理由，并因此错失种种机会，让自己生活在阴暗的角落。自卑能让人丧失勇气，丧失前进的动力，令原本脆弱的意志更为脆弱。

自信是自卑的对立面。爱默生认为，"自信是成功的第一秘诀。自信是英雄主义的本质"。自信就是自己信得过、看得起自己。总想让别人看得起自己，还不如自己看得起自己。

我们每一个人都有自己的优势和长处，而优点和缺点都是相对的，换一个环境，也许缺点就成了优点。

在古代，有一家人养了五个儿子。其中老大很质朴，老二比较聪明，老三是个瞎子，老四是个驼背，老五是个跛脚。从常理看，后三个孩子应该没法找到活干。可是这家人给孩子们都有所安排：老大质朴，就让他务农；老二聪慧，就让他经商；老三看不见，就让他学按摩；老四背驼，就让他搓绳；老五跛脚，就让他纺线。结果这一家的五个儿子都找到了适合自己的事情，日子过得还不错。

如果我们面对自己的不足和缺点时，能够理智地对待，不把它们看得太严重；如果我们能够充分发挥自己的优势，按照自己的特点设计人生和职业生涯，那么，自信就会战胜自卑。

是小草不要跟大树比身高，比比谁更能经历风雨的摧折？是乌龟就不要和兔子比速度，比比谁能长寿如何？是石子就不要跟金子比能发光，就默默地铺路盖屋，实现自己的价值，不是更好吗？

萨克雷曾经告诉人们："生活是一面镜子，你对它笑，它就对你笑；你对它哭，它也对你哭。"其实成功亦是如此，认为自己行，就一定能行；认为自己不行，那可就真的不行了。当我们学会了自我激励，我们就能很好地管理自己的情绪了。

学会控制自己的负面情绪

每个人的情绪，都会时好时坏。成功学大师卡耐基表示：“学会控制情绪，是我们成功和快乐的秘诀。”

人在很多方面易受情绪的左右，有时干不好事情，就会将之归咎于“情绪不好”。在思考和计划、接受锻炼达成某个目标、解决问题等方面，情绪能让人发挥出心灵力量的极限，因而极大地影响到人们的人生成就。因此，我们每个人都要学会控制自己的负面情绪，这样才能更快走向成功。

我们必须懂得，情绪应由理智来支配。一个情绪大的人，往往会被认为是神经质，进而给别人造成一种不合群的感觉。只有那些言谈举止始终保持正常，在人际交往中随圆就方的人，才能在社会上获得广泛认可。

负面的情绪经常会影响人们的心情。学生在焦虑、愤怒和沮丧的情况下根本就无法学习，事实上任何人在这种境况下都难以有效地工作。强烈的负面情绪会破坏人们的注意力。当某种负面情绪难以控制地凌驾于其他思绪上，以至于不断阻挠你对身边事务的关注时，就表明情绪的影响已超出正常范围。比如一个正经历离婚痛苦的人，或是父母正要离婚的小孩，常常难以将注意力专注到功课或日常工作上。而对一个抑郁症患者来讲，自恋、绝望和无助的感觉会凌驾一切，在这种情绪的笼罩下，要想顺利工作显然是很困难的。

事实上，快乐的人并非总是快乐的。最快乐的人也有过低落、困惑、失望和心痛的经历。通常快乐的人和不快乐的人之间的差别，并不在于他们情绪低潮的频率，或是低潮的程度怎样，而是他们面对情绪低潮的做法，以及他们怎样看待不断改变的感觉。

一般来说，对于那些善于控制负面情绪的快乐的人而言，当他们感觉沮丧、生气或紧张时，他们会用开阔的心情与智慧来对待。他们非但没有因为感觉不好而对抗这些情绪，或感觉恐慌，反而能自然地接纳这些情绪，知道很多事终将会成为历史。是否能控制自己的情绪，体现着一个人情绪管理能力的高低。

理查德是一个脾气暴躁的人。他最近和办公室大楼的管理员发生了一场误会。这场误会致使他们两人之间相互憎恨，甚至演变成激烈的敌对状态。这位管理员为了表示他对理查德一人在办公室工作的不满，就熄灭了大楼的全部电灯。这种情形已接连发生了好几次。这一天，理查德在办公室准备一篇将要在第二天使用的计划书，当他刚在书桌前坐好时，电灯却突然熄灭了。理查德马上跳起来，奔向大楼的地下室，他知道能够在那儿找到这位管理员。当理查德到那时，发现管理员正忙着把煤炭一铲铲地送进锅炉里，还一面吹着口哨，好像什么事情都没发生一样。理查德立即对他破口大骂，他用无比尖刻的言辞痛骂管理员，直至他再也找不出更多骂人的词句了，只好将速度放慢。这时，管理员直起身子，转过头，脸上露出开朗的笑容，并且用镇静和自制的柔和声调说道："哦，你今天有些激动，是不是?"管理员的话像一把锐利的剑，一下子刺入了理查德的身体。站在理查德面前的是一个普通的管理员，但他却在这场"战斗"中将他打败！更何况这场"战斗"的场地、武器甚至作战方式，都是理查德自己挑选的。理查德的良心遭到了谴责。他深知，他不但被打败了，更为糟糕的是，他是主动挑衅而又错误研判文件的那个人。

理查德转过身子，用最快的速度回到办公室。当他将这件事反省了一遍以后，他马上看出了自己的错误。但坦率地讲，他很不情愿采取行动来化解自己的错误，但他知道自己必须向管理员表示歉意。

理查德再次来到地下室，将那位管理员叫到门边。管理员用平静、温和的声调问道："你这次想要做什么?"理查德告诉他："我是来为自己刚才的愚蠢行为道歉的。"管理员脸上又露出了那种微笑，他说："凭你的这份诚意，你不用向我道歉。除了这四堵墙壁以及你和我以外，并没人听到你刚才说的话。我不会将它传出去的。因此，我们不如从现在开始就把这事全忘掉。"

听到这里，理查德抓住他的手用力握了握。理查德不仅是用手与管理员握手，更是用心与他握手。在走回办公室的路上，理查德感到心情十分愉快，因为他最终鼓起勇气，化解了自己所做的错事。

从此以后，理查德下定决心绝不会再失去自制。由于当一个人不能控制自己的情绪时，另外一个人——不论是一名普通的管理员还是有教养的绅士，都能将自己轻易打败。

理查德下定这个决心以后，身上马上发生了显著的变化，他手下的笔开始发挥出更大的力量，他所说的话更有分量。后来，他结交了许多朋友，对他不好的人渐渐少了起来。这件事成为理查德一生中最重要的一个转折点。理查德说：“这件事教导了我，一个人除非先控制自己，否则就无法控制别人。它也使我明白了‘上帝欲让其灭亡，必先让其疯狂’这句话的真正含义。”

愤怒时不要作出傻事

关于愤怒，许多学者还从理性上指出愤怒的危害性。培根告诫人们说：“无论你怎么地表示愤怒，都不要做出任何无法挽回的事来。”

对此，古希腊哲学家毕达哥拉斯也有大致相同的认识。他认为，人在盛怒下常常会做出不理性的行为，他说：“愤怒从愚蠢开始，以后悔告终。”

中国古人就有“怒伤肝”的说法，说明生气对身有百害而无一益。在现实生活中，一时愤怒，酿成大错或大祸的事，绝非少见。

阿兰·马尔蒂是法国西南小城塔布的一名警察，这天晚上他身着便装来到市中心的一家烟草店门前，准备到店里买包香烟。这时店门外一个叫埃里克的流浪汉向他讨烟抽。马尔蒂说他正要去买烟，埃里克认为马尔蒂买了烟后会给他一支。

当马尔蒂出来时，喝了不少酒的流浪汉又缠着他要烟。马尔蒂不给，于是两人发生了口角。随着互相谩骂和嘲讽的升级，两人情绪逐渐激动。马尔蒂摇出了警官证和手铐。说：“如果你不放老实点，我就会给你一点颜色看。”埃里克反唇相讥：“你这个混蛋警察，看你能把我怎么样？”在言语的刺激下，二人扭打成一团。旁边的人赶紧将两人分开，劝他们不要为一支香烟而发那么大火。

被劝开后的流浪汉骂骂咧咧地向附近一条小路走去，边走边喊：“臭警察，有本事你来抓我呀！”失去理智、愤怒不已的马尔蒂拔出枪，冲过去，朝埃里克连开四枪，埃里克倒在了血泊中……

法庭以“故意杀人罪”对马尔蒂作出判决，他将服30年刑。

一个人死了，一个人坐了牢，起因是一支香烟，罪魁是失控的激动情绪。

我们不否认，在许多场合下愤怒的反应都是有其原因的。问题是，人有理性有思维，人的行动不仅受情感的支配，而且要受理性的控制。要想维护自己的正当利益，仅采取愤怒一种反应方式是不够的，而应该由理性思维去找出更好的应对招数或策略。

人被石头绊倒，通常不会对石头发脾气。把那些伤害或触犯自己的人当作“石头”，有助于心平气和，剩下的事情只是学习以后如何避免遭遇到“石头”，以及如何不因遭遇到“石头”而耽误继续前行。

希腊大哲学家苏格拉底，有一天和一位老朋友在雅典城里悠闲地散步，一边走一边愉快地聊天。忽然有位愤世嫉俗的青年出现，用棍子打了他一下就跑走了。他的朋友看见了，立刻回头要找那个家伙算账。

但是苏格拉底拉住他，不要他去报复。朋友觉得很奇怪，就说：“难道你怕这个人吗?”

苏格拉底说：“不，我绝不是怕他。”

朋友又问：“那么人家打你，你都不还手吗?”

此时苏格拉底笑着说：“老朋友，你糊涂了，难道一头驴踢你一脚，你也要踢它一脚吗?”

他的朋友点点头，就不再说什么了。

一个人的涵养来源于他的修养，稍有委屈就想报复，绝不是一个良好修养的人所为，一个善于管理自己情绪的人应该懂得控制自己的愤怒，更不会在此时作出傻事。

提高认知他人的能力

一个善于管理自我情绪的人，总是善于认识他人的情感需求，并尽可能地满足他人的这种需求。我们经常强调自己所需要的尊重、理解、安慰、帮助、鼓励、关爱、赞美等，以己推人，别人也同样需要。下面我们就说说如何尊重、关爱、理解、帮助、同情、鼓励、赞美他人，以提高我们认知他人的能力，让自己能够更好地管理自己的情绪。

谁都有自尊心，都希望在生活和工作中得到别人的尊重。俄国教育家别林斯基认为：“自尊心是一个灵魂中的伟大杠杆。”假如一个人的自尊心得到了满足，他就能保持愉快的心情，干劲十足地工作。

尊重他人是一种美德，敬人者人恒敬之。尊重别人，尤其是尊重下属和不如自己的人，这也是保持良好人际关系的基础。当今时代是一个多元化的时代，经济和科技的发展令个人独立面对社会和世界的机会渐渐增多，这个时代更强调的是差异而非统一。尊重展现了多元化时代的基本道德取向以及价值共识。

关爱他人是美好心灵的体现。特雷莎修女曾说：“我们都不是伟大的人，但是我们可以用伟大的爱，来做生活中每一件平凡的事。”关爱他人能让自己的存在更有价值，让生命更有意义。

关爱他人其实很容易做到，也许付出的仅仅是一个微笑、一句称赞的话语、一个轻轻的拥抱、一个可以依靠的肩膀。这些细微的举动，却很有可能给一个人带来温暖和希望。实际生活中，有很多这样的机会，特别是当有人遇到了问题，心怀忧愁时，给他们一点关心，就能温暖他们的心灵。

关爱就是黑暗世界里的一点烛光，给别人一点点光明，自己也便拥有了光明。

说完如何尊重和关爱他人，来说说如何理解他人。我们都希望能得到他人的理解，作为互相交往的基础，理解他人是很重要的一项。

子女都希望得到父母的理解，岂不知父母也需要子女的理解；员工希望得到上司的理解，而上司又何尝不需要理解；人们都渴望朋友的理解，难道朋友就是神仙，不需要他人的理解？

人人都需要理解，无论身处何时何地，及时告诉对方，“我知道你的感受”，“我很理解你的心情”，就会把关爱传达过去，也能换取对方的理解，因为理解是相互的。

胡适曾经收到过著名的美籍华裔女物理学家吴健雄的一封信。在信中，吴健雄谈起一件往事，在她毫无成就之时，是胡适的一次演讲鼓励了她，满足了她的求知欲，使她获得了快乐。胡适回了一封信，他说：“我一生到处撒花种子，即使绝大多数都撒在石头上了，其中有一粒撒在膏腴的土地里，长出了一个吴健雄，我也可以百分快慰了。”

既然帮助别人能让自己感受到“百分快慰”，那我们又何乐而不为呢？

说完如何理解他人，再来说说如何同情他人。同情基于平等和爱，而不是居高临下的施与。一般情况下，同情指对别人遭遇的麻烦、不快和意外给予真诚的关怀，而非视而不见、麻木不仁，甚至是幸灾乐祸。

同情心是一种友谊和理解。懂得设身处地去替别人考虑，就更容易找到理由说服对方。著名心理学家亚瑟·盖提斯在他的《教育心理学》一书中曾经写道：“同情是人类最为普遍的一种需求。小孩子在受伤的时候，即便只是一点小小的擦伤，也会需要大量的同情与安慰。而对于成年人来说，他们之所以会喜欢诉说自己的忧愁、病痛及一切生理异状的细节，全都是出于同样的心理。”

汉语的“人”字，就像是两个人背靠背站在一起。作为孤独的个体，我们需要他人的同情和安慰。保留自己的同情心，虽然并不能救他人于水火之中，但只要用同情而非鄙视的眼光，安慰倒霉的人，他们就能感到力量的存在。在学会用自己的右手温暖左手之时，也要学会用自己的双手去温暖另一双冰冷的手。

接着来说说如何鼓励他人。鼓励就是“向他人提供积极性或用积极性来影响他人”。而所谓积极性，就是让人行动起来的那种感受与认识。在某次调查中，调查者要求在场的70位心理学家说出主管人员一定要懂得的人性中最为关键的东西，有65%的人回答“积极性”。

著名成功学大师安东尼·罗宾认为，一个人要想成功，就要学会调动他人的积极性，要想让他人发挥潜能，就必须“给他们的油箱加油”。

假如我们不能调动他人的积极性，就不能领导他们。假如无法领导别人，那么我们想做的全部工作都要由自己独立完成，这样我们就无法获得大的成就。

最后来说说赞美他人。哈佛大学教授曾经做过一个试验，他们把所有学生分成三组：第一组学生经常获得鼓励或赞美，第二组学生任其自由发展，第三组学生经常受到批评。最终结果是任由发展的一组进步最小，受批评的一组稍有进步，受赞美的一组进步最明显。

所以，我们应该学会赏识和赞美他人，努力去挖掘他人的闪光点。对待同一棵树，有人看见了绿叶繁茂，而有人却只看见毛毛虫。为什么会出现这样的情况呢？不过就是因为有人懂得赏识和赞美，而有的人只会挑剔和指责。其实指责别人，带给自己的也是不快乐的记忆，不如欣赏别人的优点。

如果我们能在实际生活中做到这些，就能更好地跟他人相处，与他人相处融洽，我们的情绪就能处于好的状态，这样我们管理自我情绪的目的也就达到了。

调节情绪的十大妙招

人生总会遇到不如意的事，我们的情绪不可能总处于好的状态中，总会有情绪不好的时候。一个善于管理自我情绪的人不管遇到什么事情，总是能够将自己的情绪调整好。下面我们就跟这些情绪管理的高手来学习十个调节情绪的妙招。

第一个妙招：学会升华

蝴蝶在身体的裂变中，从丑陋的毛毛虫化成美丽的蝴蝶；沙砾在蚌母的疼痛中，磨砺成一颗珍珠。实际上，每个人的一生只有两条道路，一条通往天堂，一条通往地狱。升华的办法只有一个，就是把自己的消极情绪导向积极方面，化被动为主动，化绝望为希望，化阻力为动力。

著名推销大师乔·吉拉德，在小时候就得不到父亲的支持。父亲对吉拉德从未产生过信心，非但不鼓励他追求理想，还一口断定他将一事无成。可是吉拉德不肯服输，每当推销失败，备感挫折，想打退堂鼓时，他就想起了父亲那鄙视的目光，于是他不断地在跌倒的泥坑中再次爬起，最终缔造了世界推销史上的神话和传奇。

第二个妙招：学会转移

通常，能对自己的情绪产生强烈刺激的事情，往往都与自己的切身利益相关，要想很快把它遗忘是没那么容易的。然而，我们可以使用转移注意力的方法来忘记不愉快的事情，比如主动去帮助别人，或找好朋友谈心，或阅读有益的书籍。总之要让自己心有所系，精神不能空虚。那些能把精力很快转移方向的人，不愉快的情绪就会很快从他身边溜走。

第三个妙招：学会解脱

“退一步海阔天空”，说的其实就是解脱，是指跳出原来的圈子，从不良情绪中迅速逃离出来。有一位销售经理，年初公司居然给他下达了业绩翻一番的销售指标，这无疑很难完成，他两次去找总经理商量被拒，心情很失落，就跑去酒吧喝闷酒，谁知酒后失控闹事，不但被派出所拘留了，还要赔偿2万元。总经理接他回家的路上问他为什么情绪失控，他将事情如实地告诉了总经理，没想到总经理得知一切后，竟然对他说：“你才找了我两次，我能给你随便降指标吗？我本想在你第三次找我的时候就答应你的。”看，很多事情并非没有转机，只是因为我们没有再去试一试。

有些人一遇到问题就想不开，总是忍不住去想，自然越想越压抑，心中的疙瘩越结越大。与其这样钻进牛角尖，于事无补，还不如把心思放在更远大的目标和理想上，抛开这点琐屑，跳上更为宽阔的舞台。外面的世界无限精彩，倘若窝藏在阴暗的角落无法自拔，只能是一事无成。请记住：除了你自己，没有任何人能够伤害你！

第四个妙招：使用语言暗示

语言是一种情绪体验强有力的表现工具。通过语言能够激发或抑制情绪反应，哪怕不说出口也可以起到调节作用。林则徐的“制怒”，虽然只是挂在墙上的条幅，可却是一种用语言控制、调节情绪的好办法。人若在发怒时，不妨暗示自己“不要发怒”，“发怒会把事情搞得更糟”；心怀忧愁时，不断提醒自己“发愁没有用，还是面对现实，想法解决吧”。尤其是在自己神经松弛、情绪平静时，可以施行这种自我暗示，将有利于情绪的好转。

第五个妙招：巧妙疏导

例如，如果你对将要进行的产品演示推荐会感到焦虑不安，就应积极地把精力转移到准备工作上来，做好演练，增强自己的信心。

第六个妙招：学会发泄

就是把不良情绪的能量释放出来。例如，当你想发怒时，要么赶快离开去其他地方，要么去做做体力活，比如打扫卫生等，要么跑一圈，这样就能释放因盛怒激发出来的能量，从而使心情尽快平复。当面临极度痛苦时，不如就大哭一场。当然，还可以利用笑释放能量，调整机体的平衡。

第七个妙招：靠他人引导

不良情绪可能只靠自己的调节还不够，有时还需借助于别人的疏导。当人的心理状态正处于压抑时，应当允许其有节制地发泄，把憋在心里的苦闷倾倒出来。所以，当有了苦闷时，尽量主动找亲人和朋友倾诉，从不良情绪的控制下解脱出来。

第八个妙招：用环境调节

环境对人的情绪与情感同样起着重要的影响及制约作用。整洁、明亮、色彩柔和的环境，能令人心情平缓宁静；相反，阴暗潮湿、狭窄肮脏的环境，会给人带来憋闷和压抑的不快。所以改变外在环境可以调节情绪，当人们受到不良情绪的侵袭时，不妨出去走走，大自然能够让人胸怀开阔、身心感到愉悦，能对人的心理活动进行调节。

第九个妙招：把坏事变成好事

“天将降大任于斯人也，必先苦其心志，劳其筋骨，空乏其身，……”还记得这从小就能背诵的著名篇章吧？当面对外界的刺激和干扰，我们不妨把它看成是上天对自己的意志力和自制力的考验和磨炼，假如能够善加利用，也许就是上天送来的成功礼物。年轻的歌唱家帕瓦罗蒂，一次在住旅馆时，隔壁有个婴儿一直大哭，他实在难以入睡，愤怒得要找服务员换房间，忽然他想，婴儿已经哭了一两个小时为何声音仍然洪亮？老师说过自己的发声有问题，也许从婴儿哭喊中会得到启发。帕瓦罗蒂平静下来，他开始倾听哭声并有所思考，天亮了，他竟然通过婴儿的哭声悟到了发声技巧。

第十个妙招：学会自我激励

自我激励是精神活动的动力源泉之一，一个人在遭遇痛苦、打击和逆境时，只有通过有效地自我激励，才能拥有在痛苦中振作起来的力量。

当我们因为种种事情而情绪不好时，不妨试试用这些妙招来调节一下自己的情绪。如果每一次我们都能成功地将自己的情绪调整好，那么总有一天我们也会变成情绪管理的高手。

对付几种常见的“快乐缺失症”的方法

关于快乐，哈佛大学心理学家埃伦·兰杰认为：“生活中大约有90%的事情是正确的，只有10%才是错误的。如果我们想要得到快乐，就应该把精力放在那90%正确的事情上，而不要去理会那10%的错误。”

生活中不乏这样的人，他们有房有车，有贤惠的妻子和乖巧的孩子，可还是感觉不到快乐，常常愁眉苦脸。那么不快乐的感觉到底如何呢？兰杰教授作了总结，就是对事物的兴趣和新鲜感消失，无法体验激情与快意；或由于某些原因感到烦恼，不想说话，没有笑容。

虽然人人都希望快乐，但谁都难免有不快乐的时候。只是出现问题就解决问题，针对产生不快乐的原因及其症状的不同，我们可以采取不同的策略来积极灵活地应对。埃伦·兰杰教授提供了几种常见的“快乐缺失症”的治疗方法。

一、认知偏差型的治疗方法

这种人不快乐的原因主要是认知有偏差，他们可能会想：“我注定不会有快乐”；“我不配享受快乐”……一旦有了这些不正确的想法，就会不快乐，对此可以采用认知纠偏法予以缓解。

快乐是老天公平地赋予每个人的权利，享受快乐并非属于哪一个人的专利，所以千万不要把快乐关在门外，认为自己是不可能拥有快乐的。

二、目标障碍型的应对方法

这种人不快乐的原因可能是缺乏明确的生活和奋斗目标，总是不知道自己的人生价值是什么；或者可能是目标不定。人生目标出现障碍，会很痛苦。尤其对于刚刚走上社会的年轻朋友，更容易陷入这类困惑。假如是这种原因造成的痛苦和困惑，就可以采用目标定位法来进行纠正。

一是依据自身特点，再结合职业来确定目标。事实上，职业不等于目标，事业的成功不等同于职业。二是按照社会需要确定正确的目标，也就是依据社会需要，为自己所希望实现的目标明确方向。

三、感觉迟钝型的治疗方法

这种人不快乐的原因主要是由于对生活感觉麻木和迟钝。其实快乐往往就在身边，他们却捕捉不到。假如是这种原因，可以想方设法激活其感觉。

美国心理学家曾针对这种情况，让患者写日记，来促使自己积极感受生活的乐趣。这种方法对快乐缺失症是有效的，患者在坚持写了一段日记后，终于重新激活了对事物的感觉，生活也就变得快乐起来。

四、应对忧虑积郁型的方法

这种人不快乐的原因是忧虑积郁在胸，把快乐感觉的神经通路堵住了。假如是这样的原因，不妨采用欲擒故纵法。

美国心理学家罗兰德有一种独到的治疗忧虑的措施。他不是告诉患者不要忧虑，而是让患者每天拿出一段时间专门忧虑。假如谁有忧虑的困扰，就让他每天专心致志地忧虑一会儿，当然不能“偷工减料”。这样做的时候，人反而不能专心地只思考忧虑，于是忧虑就杳无踪影了。

五、思维刻板型的治疗方法

这种人不快乐的原因是看问题和思维过于刻板，不能从新的角度发现快乐，并忧心忡忡。假如是这种情况，不妨采用转换视角法予以纠正。

看问题也存在多种角度，不快乐也可能和人们看问题的视角有关，因此不妨换个角度看问题，从多方面来看待事物。假如从这个角度，引发了消极的情绪体验，那就从另一角度再来看，也许就可以发现它的积极意义，导致把消极的情绪转化为积极的情绪。这就是“转换视角法”的作用所在。

六、面部阴郁型的应对方法

这种人不快乐的原因是内心的情绪从来都表现在脸上，不能面带微笑，那快乐也就与他无缘。假如是这种原因，就要消除面部以及内心的阴郁，不妨试试下面这个办法。

首先稍微调整自己的呼吸，做个深呼吸，让情绪平静一些。然后翘起自己的嘴角，尽力上翘，如果笑不出来，就用手把嘴角拉上去，努力保持微笑的模样，1 秒，5 秒，30 秒……好了。告诉自己那些阴郁的情绪不能给自己带来任何好处，把它们抛弃。再体验一下自己内心的变化，是否感觉好多了呢？这是因为，人们一旦有意地调整颜面肌肉，也就无意间调整了心中的情绪，逐步清除了消极情绪。这是多么简单的方法。其实，快乐，原本就是一件简单的事情啊。

第六章

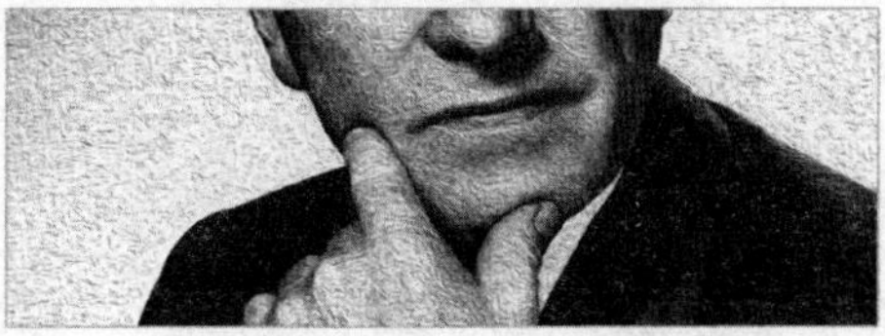

压力管理

压力的内涵及其来源

心理学认为，压力指个体感到某种状况超出其能够应对的能力范围，而觉得威胁的心理体验。人们经常把压力和失落以及不愉快的经历联系起来，这绝对是误解。压力不一定都是消极的，如果我们能够很好地对压力进行管理，压力就能激发人的积极性和创造力，表现出其积极的一面。

压力常常被比作弓，假如弓缺少张力，那么箭就无法被射向远方，就跟缺少压力的人大多没有什么成就可言一样。“张弓”才能射箭，如同人需要一定的良性压力一般。然而弓能够被“张”到什么程度，就要看弓的质量如何，其实，这里的弓也就是指我们的压力管理能力。假如手里的弓是脆弱的，为了不让它受到损害，那就要控制给它的拉力；而假如换了坚实的弓，为了把箭射得更远，就不妨多多施加拉力。也就是说，如果一个人的压力管理能力是很差的，那么就不要给他施加什么压力，以免他受到伤害；而如果一个人具有良好的压力管理能力，为了让他能够取得更大的成就，我们不妨多给他一些良性的压力。

怎么才能制造一把能经受一定压力的弓，让它不会在正常的压力下崩溃呢？怎么才能既保护自己的身心健康，又能和压力共存，甚至用压力来促进自己的进步呢？答案就是提高自己的压力管理能力。如今，压力管理已经成为现代生活中一门非常重要的必修课。

现代社会，一般人的压力主要来源于这几个方面。首先是环境方面：例如，噪音、闷热、不通风等。其次是工作方面：例如，超负荷运转，目标不确定，心怀困惑，不断产生变化，没有提前预料到的突发事件，能力不及，过分追求完美，过于服从等。再次是他人带来的压力：如侵犯、歧视、家庭不和睦、没有沟通、离婚、分居、生病、亲人去世等。最后是自身原因导致的压力：例如，缺少运动，健康状况不佳，缺少金钱，没有斗志，个人形象不良，情绪压抑，太过执着，人缘不好、缺少支持，没有正常的生活习惯，生活节奏太快，或者感官刺激过度等。

而一位职场人士的压力来源主要有这些方面：工作时间太长，公司组织混乱无序，人际关系复杂；收入与职业不确定，职业竞争太激烈；过于追求完美与细节，过于追求名利；工作十分单调，与周围的人沟通不足；家庭不和谐、不幸福。

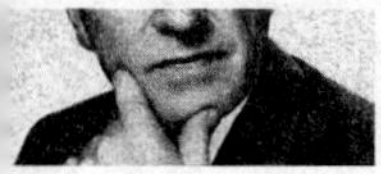

压力的来源是方方面面的，压力的大小既要看压力源的大小，也要看身心能够承受压力的强弱程度。心理承受力强的就能承受较大的压力，心理承受力弱的，即便是很小的压力，对他来说也是难以承受的巨大压力。

压力过大的危害

当人们遭遇压力时，人体能对压力产生生理性反应。适当的压力对人生有益，可以看作“生活的刺激剂”。但是当压力持续存在或压力强度增加时，就往往导致身体的不适，人体对压力的反应也会相应减弱，并且出现身体疲乏的情形，这就是通常所说的压力过大。

如果对压力处理不当，不但会导致严重的情绪、生理和行为的损害，引起各种疾病的发生，甚至是精神类疾病。持续的压力也会损耗人体的能量，损伤人的循环系统、消化系统、肺、肌肉或关节等，而且还能加快衰老。心理压力能令人体血压升高，并且压迫心脏的冠状动脉，使之产生痉挛，使得血中不良物质的含量增加，从而造成血凝块。时间一长，就导致了冠状动脉硬化和心肌衰弱。如果一个人的动脉中本就有堵塞，或曾得过心脏病，就更容易由心理压力引发疾病，发病率是其他人的两三倍之多。

有句俗话叫：“井无压力不出油，人无压力轻飘飘。”适当的压力是一种积极因素，能够激发人的潜能，并充分发挥人的能力，进而提高工作效率。

想要获得成功，成就伟业，就必须承担比别人更多的责任，承受比别人更多的压力。能否承受压力可以反映出一个人办事能力的高低。一般来说，一个人能力的发挥是有限的，可是在极度压力逼迫下往往能急中生智，能力得到出色发挥。

人们常挂在嘴边一句话，“有压力才有动力”。这句话说得不完全正确。压力已成为都市人的致命伤，并严重地影响了人们的生活质量。一个少年由于无法忍受学习的重压，选择了离家出走；某公司老总由于员工讨工资、银行讨贷款、老婆闹离婚选择了跳楼自杀。他们走上了绝路，就是因为无法承担生活、工作、学习的压力。

现代人在享受科技发达所创造的快捷便利与各种快乐时，也正忍受着它带来的巨大压力。“时间就是效益”，“时间就是金钱”，人们跟时间赛跑，分秒不敢耽搁，出行有高速路，提高能力去上速训班，吃饭有快餐，读书有口袋书，总之一切都围绕一个“快”字。工作、学习、生活的一切压力都卷了过来。身强力壮，意志坚定者勉强承受，心理素质差者则忧惧、失眠。

加班加点的工作是家常便饭，工作的疲累已经拖垮了人们，几乎很难有时间和精力去享受各种生活闲趣，甚至连养育孩子，都送去日托中心。人们无法顾及亲人和家庭，成为生活中的失败者。然而，越是这种强压之下的忙碌，越令人生活茫然。

可见，人不能没有压力，但压力并非越多越好，应该辩证地看待它的利弊。每个人承受压力都有一个极限，就是所谓的“阈值”，超过这个极限，假如没能及时排解，就会出问题。当压力一旦超过了人的承受限度，就不再产生动力，反而会令人的生理和心理都感到不适，令人感到焦虑与压抑，耗费人体能量。

日本工业协会曾于2001年，对5万家大公司和大企业进行调查，发现竟然有9%的员工由于长期精神高度紧张而患有胃溃疡、背部和胸口疼、高血压、心脏病以及神经衰弱等疾病。很多员工因为不能承受巨大的压力，精神正濒临崩溃。员工身体健康问题以及扭曲的心理，不仅给本人及其家庭带来痛苦，更使企业蒙受了巨大损失。

英国《金融时报》做了大量调查研究，据说在英国约有500万人感觉工作压力“非常大”或“极大”，英国研究机构每年耗费在与压力有关的问题上的金钱共37亿英镑。约有40%的工薪族有较大的压力，60%的人正经受着心理疲劳，只是程度不同而已。

当然，人们如果缺乏压力，或压力太小，就会失去动力，停步不前。俗话说“响鼓还得重锤敲”，所以，我们有必要提高自己的压力管理能力，将压力控制在正常范围内，使之对人产生动力，而不是危害。

心灵的安乐是减压良方

现代社会处于高度竞争中，人们承受着各种各样的巨大压力。同时也带来了各种紧张焦虑的毛病，甚至导致免疫力降低、身体机能失调等病症，给身心健康造成了严重的危害。

但是现代人对疾病往往求助于高科技医疗手段，习惯于迷信药物的效能，很少去考虑得病的真正原因是什么。其实，一颗快乐健康的心灵才是身心健康的最关键因素。心理压力是百病之源，世界上的疾病，76%是属于情绪性疾病，就是由不良心态以及生活方式造成的。

德国科学家认为：在经常感到疼痛不舒服的人群当中，有30%～50%人的各类疼痛是由精神压力所导致的。这种疼痛表现多样，可以是头痛、背痛、肠胃疼痛或者眩晕，甚至身体局部产生麻痹等，但是对身体各器官做检查通常不能发现具体的病因。还有最常见的感冒以及皮疹有时都和患者遭遇过的长期的、严重的压力有关系。

可见，病由心生，如果我们能懂得一些压力管理的技巧，保持健康的心态，遵循健康的生活方式，就能从根本上避免那些严重疾病的发生，让自己的生命充满美好，而不是被疾病占据。这也正是千百年来一直帮助人们防病健身，却往往被现代人遗忘和忽略的神奇药方。实际上，拥有良好的心态能让身体的抵抗力处于最佳状态，从而防御更多的疾病。相反，假如一个人的心态不好，内心充满了悲愤、焦虑和哀伤，那么相应的他的身体抵抗力也较弱，容易被病菌乘虚而入，患上各种疾病。有研究表明，假如一个人情绪低落，他的机体抗癌功能会衰退20%。

如何应对压力，日渐提上现代人的日程，成为当前社会热门议题之一。其实，应对压力、保持健康的最佳方法，既不是依靠忍耐，也不是抛弃割舍，更非对抗，而是拥有能从心底焕发出来的快乐。一种不需要原因和理由，无时无刻都能感受到、体会到的快乐。只有拥有了这种东西，人们才能真正摒弃重负与压力的挤榨，还有生命的磨难。

一位古代智者曾经撰写了一首《却病歌》，简短的十几个字，讲出了生命的真谛——心灵，才是人生本真之所在。它给我们指引了方向，只要寻求心的快乐，便可以百病不作。

痛一作，心要乐，
心一乐，病都却。
心病还须心药治，
心不快乐空服药。

因此，现代人要想保持身心健康，必须学会压力管理，这样才能缓解并释放压力。寻找心灵的安宁与快乐，压力就没有那么可怕了。

发泄压力，释放情感

压力管理不是靠别人，而是要依靠自身的能力来对压力进行调适。人生在世，难免发生苦闷与烦恼，一旦在内心长期郁积，就变成沉重的精神负担，给人们的身心带来痛苦。压力管理学家认为，积储在人们心中的烦闷和抑郁如同一种势能，如果没有得到及时释放，就好像定时炸弹一样，一旦触发就很难收场。只有及时加以发泄或释放，才能少生病，生活才能快乐。所以我们要学会自己发泄压力，把负面的情感释放出来。

正当发泄一般有两种方法：即嘴巴发泄和手头发泄。

嘴巴发泄又分两种。一种是自言自语。例如，有人受了别人的气，当场不好发作，只好回家买一大堆吃的，一边吃一边骂骂咧咧。虽然他形象不佳，但他的大方向没有错。东西吃完了，骂完了，气也就消得差不多了，再蒙头睡一觉，醒了就没事了。

另一种是对人倾诉。倾诉，就是把喜怒哀乐，特别是“怒”与“哀”，毫无保留地向他人倾诉出来，“竹筒倒豆子”，这是对情绪的宣泄，也是心理调节术的一种。倾诉，是一种很有效的释放不良情绪的方法，也是摆脱恶劣心境的必要手段。据说失去亲人的伤痛，需要在别人关注下200个小时才能哭完泪水。无论是谁都有累积的伤痛，一旦有人愿意倾听，人们常常迫切地倾诉，因而愿意聆听的人有最多的朋友。因为人只有在安静的时候，才能觉察到情感反应，在忙碌中很难觉察它们。

关于倾诉的对象，一般人都会选择值得信赖的亲人，或者言无不尽的朋友，甚至还可以选择素不相识的陌路人。倾听的人不需要表达意见，只要静静地听就可以了。

林肯总统在美国南北内战时期，曾邀请他的乡下老邻居来华盛顿，说要与他讨论一些问题。这位老邻居到了白宫后，林肯跟他聊了关于宣布释放黑奴是否适当的问题，但一连几个小时，并未征询他的任何意见，直到两人告别。但这位老友发现，谈话之后林肯似乎稍感安适。其实，在这件事情上，显然林肯并不需要建议，他需要的只是一位友善的、同情的倾听者，让他可以没有任何压力地宣泄内心的苦闷。

手头发泄也可分为两种。一种是用文字发泄。当一个人受气之后，可以一“写”为快，把它记下来，或者写成日记，也可以写一封骂对方的信来出气。但请记住，写写就算了，别当真把信发出去，不然就给自己带来更多麻烦。美国总统林肯就常这样来泄愤。每当他在外面受了气，回家就写一封骂人的信。家人要为他发信时，他却不让。他的目的只为出气，所以没必要发出去惹是非。

另一种是用创作发泄，这可是发泄的最高境界。著名画家梵·高就把苦闷发泄在画布上。著名作家巴尔扎克也曾经把生活的压力发泄到稿纸上。

生活中还常见另一种“手头发泄”方法。如摔盆打碗砸东西，有的人一旦在外头受了气，往往回到家对着家里人发脾气，又是吹胡子瞪眼，又是摔盆砸碗，把心理压力转嫁到亲人身上。但这种方法虽然让发泄者解了气，却引发新的不愉快，还造成经济损失，这样做是大错特错的。这是不正当的发泄方法，在此并不提倡。

一个懂得压力管理的人，是懂得适时发泄自己的压力、释放郁积情感的人，也只有这样，我们才不会让压力越积越多，总有一天让压力击垮。

压力有时是个好东西

现代人生活在一个快节奏的社会里，人们的压力也变得越来越大，甚至有许多人谈压力色变。实际上压力并没有想象得那么可怕，适当的压力能够促进我们的积极反应，比如集中精神、激发斗志等，能够让人敢于挑战自我，发掘自身潜力，提高办事效率，激发创造力。

一位颇有经验的老船长，在他的货轮卸货以后的返航途中，突然遇到了让人恐惧的风暴。水手们都惊慌失措，只有老船长镇定自若，他果断地命令水手们立即打开货舱，然后向里面灌水。“船长是不是疯了？向船舱里灌水不是会增加船的压力，使船下沉吗？这无异于自寻死路。”一个年轻的水手小声嘟囔着。

不过，看着老船长严厉的表情，尽管心中感到很疑惑，水手们还是照做了。随着货舱里的水位一点点地升高，船在不断地下沉，依然猛烈的风浪对船的威胁却在逐渐减小，货轮慢慢平稳下来了。

老船长望着如释重负的水手们说：“通常极少有百万吨的巨轮被风浪打翻的，被打翻的一般都是根基轻的小船。当风暴来袭，船在负重时是最安全的；相反，空船的时候，则是最危险的。当然，这种负重不是随意添加的，而是要考虑到船自身的承载能力，适度的压力能够帮船抵挡住狂风巨浪的袭击，可是假如增加的重量超过了船的承受极限，船就会像你们所担忧的那样，沉到海里去。”

这便是“压力效应”。那些得过且过、没有经受过一点压力的人，就如同一艘风暴中没有载重的船，只需一场人生的狂风暴雨，就可以将他们打倒。因此，适当的压力不一定就是坏事。

在茫茫的非洲大草原上，每天清晨，当羚羊睁开眼睛时，它所想到的第一件事便是："我一定要比跑得最快的狮子还要快，这样才不会被狮子吃掉。"而就在差不多同一时间，狮子从睡梦里醒来，脑海中闪现出的第一个念头是："我一定要比跑得最慢的羚羊跑得快，这样才不会被饿死。"因此，羚羊与狮子又是差不多同时一跃而起，迎着朝阳跑去。从中我们可以看到：适当的压力是生存所必需的。生存上的压力，让羚羊变成了奔跑"健将"，让狮子变成了草原"猎手"。这充分证明压力是生命的燃料。没有压力，就失去了动力，没有了动力也就无法挖掘出潜能。

人的潜能实际上是巨大且惊人的。一位平常连一部电视机都搬不动的英国妇女，在一场大火中，居然如同大力士附体般左手扛着电视机，右手抱着保险箱，安然地逃离了火场。这就是潜力的巨大作用。

再看一则发生在美国得克萨斯州的故事。

得克萨斯州有一位富商为了给女儿择婿，举办了一个盛大的晚宴，并邀请了几十位长相英俊的年轻人前来参加。晚宴结束以后，紧接着好戏上演了。富商领着所有的年轻人来到一个非常大的池塘边，池塘中养了几条凶猛异常的鳄鱼。

富商大声地对所有来宾说："现在我要征求一位勇士，只要他能游过池塘到达对岸，就可以在下面的三个奖品中任选其一：1000 英亩土地、100 万美元现金、同我的女儿结婚。"

话音刚落，就听到"扑通"一声，只见一个小伙子落入池塘，并飞快地向前游着。在众人的呐喊助威声中，他避开了鳄鱼的追击，安全地到达了对岸。他的速度几乎可以打破世界纪录了。

富商很热情地跑过来与年轻人握手，并信守承诺地问道："恭喜你，现在你可以挑选你的奖项了，你是要 1000 英亩土地吗？"年轻人摇了摇头。

"那你是想要 100 万现金？"年轻人依然摇头。

富商欣喜地说："那你一定是选择同我的女儿结婚了？"

年轻人依旧摇头。富商有点生气地问道："那你到底想要什么呢？"

年轻人说："你说的我什么都不要，我只想知道一件事情——是谁这么可恶把我推下池塘的！"

这则故事虽然极有可能是编造的，但它却将人类惊人的潜能描绘得淋漓尽致而又妙趣横生。

不过，压力也要恰到好处，不能过大也不能太小。在现实生活中，有的孩子只要在学校稍稍感到不顺，家长就要到学校去兴师问罪，生怕孩子受了什么委屈。家长爱孩子的心情当然是可以理解的，可他们并未意识到，孩子是需要经受一些压力和挫折才能更好成长的。日本人在孩子的成长过程中，还会人为地给孩子制造一些挫折和压力，例如，在寒冬时节，让孩子接受一个小时的冷水浴，这不仅增强了孩子的耐寒能力和体质，也磨炼了孩子的心理承受能力。

适度的压力并不是一件坏事，例如现代人普遍感觉到的生存压力，就能成为工作的动力，让我们的潜能得到进一步的挖掘，推动个人与社会的进步。适时地加压才能够带来好的效果。人都有积极和懒惰的一面，当两者相比较，懒惰的一面即将占据上风时，及时施压无疑会获得最好的效果。而当压力超出承载水平而变成一种负担时，就要及时减压。

适度的压力不但能使人的潜能得到发挥，而且还能使我们的身体更加健康从而延缓衰老的时间。医生经常会告诫我们："为了过得健康快乐，你必须要面对压力，保持轻松的心态。"还有专家说："抗击衰老的最新办法便是用适当的压力来向身体机能发起挑战。"

有一些防衰老专家觉得，压力可以帮人保持年轻与漂亮。在伦敦举办的第二届防衰老会议上，有关专家提交了两份新的研究成果，成果表明压力疗法是一种新的抗击衰老的方法，他们要求病人寻求更大的压力以帮助他们活得更久。因为实验表明，经受压力之后的身体细胞会变得更加强壮。

此外，不少研究发现，适当的压力有助于我们维持良好的状态，更有利于开发我们的潜力，从而使个人和社会的整体效率都得以提高。例如运动员每到大赛时，一定要把自己调整到能够感觉到适当压力的状态，使自己兴奋起来，以达到最佳的竞技状态。假如他不紧张、没有压力感，就很难获得好成绩。又例如考试的时候，适当的压力可以调动我们的大脑，使我们兴奋，从而考出好的成绩。因此，适当的压力对于促进社会发展、开发内在潜力，有着积极意义。

这样看来，适当的压力对于保持人的身体健康以及延长寿命都是十分有益的。

人生的道路是曲折的、充满压力的，升学、就业、跳槽，我们人生的哪一次前进不是一次次施压所带来的结果？没有压力，我们的生活或许会是另一番景象。当我们尽情享受生活的乐趣时，也应当对以前曾经让我们感到头痛的压力心存一份感谢。

生活原本就是丰富多彩，而非一成不变的，我们固然需要一帆风顺带来的快乐感觉，可是也要接受挑战与压力带给我们的历练，因为这也是生活中不可或缺的一部分。

珍爱生命，远离压力

近年来，美国的一项最新研究引起了人们的关注，科学家们通过大量研究得出结论：巨大的心理压力能加速人的衰老，而且一老就可能达到十几年。也可以这么说，一个人倘若背负着巨大的压力，就等于在慢性自杀。

加利福尼亚大学的埃丽莎·埃培尔和她的同事们已经观察到了心理压力对细胞的影响。

要解释压力和细胞之间的关系，先要明白何谓人体细胞的“分子钟”。每个染色体的顶端，都覆盖着一片DNA物质，这种物质就是“端粒”，它能保护染色体，并提高基因的稳定性。每当细胞分裂时，这些端粒就会变短，所以通过分裂产生的“子细胞”的端粒会比“母细胞”的端粒稍微短一点。在年轻人体内，存在着一种端粒酶，能够纠正这种现象，帮助重新构造细胞端粒。但在年长者身上，随着细胞分裂，端粒就大为缩小，这就是说，细胞复制将逐渐完全终止，就意味着人的寿命的终结。因为端粒的长度决定了DNA复制与细胞分裂的次数，可以利用它计算出生命延续的时间，因此被称为“分子钟”。

埃培尔和同事们把58位母亲分为两个对照组。有2/3的母亲，她们的子女都患有慢性病，因此心理压力就大一些。其他母亲的子女身体健康，所以她们的心理压力相对要小。为了研究心理压力对细胞衰老的作用，科学家观察了这些母亲们的白细胞的染色体端粒。

在两个对照组（压力大和压力小）中，研究对象的染色体状况没有太多的不同。但是，在两组中心理压力最大的妇女，她的端粒也最短。而且，在压力大的那些妇女身上，压力对细胞的影响非常明显，相当于加速了9～17年的细胞老化。这个结果真是令人震惊！

除此以外，心理压力过大还能导致身体免疫机能全面下降，很容易患病。据研究，压力是心脏病、癌症、肺病、意外事故、肝硬化以及自杀的主要诱因。

因此，从科学的角度来说，巨大的压力不仅能导致细胞的老化，加快人体的衰老，导致寿命的减少。另外，巨大的压力，使心理处于亚健康的状态，也会给人体带来严重的疾病，甚至是绝症，也能令人失去生命。所以，要学会给自己减压。可以从下面几个方面入手。

1. 对压力要给予正确的认识。有点压力是正常的，就像一个刚退休的人往往因为离开了紧张的工作环境，而感到不适应。其实，一点压力感都没有的人很难经受环境的考验，肌体的衰退也会加速。因此正常的压力是安全的，甚至是必需的。但是，什么都有个尺度，如果自己感到无法承受，就要想办法减小压力了。

2. 主动宣泄。当一个人感到压力太大时，应当主动疏导发泄，把自己的情绪发泄出来，可以找同学、朋友倾诉，释放郁闷，往往会收到不错的成效。

3. 保持豁达的心境。可以通过参加文娱或体育活动，培养一些兴趣爱好，来调整自己的情绪，保持心境的豁达。

4. 重新评价自己及身边的人和事。当需求和可能之间发生矛盾时，如果事情非原本想象，就要进行重新评价。不要有过高期望，更不能盲目急躁地办事，遇到疑难问题可暂时避开，不要钻牛角尖，等情绪稳定时再思考解决之道。

5. 增强自信心。对自己加强意志和魄力的训练，培养毫不畏惧，敢于拼搏的精神，让自己更有信心地面对这个世界。

此外，还可以调节生活节奏，让自己慢一点；多休息，提高工作效率，不要长期加班等，精神压力就会不药自愈。

人生本来就很短暂，千万不要再让压力夺去了我们的部分生命。

别让压力压垮你

我们总是认为压力来源于外界环境，然而，在相同的环境中有人会感觉到压力，有人则感觉不到，这就说明压力其实是源于我们自身的，能够正视这一点非常重要。

所谓压力，是指人们对刺激产生的一种心理和生理上的综合感受，无论来自哪里，它都会不可避免地出现在我们的生活里，影响我们的心理、生理与行为。

曾经有一个调查公司在2003年通过网上调查的方式，对415名20～50岁的职场白领进行了一次有关工作压力的研究，其中男性占45.8%，女性占54.2%。研究结果表明，有41.1%的白领正面临着比较大的工作压力，有高达61.4%的白领都不同程度地感觉到心理疲劳。

《财富》杂志中文版也曾经做过一个类似的调查，调查的对象是1576名高级管理人员，调查结果显示：有接近70%的高级管理人员认为自己目前承受的压力比较大，其中感觉自己压力特别大的占到了21%。在此项调查中，访谈者有55%是企业的最高管理层（董事长、总裁、总经理等），剩下的45%是部门主管级经理。在性别构成方面，男性占到了大多数，为85%。

调查表明，高级经理人自身感觉到的压力和他们的性别以及职位有很大的关系。男性高级管理人员自我描述的压力显然要比女性大，最高管理层的压力则明显比部门经理大。

通过分析发现，高级经理人的压力最主要来源于个人责任、人际关系以及角色冲突三个方面。男性高级经理人和女性高级经理人在认识压力来源方面有着明显的差别，男性把个人责任带来的压力看成是最主要的压力来源，而女性则觉得组织气氛带来的压力才是最主要的。

相当多的经理人觉得压力已经对自己的工作与生活造成了诸多负面影响，其中有48%的人觉得压力致使工作效率下降，30%的人觉得压力导致人对工作缺少兴趣，42%的人觉得压力导致人出现失眠或是别的睡眠问题，40%的人觉得压力会形成消极情绪。

调查还表明，最高管理层与较低一级的管理人员的压力来源也有所不同：在最高管理层的压力源中排名前五位的分别是个人责任、组织气氛、角色冲突、人际关系以及日常烦扰；而在较低一级的管理人员的压力源中，排名前五位的分别是职业发展、组织气氛、人际关系、个人责任以及角色冲突。

这项调查还表明，25岁以下高级经理人的心力衰竭水平明显要比年龄大的人高。对此，专业人士认为，原因是25岁以下的经理人本身就相对缺乏应对压力的办法与经验，又急于想证明自己的能力，这就很容易人为地给自己增加很大的压力，所以很容易造成心力衰竭。

另外，与压力相关的种种疾病，比如高血压、高黏滞血症、冠心病、脑梗死、糖尿病、高尿酸症等职业病也正在慢慢地侵蚀着职场人士的身体健康，“过劳死”的现象时有发生。职场人士的压力危机开始逐渐引起人们的关注和重视。怎样将繁重的压力减轻，将压力维持在适度的、最佳的范围内，从而提高工作效率？怎样从高强度的负荷中获得知识与技能，使自己能够迅速成长起来？这些都是大多数职场人士需要关注和思考的问题。

学习几种减压的方法

懂得一些减压的方法，我们才能更好地对压力进行管理，让其成为我们前进的动力，而不是阻力。下面我们就来学习几种减压方法。

一、运用凯利魔术方程式

凯利魔术方程式，是由凯利空调的创始人凯利先生发明的。这套流程用来缓解压力，能够克服压力事件的负面影响。首先是问自己，可能发生的最坏情况是什么。接着做好接受最坏的状况准备。最后想办法改善最坏的状况。

当我们无法快速摆脱负面情绪的影响时，可以运用凯利魔术方程式，来帮助自己用理性战胜负面情绪的影响。

例如，一家食品企业，2005 年销量达到 2000 吨，于是公司董事会决定 2006 年实现销量 3000 吨。当总经理把此事告诉销售部黄经理时，黄经理感觉此事比登天还难。公司用了 5 年时间才完成 2000 吨的销量，现在一年之内就要增加 1000 吨，他的压力不是一般的大。

黄经理想起了凯利魔术方程式，为了减压，他进行了如下分析。第一，最坏的情况就是完不成任务。第二，假如没有完成任务，可能有两种结果，其一是公司考虑到实际情况不追究责任，取消年终奖金，其二是被公司辞退或自己主动辞职。也就是说，最严重的后果就是辞职。如果真需要辞职会如何？根据自己的年龄、能力、客户资源以及在本市食品行业的影响力，黄经理认为再找个差不多的工作没问题。这样一来，黄经理坦然了。接下来他做了第三步，着手改善现状，寻找完成销量目标的方法与途径。经过积极认真的研究分析，他对于完成任务有了 60% 的把握，黄经理彻底摆脱了负面情绪。

二、遵照“3R”减压原则

“3R”减压原则是目前国际上较为流行的一种减压原则，即放松（Relaxation）、退缩（Reduction）和重整（Reorientation）。把减少压力源、自我放松、重新调整要求或期望值这三者相结合，在已有的正面压力、自发压力和过度压力之间寻求平衡。

假如压力对一个人的影响过大并且持续时间长，使用各种自我调节没有见效，就要求助于专业机构或专业人士，他们可以帮人们进行减压训练，并提供有效的减压方法。

三、让自己放松下来，保持平静

爱默生倡导大家：“保持平静，并且应当百年如一日。”苏格兰哲学家克莱尔也说：“在沉默当中，重大事情会自己组合起来。”保持平静，在沉默中思考，可以引导人们领悟静默的精髓。

尤其是那些工作勤奋的人，一定要通过内省来检查自己是否已承受了太多的压力。这些压力若大到一定程度，或许能造成不可挽回的损害。一个人，要经常告诉自己放松，保持心灵宁静，获得身心的健康，这样才能提高工作效率和效能，并且拥有更高的生活品质。

我们可以尝试利用有效的自助法来缓解压力。比如可以练习瑜伽动作、冥想以及循序式肌肉放松法、静坐、练习吐纳等。当一个人在沉思、冥想以及做其他缓慢的松弛活动时，人体的心跳、血压和肺部氧气的消耗会降低，从而使身体各器官得到休息。这对于常常神经紧绷，下班后脑子仍然不能静下来的人而言，是非常有益的。

四、坚持运动

运动能够非常有效地使生理反应平静下来。压力能促使人体分泌肾上腺素并增加其流动性，而运动能够减低并消散其作用。我们应该坚持运动与体育锻炼，尤其是经常做“有氧运动”，像游泳、跳绳、踩单车、慢跑、快步走和爬山等。这些运动不但可以令血液循环系统更有效率，还可以强化心脏和肺功能，直接增加肾上腺素的分泌，让整个身体的免疫系统变得强大，从而有更强的体质去应对生活中随时会出现的各种压力。很多大富翁都酷爱运动，就是因为他们从运动中获得了良好的收益，无论是增加体能，还是缓解压力。而身体肌肉的运动，能够松弛人的整个身心，并给大脑适当休息的机会。强健的体魄，是人生成功的能源。

面对压力，人们的反应可以简单归结为问题解决与情绪焦点两种取向。问题解决取向，就是把着重点放在问题本身，以评估压力情境为基础，采取行之有效的办法来直接解决问题，使压力情境改变。情绪焦点取向，就是控制个人在压力下的情绪，提前改变自己的感觉和想法，把重点放在缓解情绪冲击上，不直接改变压力情境。

究竟哪种取向有利，则需要具体情况具体分析。假如，面临巨大压力致使个人情绪激动，根本不能思考如何解决问题，那就需先调整情绪，但调整过之后一定要认真解决问题，否则可能会越陷越深。我们应该对自己的习惯反应进行分析，学习有效的压力管理技能，才能真正减轻压力，获得心灵上的解脱。

第七章

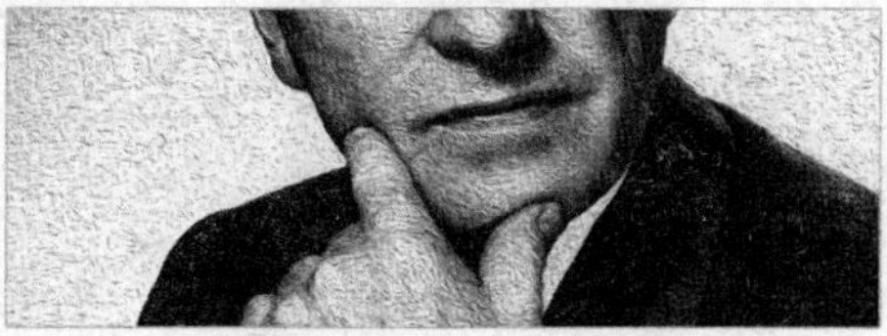

职业生涯

职业生涯的定义和性质

职业生涯指一个人此生的工作经历，尤其是其职业、职位的变动和职业理想实现的整个过程。

一位职场中人，每天用于工作的时间，至少占一整天的1/3。从工作到退休，约有35年。按平均寿命70岁计算，35年就是一个人生命的一半，并且这35年是我们一生中最富激情、最有创造力的时光。所以，一个人要慎重思考，选择何种职业，以及如何规划自己的职业。

科学地讲，职业，指的是人们从事的工作，这个工作具有相对稳定的、有收入的、专业门类的特点。它综合反映出人们的生活行为模式、经济文化水平和思想道德等状态，体现了一个人的权利、义务、权力以及职责，也就成为一个人社会地位的一般性表征。对人的社会角色来说，职业是非常重要的一个方面。对个人而言，职业是他最基本的符号与最主要的特征。职业是一个人的社会身份及地位的反映，也是其文化、能力以及素质水平的反映。

职业生涯指的是整个的人生职业工作经历。从一个人的职业学习开始，到职业劳动的最后结束为止，包括工作经历的过程和结果。职业生涯有狭义和广义两种含义。狭义的一般指直接从事职业工作的时段；广义的则指一个完整的职业发展过程：包括从获得职业能力、培养职业兴趣、从事职业，直到最终结束职业劳动。

我们一生中连续从事的职业，非但包括过去、现在以及未来那些能够客观观察到的职业发展过程，并且还包括个人对职业生涯发展的看法与期待。说具体点就是，作为一种工作经历以及内心体验的经历，职业生涯的基础是综合性开发人的潜能，包括人的心理与生理、智力与技能以及伦理等方面。职业生涯的标志是对工作内容的确定与变化，对业绩的评估，工资待遇和职称职务的变动等。职业生涯的目标是满足企业以及个人需求。职业生涯是一个动态发展的概念，也就是说，个人的职业生涯被看作动态的、发展的过程，这就是职业生涯跟职业的区别。

一般来说，职业生涯的基本性质包括如下内容。

首先，职业生涯指一种个人的行为经历，而不是团队或企业的行为经历。随着社会的发展，一个人也许不会终生都从事某一行业或待在某个企业，个人的职业兴趣以及动机更多地影响了职业生涯。所以，个人才是职业生涯的主体。

其次，职业生涯是个体一生中的工作任职经历。为了连续得到个人收入，劳动者相对长期且稳定地从事某种社会生产劳动或工作的过程就是职业生涯。职业生涯强调的是个体在某职业中稳定持续的地位，而非变动。

再次，作为一个时间概念，职业生涯指的是职业生涯期。狭义的职业生涯起始点是工作前的专门职业学习或训练，彻底结束或退出职业工作时就是终点。广义的职业生涯指的是从个体的出生到彻底结束职业工作，包括了个体的整个人生经历。具体到个体，每个人的实际职业生涯期长短不同。

最后，作为动态且发展的概念，职业生涯包含具体职业内容。除了表示个体职业工作时间的长短，职业生涯还包括了许多具体的内容。例如职业的发展以及变换的经历与过程，从事什么专业的工作、职业发展的阶段，从一种职业转变为另一种职业等。

了解职业生涯的定义和性质，更有利于我们制订职业规划。

人的全面发展和职业生涯的关系

大约有几百名微软的员工因为微软公司成为百万富翁，并且其中有很多人在经济独立后仍继续为微软公司效力。为何微软能把他们聚在一起呢？他们每周要工作60个小时，几乎没有额外报酬，显然完全不是因为经济因素。这是因为微软公司如同一个大家庭，除了令每个成员都有特殊的归属感外，还深化了工作的意义，并且给生活增加了新的价值。

所以，职业生涯必须能满足人的高级需求，以及侧重人的全面发展。西方行为科学家对人的需要进行了各种科学分析，其中需要层次理论、双因素理论以及成就需要理论等最为著名。

所谓层次理论特指马斯洛需要层次理论。美国心理学家马斯洛从人本主义的角度提出了需要层次理论，描述了需要对人的行为的激励作用。他规定了需要的五个层次，由低到高、由宽到窄形成了一个金字塔。

生理需要。也就是人为了维持生命的衣、食、住等的需要。为了满足最基本的需要，人们才会进行职业活动。

安全需要。也就是人们对安全保障的需要。表现在职业生涯中，就是人们对避免社会风险，保持就业以及保持经济收入的需要。

社交需要。也就是人们希望建立良好人际关系的需要，体现为希望被团队接受或者获得归属感。对现代社会而言，职业组织成为最重要的一种社会组织形式，职业生活则是建立社交关系的最重要手段。

尊重需要。也就是对自尊的需要，人们希望能得到他人的尊重。通常情形下，人们获得尊重，主要由职业组织中的地位以及社会中的职业评价来决定。

自我实现需要。也就是人们渴望展示个人才华并获得一定成功的需要。通常，职业生涯的成果与成就体现了个人的具体才能。

所谓双因素理论特指赫兹伯格双因素理论。经过研究，赫兹伯格发现，对人的积极性产生影响的需要因素，主要包括保健因素与激励因素。人们由不满意的状态转化成没有不满意的状态的过程就是保健因素。没有不满意的状态通常被称作零状态，也就是没有主观的想法。由一般状态转化成满意状态的过程则是激励因素。

激励因素包含工作的挑战性、自主性、责任与业绩等，它的增加能提高人们工作的积极性和成绩。很明显，激励对于职业生涯具有更大的意义。

所谓成就需要理论特指麦克利兰成就需要中心理论。哈佛大学教授麦克利兰提出以人的成就需要为中心的理论。他认为在人的生理需要基本得到满足的基础上，人们还有成就、权力以及友谊这三种需要。

成就需要。直接环境与个性是决定一个人的成就需要的两个因素。教育和培训能提高人们的成就需要。喜欢独立解决问题而非依赖别人，围绕目标为中心，目标切合实际并能尽快达成，喜欢挑战与冒险等，这样的人往往都具有高成就需要。

权力需要。有着权力需要的人的特征：喜欢竞争，喜欢掌控进程，希望能对他人产生影响，喜欢经常与人比较等。

友情需要。有着高度友情需要的人，渴望良好的人际关系，喜欢参与社交活动，愿意加入社会组织或团体。

在以上因素中，最重要的是成就需要。对个人、组织甚至国家的发展与成长，成就需要的高低起着非常重要的作用。对成就、权力以及友谊的需要排列情况与比重，自然在不同的人之间存在差别。被环境激起的需要决定了人们的行为，高成就需要的人通常更关注事业成败，乐于从事具有挑战性的工作，敢于承担责任，勇于冒险，并且渴望获知他人的评价。

不同时期职业生涯的特征

按照职业发展观，就个人的角度而言，职业生涯发展阶段一般分成职业生涯早期阶段、中期阶段以及后期阶段。不同时期的个人生命特点与职业生涯特点是有差别的。

职业生涯早期指一个人从学校进入企业或公司，渐渐被“组织化”，并被企业或公司接受的过程。这个阶段大多发生在20～30岁之间，是个人从学校踏入社会，从学生成为“社会人”，从单身到成立家庭的过程。这一阶段，不管是从个人生物周期、社会家庭周期，还是从生命空间周期角度，任务都比较简单。其个人和心理的突出特征是：具有较强进取心，积极向上，善于争强好胜；职业竞争力不断提高，渴望拥有不平凡的事业；建立家庭，并学习如何调节家庭关系，要承担家庭责任。

在职业生涯上，此阶段个人的主要任务有三个，其一是进入组织并学习如何工作；其二是能独立开展工作，并寻找职业系留点；其三是成长为一个成年人。

从时间上来说，职业生涯中期阶段一般从25～50岁，长达20多年。由于此阶段年龄跨度大，时间周期长，因而充满变化，有可能会获得事业的成功，甚至达到顶峰，也有可能会出现职业生涯危机。职业生涯中期的开始往往表现为：要么获得管理或技术职位进一步的晋升，要么薪资福利增加，稳定待在选定的职业岗位上。

作为人生最漫长的一个时期，职业生涯中期很重要，个人在这个阶段特殊的生理、心理以及家庭特征令其职业生涯发展面临着特殊的问题和任务。

中期阶段，个人生命特征表现在三个方面。第一，职业生涯中期正处于三个生命周期的完全交叉时期。第二，生命任务处于最繁重的阶段。详细点说就是，生物社会周期的运行，家庭生命周期造成对应的问题与任务，个人职业生涯的规划和发展。第三，不同生命周期之间相互作用并相互影响，它们既相互促进和推动，又相互制约和冲突。三个生命周期的矛盾一般出现在使用时间上。

随着职业与家庭环境的变化，个人心态也有许多变化。职业认同发生改变，心理冲突影响并加重了对个人职业生涯的焦虑与怀疑，家庭结构与内部关系改变，意识到时间与生命有限，以及职业机会有限而深感焦虑。

职业发展的特征则是，此时职业能力逐步提高并成熟，职业发展轨迹为倒“U”形，创造力正处于旺盛阶段，获得一定成就。

职业生涯后期阶段，一般发生在50岁至退休年龄之间。这个时期，个人的生命和心理特征是：家庭情况有很大改变，自我意识复苏，开始安于现状，怀旧，不思进取，将兴趣转向生活。

与早、中期相比，这个阶段在职业生涯上也呈现出一些不同的特征：进取心降低、竞争力与职业能力逐渐减弱，权力、责任与中心地位均已下降，社会角色产生显著变化，自己具备优势还能发挥余热，充实自己的价值。

产生职业生涯危机的原因

在我们职业生涯的各个阶段都有可能会出现危机，不同的阶段会产生什么样的危机，产生的原因又是什么呢?

职业生涯早期，是个人“组织化”阶段，这个时期个人和组织都在相互适应阶段，如果不能觉察彼此的需要与适应组织的特点，就会引发某些矛盾和问题。常见的主要有以下几方面。

首先，新人都要面临现实冲击。现实冲击是指新职工对工作的期望值和工作现实情况存在较大差异所造成的心理冲击。这种现象往往出现在个人职业生涯的初始阶段，在这个阶段，新职员对工作怀有较高的期望，而面对的却是乏味枯燥以及没有挑战和冒险的工作现实。这种现实对天真的期望第一次残酷冲击，可能会给大多数刚刚参加工作的人带来一个相当痛苦的阶段。例如，年轻的“MBA”们可能充满希望和热情寻找充满挑战的、不平凡的可以证明自己能力的工作，他们渴望在工作中发挥自己的专长，并获得提高以及晋升。但是现实却往往相反，他们可能被分到无关紧要的低风险职位上，工作根本没有什么难题，但很快却陷入了错综复杂的人际关系与部门冲突中。

其次，新人很难得到信任与重用。个人在进入组织的最初阶段，对组织的同事跟环境都不熟悉，组织对他也没有什么深入的了解，给他的工作很简单或者枯燥。假如，一直都保持这种情况，个人的工作积极性与才能就将遭受重大压抑，严重影响到个人未来的职业前途。

再次，新人和组织成员的隔阂造成危机。因为年龄和时代存在差距，老员工往往都会对新员工带有一些偏见或成见，认为新员工幼稚天真、不踏实、只会读书、没有经验、看不起人等。而工作中，老员工往往会感到新员工的威胁，因为新员工一般都受过更好的教育而且起薪较高。这就导致上司和一些老员工不能善待新员工，他们要么制造对新员工不利的舆论，要么故意刁难新员工，给新员工带来职业危机。

最后，人们可能经受的职业挫折造成危机。职业挫折就是人们从事职业活动以及职业发展方面的需求没能获得满足、行动受阻、目标没能实现的一种失落性状态。比如，当一个人希望谋求某个职位但无法得到，想获得晋升未能如愿，想发挥才能却没有伯乐，怀才不遇，虽然付出很多努力和精力，却由于种种原因没能实现目标等。产生职业挫折的原因主要包括：个人与职业不匹配、没能充分发挥才干、人际关系较差以及其他因素造成的职业挫折，另外还有工作的非人性化，职业的社会声誉不佳等。这些都能导致个人工作不顺以及工作成果得不到社会承认，从而造成了职业挫折感。

而职业生涯中期阶段一般正是复杂人生的关键时期，因为个人三个生命周期的交叉运行和个人特征的急剧变化，造成了许多人出现职业生涯危机。主要表现在以下三个方面：

1. 有些人缺少明确的组织认同与个人职业认同。假如一个人工作了十余年，却仍没有找到适合自己的职业，还没有明确的特长与成就，工作成绩平庸，他就可能陷入没有认同的工作、不被群体赏识、没有高级地位、悄无人知的境地。他无法跟家人和朋友描述自己的职业岗位，而且也无法清楚认知自己的成就与作为。

2. 现实和职业理想不一致。当一个人现实职业发展和他早期的职业目标和理想不相符时，就会出现以下情形：即使从事理想中的职业，也没能取得所期望的成功。与早期的职业设想和抱负相比，现实职业完全不同，并且成就感也低。如果是第一种情况，个人就常常感到失望和郁闷，甚至心灰意冷，失去信心与工作热情。如果是第二种，个人可能会无奈地、平庸地度过职业生涯，或者重新评估预期，完全改变职业、家庭与自我发展的状况，重新规划自己的职业与人生。

3. 职业境况发生急剧转折或下滑。常见的情况是：一旦工作失去了挑战性，有些人并不感到兴奋，相反会以为落入组织圈套，失去了进取心，对工作能应付则应付，缺乏生机与活力。这些人假如在保证经济收入不减的条件下，会戏剧性地转换职业或者重点转移，比如从以事业为重心，变为以家庭与个性发展为主。

而当人们进入职业生涯后期，往往意味着人生老年时期的到来，因为职业能力和身心条件发生了极大变化，因而此时出现的职业危机具有不可逆转的特性。具体来说有下面四个方面。

1. 职业能力衰退。由于年龄增长，不仅人的体力、精力与生理机能慢慢退化，就连知识和技能也明显老化，此阶段人们的学习能力也在下降，对于新知识和技能水平无力更新与恢复，因此职业工作能力与竞争能力也在衰退，人们往往感到有心无力。

2. 权力、责任与中心地位下降。一代新人换旧人，此阶段人们的工作权力和责任在逐步减低，社会中心地位下降，令人们明显感到危机的存在。

3. 家庭“空巢”心理危机。子女已经长大独立，远离父母身边，家庭出现空巢，夫妻二人相依为命，很多人因为子女的“飞走”失去精神寄托。

4. 对自己整个职业生涯的认同危机。人们在回忆与总结自己的整个职业生涯时，假如感到满意的，就会生出满足和人生没有遗憾之感，但很多人却对自己无法满意，由此陷入追悔与绝望之中。

职业生涯规划的定义和形态

职业生涯规划指结合时代特点，依照个人的职业倾向来明确最佳的职业奋斗目标，并为其能够作出有效的安排。

它是在个人和组织相结合的条件下，在测定分析了自己职业生涯的主客观条件并研究总结的基础上，对自己的爱好、特长、经历、能力与不足等综合分析及权衡之后才作出的决定。诸如，对职业的近期以及远景的规划、职业定位、阶段性目标、实现方法、评估和行动方案等一系列计划和行动。

规划职业生涯，不仅是为帮助个人凭借自己的资历条件谋求工作，实现个人目标，更重要的是为帮助个人真正了解自己，确立个人事业，为未来做打算，设立终身方向与目标，更准确评估内外条件的优缺点，对职业发展设计出合理并可行的方案。

根据时间长短，职业生涯规划可分为四种类型，包括短期规划、中期规划、长期规划与人生规划。

短期规划，一般指 3 年以内的规划。主要是明确近期目标，规划近期必须完成的工作。中期规划通常是 3 ~5 年。长期规划通常是 5 ~10 年。人生规划则指整个职业生涯的规划，确立整个人生的发展目标以及阶梯，时间可长达40年。

一般而言，长远的职业生涯目标往往显得粗泛、不详细，有可能会跟随形势的变化而变化，因此勾画出大体轮廓即可。中期目标为3~5年，相对于长远职业生涯目标要具体一些。而对于近期目标，设计时不妨具体到年、月、周。通常，短期计划应该服从于中期计划，中期计划应该服从于长远计划，这样层层构架，组成系统的计划。但具体执行时，跟设计的过程恰恰相反，要先从具体短期的目标开始执行，当逐一达成了短期目标，中期目标就开始达成，而达成了中期目标，就能逐步达成长期目标。此外，一个好的计划还需要反馈机制，这样才能依据环境与实施的结果，及时得到评估与修正，更有利于最终目标的实现。

职业生涯规划的主要内容

职业动机、已具备的才干、企业和社会环境、未来方向与目标、成功的标准、具体方案及个人、家庭和职业生涯的协调等，是职业生涯规划中要明确的主要问题。这些职业生涯规划的主要内容，是规划制订者对个人价值观和能力的认识以及对职业生涯发展的自我把握程度的反映。

通常，完整的职业生涯规划主要包括10个方面的内容。

1. 题目。题目除了要反映出职业生涯个人化的特征，还要展现时间坐标原则。一般要有：规划者姓名、规划的时间、起止时间、年龄跨度等。开始日期必须详细到某年某月某日，截止日期可以到年。题目通常显示了职业生涯规划属于哪个人，是阶段性的还是终生的。

2. 职业方向。职业方向就是选择具体的职业，例如律师、教师、医生、建筑师、画家、企业家等。对职业方向的选择反映了个人的职业生涯动机，也可以称为主观愿望。

3. 社会大环境分析结果。通过分析社会大环境，来了解自己所处国家或地区的政治、经济发展趋势，所选定的职业在社会中的位置，以及时代背景对此职业的影响等。

4. 组织分析结果。包括组织所属行业，组织在本行业中的位置以及前景，组织的服务和产品的市场前景；组织主要领导人的理想和能力；组织的文化和制度，尤其是组织用人制度；个人对组织未来战略、组织文化以及管理制度的认同程度；组织结构的发展趋势，组织能提供的教育培训机会，个人的职务晋升空间；个人薪酬的发展空间等在本组织内实现职业生涯的可能性。

5. 角色及其建议。在自己职业生涯的开发管理中，谁扮演了什么角色，他们的作用和建议是什么，如何与他们保持联系、联系的频率和目的等。家人、上司、职业规划专家等有何建议与要求，对这些本人不需要完全赞同，但要客观地记录以备用。

6. 目标和实现时间。在规划中，职业生涯目标指那些能够被预见的最长远目标，可分为：时间目标、职务目标、能力目标、成果目标与经济目标五项，并不互相排斥。

7. 成功的标准。这是与职业生涯相关的价值观问题。例如，假如没有得到预期的职务算不算失败？即使得到预期的职务，能意味着全部成功吗？怎么估测非职务目标的成功？家庭和职业生涯成功，究竟哪个更为重要？有些人认为事业的成功就等于职业生涯的成功，他们为了事业会放弃身体健康与家庭幸福。有些人则认为，职业生涯就是保障个人事务与家庭生活的基础，假如能起到基础的保证作用，职业生涯就算成功。有些人则认为职业生涯的真正成功在于个人事务、职业生涯和家庭生活的协调发展。人的价值观念也是不断变化与修正的。

8. 自身条件和潜力测评结果。职业生涯设计能够帮助人们真正了解自己。人们对以往的职业生涯进行自我总结，分析个人成长背景，对能力和潜力实行自省，确立职业发展预期目标；把自己的条件、发展潜能和发展方向跟机遇和制约条件相对照，最后得出清晰的自我认知，也就是明白自己过去做了什么，想做什么，能做什么。利用业绩评估以及其他检测方法能够显示现有知识水平、专业和管理能力、身体健康情况等，潜能测评则能够帮助人们发现自己的潜力。

9. 差距。对目前自己具有的条件与实现目标所需知识和能力进行分析，看清自己实际能力跟要求的差距。诸如在价值观念、专业知识、运作能力、承担压力和挫折的能力、语言沟通能力、文字表达能力、适应环境能力等各方面存在的差距，一定要具体而详尽。

10. 缩小差距的方法。按照自己差距的具体内容，实施相应的解决方案。例如参加教育培训，就要依据能力差距以及目标分解来确定培训的目标，以及详细内容、日期和地点、途径等，教育培训计划重点在于能够执行。再比如讨论交流应选定讨论交流的对象、议题、时间与方式等，以得到建设性的意见。或通过实际工作提高能力，尽可能改变工作内容和方法，把精力投入到难度较高的事项中。

职业生涯规划的五大步骤

职业生涯规划通常经过职业自我综合评估和职业定位、对职业生涯的机会评估、确定职业生涯目标和路线、制订职业生涯策略、调整职业生涯规划等五个步骤来完成。

一、职业自我综合评估和职业定位

职业自我综合评估和职业定位，是一种常用的基本的职业生涯规划方式，通过对自我、自我目标、环境与状况的综合分析及鉴定，职场中人可以更好地选择职业路线并设定职业目标。从事职业活动时，就可以在重点项目上集中花费人生有限的精力和时间，从而少走弯路，减少失误，取得相对优势，获得较高的工作成就。

关注自我剖析的核心作用和内容，具有十分积极的影响，不但可以让人长远规划自己的职业，而且在职业管理中，它能让人提高个人责任的意识，督促检验以往所做的职业选择及其效果，并据此指导未来的职业选择。除此以外，自我剖析还能激励人们去尝试新事物，挑战更困难的工作，让人们在各个方面获得更多的机会。所以作为职业生涯规划的基础，自我剖析直接关系到个人的职场成败。

二、职业生涯发展机会评估

职业生涯发展机会评估就是指评估各种内外环境因素对个人职业生涯发展的影响。环境能够为人们提供活动空间、发展条件以及成功机遇。尤其是近年来，社会的深层变革、科技的日新月异、竞争的白热化等对个人的职业发展产生了巨大影响。这种形势下，个人假如能够充分利用外部环境，就有助于获得事业成功；相反，若不能善加利用，就会遇到各种阻碍，无法实现目标，取得成就。

制订职业生涯规划，就要分析环境的特点、环境的变化、个人与环境的相互关系和环境带来的利弊等。环境分析主要是通过对企业环境特别是企业发展战略、人力资源需求、晋升机遇的分析，还有对社会环境与经济环境等要素的分析和研究，明确环境对职业发展的作用和影响，以便顺利地规划职业目标和选择职业路线。

三、确定职业生涯发展目标和路线

职业发展离不开确定的方向和目标，选择目标是职业发展的关键所在，因为坚定的目标就是追求成功的动力源泉。

选择目标应该根据个人最优秀的才干和性格、最有利的环境以及兴趣等条件作出决定。目标的确定通常要经过五个步骤：第一步，通过自我分析找出自己的特长和优点。第二步，通过对内外环境的分析来确定自己的地位和角色。第三步，选定职业与职业生涯路线，也就是决定未来的发展方向。第四步，设立职业目标，并把它详细明确地写出来。第五步，制订相应的行动计划和策略措施。

四、制订职业生涯发展策略

一旦明确了职业生涯目标，自然就要努力去实现它。但要想达成职业生涯目标，就要有相应的职业生涯策略为其保驾护航。职业生涯策略，就是为追求达成职业生涯目标而采取的行动与措施。比如，为实现工作目标，在提高工作效能方面，我们计划使用什么办法，又计划使用何种方法来提高业务能力和素质，以及计划采用何种方式开发我们的潜能等，这些都要有具体详细的内容。参加企业的教育、培训和轮岗，建立良好的人际关系网络，业余进行学习，掌握更多技能与知识，这些都是职业目标达成的具体措施。

除此以外，职业生涯策略还包括为平衡职业目标和其他如生活目标、家庭目标等付出的种种努力，这些努力令个人在工作中获得良好表现和业绩。因此职业生涯策略必须具体、明确，才能方便定期检查落实的情况。

五、调整职业生涯规划

对职业生涯规划调整的具体内容是：重新选择职业、选择职业生涯路线、修正职业生涯目标、变更措施计划等。

“计划不如变化快”，当人们遇到突发事件时，经常这么调侃。实际情况正是这样，自身与外部环境条件常常有所变动，职业生涯规划也要有相应的变化。由于对自身与外界环境缺乏足够的了解，在制订职业生涯规划之初，设立的职业生涯目标经常是模糊或者抽象的，甚至可能是错误的。这样经过一个时期的实践后，人们通过反省以往的行动措施，能够检验这种职业定位和职业方向是不是真正适合自己。在实施职业生涯规划的过程中，通过自觉地总结经验与教训，以及对职业生涯规划的估测，能够修正对自我的认知，然后通过反馈和修正，纠正最终职业目标和分阶段职业目标的偏差，保障职业生涯规划的有效执行。并且通过评估和修正，人们还可以极大增强达成职业目标的信心和勇气，激励自己不断前进。

调整职业生涯规划可以使个人职业目标更符合自身发展和社会发展的需求。调整职业生涯规划的过程是个人对自己和社会不断认识的过程，保障了职业生涯规划的有效执行。如果我们还没有制订职业规划不妨根据职业生涯的主要内容和步骤，给自己制订一个职业规划。

良好职业生涯规划的要求和原则

实施职业生涯规划，通常需要考虑实现目标的途径，实现该目标所需的能力、训练或教育、实现该目标的积极力量，实现该目标的阻力这几个内容。

职业生涯规划的内容和措施应该具体而详细，比如确立实现目的的途径，应该具体到是通过关系抑或通过自己的努力来实现目的，或者通过获取文凭来实现，怎样进行教育与培训，这个费用由谁来支付，培训时间和地点的确定，由什么机构和单位主持培训，获得培训会遇到什么阻力，以及如何克服？获得教育的积极要素是什么？这些问题都在考虑范围之列。所以良好的职业生涯规划必须具备四项要求。

一、要求具备可行性。规划是按照实际情况作出的。这包括个人的能力兴趣、气质性格以及竞争力，还有组织的发展状况与机遇等，绝非脱离实际的妄想。

二、要求具备适时性。就是设立的目标要符合当时的状况，所有活动都要有执行措施以及时间表。

三、要求具备适应性。应该适当地考虑到环境的变化，规划必须有一定的弹性，也就是伸缩性，以适应环境的变化。

四、要求具备持续性。职业生涯规划的各种活动，并非各个年龄阶段只有单独的目标，而是在各年龄阶段都有共同目标，并按逻辑顺序进行。

制订职业生涯规划应遵循哪些主要原则呢？

一要遵循清晰性原则。考虑目标和配套措施是否清晰、明确，达成目标的步骤是否直接、可行。

二要遵循挑战性原则。目标和措施应该具有一定的挑战性。

三要遵循变动性原则。目标和措施应该具有一定弹性或缓冲性，可以依据环境条件的变化而作出调整和修正。

四要遵循一致性原则。大目标和各小目标应该保持一致，目标和手段应该保持一致，个人目标和组织目标应该保持一致。

五要遵循激励性原则。目标应该符合个人的性格、兴趣以及特长，应该能对自己有内在的激励作用。

六要遵循合作性原则。自己的目标和别人的目标应该具有一定程度的合作性和协调性。

七要遵循全程原则。制订职业生涯规划，应该考虑到生涯发展的整个历程，对全程应有整体的全盘考虑。

八要遵循具体原则。生涯规划对各阶段路线的划分和安排，必须详细具体，能够执行。

九要遵循实际原则。应按照个人特质、社会环境与组织环境等因素的特点，选择确实可行的方式方法。

十要遵循可评量原则。职业生涯规划的设计应设立明确的时间限制以及可以量化的标准，便于评测和检查，才能随时掌控执行进展，并以此为参考依据来修正规划。

职业生涯规划的重大意义

职业生涯将伴随人们的大半生，甚至更久，要想获得完美人生必须拥有成功的职业生涯。职业生涯规划对个人而言，具有非常重要的意义。

它首先有助于全面深入、更客观地分析及了解自己，对职业生涯发展有明确的定位。

通过全面评估职业和自我，不仅能形成个人的价值观和人生观，明确行事的基本原则与价值目标，而且能通过辨析人格特征、兴趣性格等来掌握自己的优缺点。此外，还能熟悉自己掌握的知识与技能，并且经过这几个层次的自我剖析，对自己有比较客观、全面的认识与定位。

其次，职业生涯规划能帮助我们通过自我剖析和定位，设定明确的职业目标。

对整个职业生涯来说，目标设定可以分为多个层次和阶段。很多人都喜欢从事不止一种职业。一个多层次的目标设定能有利于人们脱离困境，保持开放灵活的心态。职业生涯跨越个人的青年、中年甚至老年等人生阶段，而且人在各阶段呈现出不同的特点，在体能和精力、技能和经验、为人处世等方面都具有明显差别，因此对制订符合实际的阶段性目标大有帮助。

再次，职业生涯规划能够促使人们利用种种积极行动和措施去追求职业目标的实现。

目标实现的具体内容，不但包含工作表现和业绩，而且还包括工作范围之外的具有远见的准备，比如通过业余进修学习更多的技能与知识。另外，目标实现还包括为取得职业目标和其他目标的平衡而付出的努力和汗水。倘若一味追求职业目标而忽略了其他目标，比如生活目标和家庭目标等，就很难长期保持优秀的工作业绩，而且职业目标的达成也会遇到许多障碍，浪费人们的精力和时间。在追求职业生涯目标的过程中，人们就能按照实际情况自觉总结经验与教训，来修正自我认知以及界定最终职业目标。

最后，它有利于个人及时调整生活和工作的需求。

人们的职业变动，带来个人需求和工作需求的变化。而职业生涯规划能帮助人们确立自己的人生目标，在家庭和朋友、工作和兴趣的需求之间保持平衡，作出正确的职业选择。比如对某项工作是接受还是拒绝、是否选择跳槽、是否该换一个更具挑战性的工作以及是否辞去压力巨大的工作，只有通过工作与生活的不断冲突和调适，才能更透彻地明确自我认知与定位，才能弄清自己真正的爱好及适合何种职业，如何生活才会更幸福。

早日确立个人职业生涯目标

有人或许会问，为什么一定要规划职业生涯？回答这个问题之前，先请做个有趣的心理游戏。

现在请闭上眼睛，回想一下身边红色的东西都有什么……这时，你可能想不出几样来了。好了，请睁开眼睛，看看周边，都遗漏了什么？有条件的话，不妨和几位朋友一起做这个游戏，会有更明显的效果。因为别人往往能看到自己疏忽的。

通过这个实验可知，其实红色物体，一直都存在身边，但当我们没有明确目标要去看它时，就会对它们视而不见。目标就是感官的过滤器，当人有了明确目标，就会见到以前没看见的东西，所需资源将源源涌来。

我们在生活中可能会有类似的经验。假如有人刚买了一辆蓝色自行车，就会突然发现路上有许多同样的车。假如有人穿了一条好看的裙子，她常常会发现许多人穿的都是相同款式裙子。这类现象，就是“选择性的注意”。

所以规划后的目标产生的力量，就如同镭射光，不但可以提高人们的觉察能力，还可以集中能量，透过重重屏障，取得神奇效果。

同时，目标能让人从内心产生安全感，心中的能量、资源与智慧，将不断涌现；能让人意志坚定，做事有始有终，并有的放矢。如果有兴趣不妨按照下面的表格来确立个人职业生涯目标，或许会给你带来不一样的人生。

人生目标
1. 岗位目标 2. 技术等级目标 3. 社会影响目标 4. 重大成果目标 5. 其他目标 价值观简要说明： 达成人生目标的战略要点：
长期目标
1. 岗位目标 2. 技术等级目标 3. 收入目标 4. 社会影响目标 5. 重大成果目标 6. 其他目标 价值观简要说明： 达成人生目标的战略要点：
中期目标（一般 5 年以上）
1. 岗位目标 2. 技术等级目标 3. 收入目标 实现中期目标的战略要点：
短期目标（一般 1 年以上）
1. 岗位目标 2. 技术等级目标 3. 收入目标 短期计划细节 （1）短期内完成的主要任务 （2）有利条件 （3）主要障碍和对策 （4）意外事件与应急措施 年度目标和年度计划的细节一般另行安排，以保持职业生涯计划的相对稳定

个人职业生涯规划表

日期：　　年　月　日

姓名		性别		年龄	
所在部门		政治面貌		婚姻情况	
职业选择			流动意向		
个人经历	教育经历				
	工作经历				
	培训经历				
个人因素分析					
环境因素分析					
职业生涯目标	人生目标				
	长期目标				
	中期目标				
	短期目标				
短期计划和措施					
中期计划和措施					
长期计划和措施					
人生规划和策略					
所在部门主管审核意见					
人力资源部门审核意见					

纠正十二种严重阻碍职业生涯的行为方式

哈佛大学商学院 MBA 生涯发展中心主任华得卢以及巴特勒博士，受《财星》500 强企业的委托，担任咨询顾问或教练，协助一些明明被看好却表现不好，就快要被炒鱿鱼的主管们，以及即将被晋升到最高阶层，却有个性特质障碍，或者表现不错，但潜力犹待发挥的企业员工。另外，他们还长期辅导哈佛大学商学院的毕业生。

在20多年的时间里，华得卢和巴特勒成功地辅导出了上千个“晋升者”。

为什么有才华的人会遭遇失败？怎样才能避免失败？

为了回答上面的问题，华得卢与巴特勒经过20年的研究写作了《别和成功擦肩而过》一书。什么样的行为方式会变成致命缺陷，严重地阻碍事业的成功呢？在书中，华得卢和巴特勒总结出了12种行为方式。

第一，总是认为自己不够好。这种人大都患有“事业恐高症”。他们聪明且富有经验，可是一旦被提拔，就变得毫无自信，觉得自己不能胜任。另外，他们没有继续升迁的野心，因为他们觉得自己的职位已经很高了，也许低一两级可能还比较适合。这种自我破坏和自我限制的行为，有时是无意识的。然而身为企业的高级主管，这种无意识的行为却会令企业付出巨大的代价。

有一位从基层做起、领导过无数优秀下属的公司董事长，就看到过许多这样的人。他说：“他们并未给自己打一个对的分数，这种人对自己的看法是负面的，总认为能取得成就是因为自己运气好。因此，主管一定要协助这种人，让他们把自我形象扭转为正面的。”

第二，非黑即白地看世界。他们眼里的世界非黑即白，因为他们认为，任何事物都应像有标准答案的考试那样，客观地去评定优劣。他们总感觉自己在捍卫信念、坚持原则，可是这些原则，别人有可能完全不放在心上。结果，这种人总是孤军奋战，也就常常打败仗。

如今，企业对这种人的容忍度正在下降，因为很难有人跟这种人相处得好。可能相对较为容忍这种行为的领域是艺术或者研发部门，离市场需求越远，就越适合他们。

对于这样的人而言，唯有不断地进行自我调适，才有可能活得更精彩。

第三，做太多，要求太严苛。他们要求自己是英雄，也严格要求别人达到他的水准。在工作上，他们要求自己和下属“更多、更快、更好”地完成工作，甚至希望一周7天，每天24小时都在工作。结果他的下属被“赶”得筋疲力尽，纷纷“跳船求生”，留下来的人就更累了，最后离职率节节升高，导致企业负担加重。这种人从小就不断地被灌输“你可以做得更好”的理念，因此他们总是不停地工作，稍稍一停下来就会觉得空虚无聊。

年轻人极容易产生这种行为方式，并且很难改掉。华得卢和巴特勒指出，这种人适合独立工作。若是当主管，一定要专门雇一个人，在他对下属提出过多的要求时，直言不讳地提出来。

第四，和平至上。这种人总是不惜一切代价地避免冲突。事实上，不同意见与冲突反而能够激发活力与创造力。一个本来应该为下属据理力争的主管，为了避免发生冲突而沉默不语，可能会被下属或者其他部门轻看。

为了维持和平，他们总是压抑自己的感情，最后导致自己严重缺乏面对冲突以及解决冲突的能力。这种人的性格不容易发生改变，但是绝对可以看情况进行适当的调整。

第五，强横地打压反对者。通常而言，男性较容易有这种性格。他们言行强硬，不留情面，就像一台推土机，凡是阻挡去路者，一律铲平。由于横冲直撞，攻击性太强，又不懂得绕道的技巧，最终也会伤害到他们自己的事业。

对这种凡事喜欢“先发制人”的人，华得卢和巴特勒认为，必须训练他们具有同情心，让他们懂得“你愿意别人怎样对待你，你就要怎样对待别人”的真谛，为别人想一想。

第六，天性叛逆。叛逆是许多美国人的天性，他们总是为了理想，奋斗不懈。在稳定的社会或者企业中，这些人总是很快就能表明立场，认为妥协就是耻辱。假如没有人注意到他们，他们就会变本加厉，直到有人注意到他们方肯罢休。通常，大家觉得他们“喜欢引人侧目”。对这种人，华得卢和巴特勒认为，他们应指定一位同伴，在他们开始叛逆的时候，就会进行有效的阻止。

第七，急功近利。这种人过于自信、急于成功，就像打击手整天梦想击出全垒打一样。他们不切实际，在找工作的时候，不是龙头企业就免谈，不然就自立门户。一旦进入大企业工作，他们多半会自告奋勇，要求负责那些超过自己能力的工作。结果任务没有达成，不过他们不会停止挥棒，反而希望用更好的成绩来弥补之前的承诺，最后就变成了“常败将军”。华得卢和巴特勒指出，这种人多半是心理上缺乏自我肯定，一定要找到心理根源。此外，也必须强制自己“不作为，不行动”，才能停止不断挥棒的行为。

第八，过于消极。他们是典型的悲观论者，一向喜欢杞人忧天。在采取行动之前，他们会想象出所有负面的结果，并因此而感到焦虑不安。这种人如果担任主管，会遇事拖延，按兵不动。由于过于在意羞愧感，因此经常担心下属会出状况，令他们难堪。哈佛大学著名校友、美国历史上最有名的总统之一罗斯福说过：“我们唯一需要害怕的，就是害怕本身。”华得卢和巴特勒认为，这种人一定要训练自己，在考虑任何一件事情的时候，一定要列出清单，同时列出事情的利与弊、改变与维持现状的差别，控制自己心中的恐惧，让自己变得更加具有行动力。

第九，冷漠无情。这种人完全不了解人性，很难明白恐惧、爱、愤怒以及怜悯等情绪。他们在打电话的时候，连“你好”都不说，就直接切入正题，缺少将心比心的能力，他们总想将情绪因素排除在决策过程外。工程师、会计师等专业的人，常常会出现这样的行为方式。华得卢和巴特勒认为，这种人一定要给自己做一次“情绪检查”，以清楚自己对哪些感觉比较敏感。问问朋友或者同事，有没有发现你忽略别人的感受；搜集自己行为方式的实际例子，重新演练整个情境，改变自己的行为方式。

第十，眼高手低。他们嘴里经常说：“这些工作真无聊。”但是他们内心的真正感受是：“任何工作我都做不好。”他们希望自己年纪轻轻就功成名就，可是他们又不愿意向别人学习、求助或者征询意见，因为这样会被人认为他们“不胜任”，因而他们只好不懂装懂。并且他们常常要求尽善尽美，却又因为能力不够而严重拖延，从而导致工作严重瘫痪。华得卢和巴特勒指出，这种人必须进行自我检查，并且学会正视失败，因为只有经历过失败，才能获得成功。

第十一，说话不看场合。不懂得交际的人不明白，有的事情可以公开谈，有的事情只能私下里说。这种人一般都是好人，没有心机。然而，有一句话这么说：“通往地狱之路是由善意铺成的。”在讲究严格的组织层级的企业，这种说话不看场合的人，只会断送自己的职业生涯。这种人必须随时给自己竖立警告标示，以提醒自己什么可以说，什么不可以说。

第十二，没有归属感。他们总感觉自己失去了生活的方向，“我走的路究竟对不对?”他们常常产生这样的疑问。他们有种无力感，觉得自己扮演的角色可有可无，感觉自己跟不上别人的脚步，缺乏归属感，人生充满了挫折。华得卢和巴特勒指出，这种人应当重新找出自己的价值以及关心的事情，因为这是一个人生命的最终本质与目的。

在工作中寻找乐趣

一位伟大的商人曾说过这样一句话："如果你视工作为一种乐趣，人生就是天堂；如果你视工作为一种义务，人生就是地狱。"

其实生命原本并无意义，只是因为人们赋予了它意义，它才变得有意义起来。工作也是如此，它本身无所谓有趣没趣，我们所做的工作是单调乏味还是充实有趣，通常取决于我们工作时的心境。工作就是工作，它永远不会像休闲娱乐一样充满了喜悦和新奇，关键是我们怎样在工作中寻找并创造乐趣。

不知道大家有没有这样的感觉，解决了工作难题时是我们最开心的时候，得到赞扬和肯定时是我们最欣喜的时候，获得胜利果实时是我们最骄傲的时候，拥有成就时是我们最幸福的时候。所有的这些，就像星星点缀着黑色夜空一样点缀着我们的生活，使我们的世界变得更加绚丽多姿。

当然，我们每个人都有可能会厌倦每天重复着上班下班公式化的生活，每天机械般的工作，我们矢志不渝地追求自己心中远大的理想、抱负，小小的进步早已被自己忽略，小小的收获早已无法令自己满足。所以，更多的人，受困在种种不大不小的烦恼和挫折之中，得与失、成与败就好像一片沼泽地，在这个沼泽中挣扎、气馁，却又感到无可奈何。确切地说，很多人都在烦恼、挫折、挣扎、气馁中忽视甚至忘掉了工作给自己带来的乐趣。

工作过程中的苦与乐，爱与厌，全在我们的一念之间。有些人整天郁郁寡欢，抱怨自己的工作没别人的好；有些人则整天心情舒畅，把工作当成享受。中国有句名言：三百六十行，行行出状元。这不只是在强调每一项工作的重要性，更是在说明每一项工作都将会大有作为。

莱特在麦当劳工作，他的工作是煎汉堡。莱特工作起来非常投入，也十分快乐，尤其在煎汉堡的时候，他更是用心，当人们看到他如此愉快地煎着汉堡时，都对他为何如此开心感到好奇，就经常有人问他："煎汉堡这么单调乏味的事，为什么你却能如此愉快地工作呢？而且，这里的工作环境并不太好，要是换了别人，肯定会愁眉苦脸的。"

正在煎汉堡的莱特就会告诉他说："在我每次煎汉堡时，我便会想到，如果点这汉堡的人可以吃到一个精心制作的汉堡，他就会很高兴，所以我要好好地煎汉堡，帮助吃到我做的汉堡的人能感受到我带给他们的快乐。看到顾客吃了之后十分满足，并且神情愉快地离开时，我便感到十分高兴，心中仿佛觉得又完成一件重大的事情。因此，我把煎好汉堡当作是我每天工作的一项使命，要尽全力去做好它。”

顾客们听了他的回答之后，对他能用这样的工作态度来煎汉堡，都感到非常钦佩。他们回去之后，就把这件事告诉周围的同事、朋友或亲人，一传十、十传百，很多人都来到这家麦当劳店吃莱特煎的汉堡，同时看看这位“快乐的煎汉堡的人”。

顾客纷纷把莱特认真、热情的表现，告诉了麦当劳公司。公司主管在收到许多顾客的反映后，也去了解情况。公司有感于莱特这种热情积极的工作态度，认为值得奖励并给予栽培。没几年，莱特便升为大区经理了。

莱特把做好每一个汉堡，让顾客吃了开心，当作是自己的工作使命。对他而言，这是一件有意义的工作，所以他满怀信心、热情地去做工作。

我们如果也能像莱特那样，把每项工作都当作人生的使命，尽量把它做得完美，我们的成就感和信心就会越来越强，工作起来也会越来越顺畅。当别人看到我们热诚、全力地把工作做好时，自然会给我们更多的机遇，无形之中就奠定了自己成功的基础。

工作并不只是谋生的手段，我们也可以把它看作是人生的一种快乐的使命，这样不仅可以很顺利地完成自己的工作任务，而且还会从中体会到工作的乐趣。还有，老板都不是瞎子，到了一定的阶段后，我们的收获会更丰厚，提升或加薪是必然的。

一般来说，工作中的乐趣是不会因为从事的行业不同而有所不同，只会因为个人的感受不一样而有所不同。所有的工作，只要我们喜欢它，并且全心全意地去做，就能找到乐趣，也必然会得到乐趣。问题的关键在于我们怎样认识和看待自己的工作。

俗话说：做一行，爱一行。只有认真工作才能够得到乐趣，工作的乐趣来自于我们可以胜任这项工作。而胜任一项工作就是不管我们做什么事都要学会去适应它，而不是让它来适应我们。工作的乐趣就像机会一样要靠我们自己去找寻。

某公司的老总曾有过一段留学海外的经历，那段时间他在比利时的一家餐馆打工，从洗盘子到后来的端盘子再到做服务生，最后成为比利时收入最高的服务生，一天的收入有5000元。重要的不是他的工资，而是他是怎样把这些工作做好的。在很多人看来，洗盘子是一件十分枯燥的工作，但是他却做好了，因为他找到了其中的乐趣。他说，在刚开始洗盘子时也很痛苦，后来想既然选择做了就要做好，并且要快乐地做，于是就换着花样洗，于是就有了“飞盘”等动作，他发现这样不但不枯燥，而且还能提高效率，不但没有以前疲劳，还有时间和心情观察大厨们怎样炒菜，慢慢地也帮别人传传菜，大厨便夸奖他有眼力。尝到甜头后他就更主动地做一些事情，院子里长草了，他觉得除草是项很有意思的工作，于是就干了起来。老板见他干得不错，于是把他调到前台端盘子。虽然端盘子的工作也很枯燥，但他想看看自己一只手能够端多少个盘子，后来他可以一只手放6个装满菜的盘子，在没有人帮他的情况下他两只手能拿17只高脚杯。后来他就做了服务生，因为他能够记住客人的姓名，所以很快就成了全比利时小费最高的服务生。

这位老总的经历十分有趣。的确，如果不能在工作中找到乐趣，如果不能自己创造出乐趣的话，再大的挑战也总有结束的时候，再好的计划也总有完成的时候，我们常常说，机会只给那些有准备的人，如果不能在工作中找到乐趣，也就没有时间和精力去涉足新的领域，更不会遇到成功的机会。

工作中的乐趣就如一支兴奋剂，能够给人带来激情；工作中的乐趣就像保鲜剂，使得我们对工作的热情历久弥新；工作中的乐趣就似润滑剂，滋润着我们的生活和生命。让我们从现在开始，立即热爱自己的工作，把工作当成自己的乐趣。

把职业当成事业来经营

一位著名的企业家曾说：“一个人如果能把本职工作当成事业来做，那么他就成功了一半。”

在很多人的眼中，职业就是生存的资本，是安身立命的保障，是一种靠技能来服务于人和社会的谋生手段，尽管“含金量”有所不同，但一旦失去，就会面临生存之忧。

为了生存，大部分人都需要有一份职业。如果仅仅把职业当成生存的资本，或仅仅只是把目光停留在工作本身，就可能会把所从事的工作当成苦役，即使从事的是你最喜欢的工作，也仍然没办法长久地保持工作的激情，这样就很容易得过且过，难有大的作为。

但是，如果一个人能把工作当成自己的事业来看待，情况就大不相同了。事业是一种积极、主动、创造性的劳动，它的荣誉感和使命感会立即将你工作中的一切不如意一扫而空。

而且，一个人一旦有了目标和追求，就会展现出良好的精神风貌、积极的工作状态和永不枯竭的前进动力，就会在工作中精益求精、开拓创新地作出一番看似难以实现的成就来。

职业与事业，既可以是一致的，也可以是矛盾的。当人们说“生活的压力和生命的尊严哪一个更重要”的时候，两者常常是矛盾的。职业如果只能够解决生存甚至生活的需要，并不能解决归属这个问题时，那职业并非你的事业。如果你可以在你的职业中找到归属感，就解决了职业与事业之间所存在的矛盾。

一位哲人曾经说过，工作时间的所作所为决定你拥有什么，业余时间的所作所为决定你是怎样的人。这里也说明了职业和事业的关系。工作时间通常是职业内容，而业余时间反而是在做事业。

现实生活中的烦恼与无奈，原因颇多，说到底还是得到并非所求，所求并不能拥有。在一个人从小到大的成长过程中，父母长辈并不知道孩子将来要成为一个怎样的人，但父母常常会希望孩子将来从事何种职业。许多人一辈子也没有搞明白在自己事业的选择上和父母产生矛盾的真正原因。孩子总是抱怨父母安排了自己的命运，这让他们很不快乐，因为他们根本不喜欢父母为自己安排的事业。

在一个无法掌握自己命运的环境下，生存依旧是一个问题。当一个人有了谋生方法后，生活的压力并非来自生存而是归属。归属的问题只有通过事业的追求来解决而并不是职业的成就。

金钱只能解决物与物之间交换的问题，买到物质能交换的一切。那些金钱不能解决的问题，也正是人类为之奋斗的事业。印刷钱币是一种职业，而创造财富，则是一种事业。

有职业的人是快乐的，有事业的人是幸福的。当职业与事业一致时，人才能将快乐与幸福全部揽入怀中。当职业与事业发生矛盾时，人们通常会感到非常痛苦，这种痛苦，其实就来源于自己的拥有与归属之间的矛盾。

当你拥有了梦想，明白了自己想要怎样的生活，要成为怎样的人，那么你就清楚了什么才是你的事业。无论你从事何种职业，都是为了实现自己的梦想和成就自己的事业。

也许你很喜欢自己的事业，但由于诸多原因，你只好从事另外一种职业。也许是你在年少时，长辈将你引上了特定的学习和训练道路，导致你拥有特定的知识与技能优势，而从事一种看似理所当然但你却并不喜欢的职业。你若已经意识到自己的职业并不是自己的事业，就要在对自己职业负责的前提下，努力向自己的事业方面转移。即便已经错过了精力旺盛的时期，对自己的事业追求也不能放弃，因为那是你的希望与梦想，是你的幸福与快乐所在。

万一你决定放弃自己的事业而将全部精力投入到自己的职业中去，也不要以为职业就能够解决你的归属问题，因为任何职业都只不过是给你一个位置而已，而并非给你未来。当然，你也许已将你的希望寄托于你为放弃事业而从事职业的原因中去了，有可能是你的子女，也有可能是因为你的爱人。然而请谨记，任何其他人都无法确保让你有归属感，同时也不要忘记，在业余时间做一些自己想要做的事。

曾经有人这样说，“老鹰有时飞得比鸡还要低，可鸡永远也无法飞得像老鹰那样高”。也许你是一只老鹰，阴差阳错地被安排在鸡的社会环境中，年幼时与鸡接受了同样的培养与训练，你的习惯与观点都与鸡非常相像。有时你还会由于不如鸡而被误解与欺侮。比如，你不如鸡会打鸣，不像鸡那般可以在低矮的灌木丛中奔跑。忽然有一天，你与鸡被带到山顶悬崖绝壁，鸡在你的同类老鹰的追逐恐吓中纷纷掉入深渊，而你则在挣扎中奋力挥动有力的翅膀而飞向森林之上的天空。顿悟的你清楚了自己的事业是飞翔，天空才是自己的归属，与鸡同样的生活只是你在找到事业之前的一段职业历程。

在职业和事业的关系上，人们的态度大致有两种：一是认为职业是谋生的手段，通过职业获得的劳动报酬，维系自己与家人的日常生活；二是把职业和自己的事业有机地统一在一起，在工作中，尽心尽力，竭尽全力，努力创新，力争成为本领域的领头人。

青岛港的许振超就是新时代的员工楷模，他就是一位将平凡职业视为事业干的人。他把全部的精力投入到工作中，“干一行，爱一行，专一行”。胸怀宽广，团结协作，带出了一支高效的卓越团队，创造了闻名中外的“振超效率”，在国际航运界享有盛名。许振超的爱岗敬业精神，是所有企业员工的学习榜样。

一个人如果具有远大抱负与崇高追求，那么他一定是一个将职业当成事业干的人！他们能够用一种平常的心态在平凡的岗位上努力拼搏，他们从来都不甘平庸地度过一生，他们用辉煌的业绩来实现自己真正的人生价值。他们具有坚强的意志与宽广的胸怀，坚定地走自己的路，对前进途中的困难和挫折毫不惧怕，也不会被社会风气所左右，颇有一种“任你东西南北风，我自岿然不动”的气魄，他们总是不断地超越自我，勇敢地攀登人生中新的高峰。

第八章

人际管理

排除职场人际交往路上的心理雷区

进入职场之后，在漫长的职场路上我们的心理上会出现很多雷区，要想完成好自己的工作，排除这些雷区是很有必要的。只有排除了这些雷区，我们才能获得良好的人际关系。

心理雷区之一：没法安定，跳槽成习惯

年轻的白领最容易犯这种错误。他们总爱频繁地跳槽，以致成瘾，不能在一个企业安定下来，有些人一份工作甚至做不到一个月。这种人认为理想的工作应具备“三要”：一要发展，二要高薪，三要可以跳槽。在某些求职者看来，这是为了寻找更好的机会，或者以自己本性如此为借口，其实这是非常错误的观点。

据说有个颇有天分的销售代表，三年内就跳了六次槽。每次他都感觉找到了一个新起点，可是有一天，他偶遇了前公司的同事，竟然吃惊地得知，这位当年貌不惊人、才华平平的同事，现在已经是公司的总经理了。这位同事当年和他一起进公司，能力和教育背景都远不及他。这位销售代表假若当时不急于跳槽，那么也许登上这个位置的人就是他了，他“跳过”了多少机会，谁又能得知呢？

心理学认为，求职者过于频繁跳槽是由于一种过度强烈的实现个人价值的欲望，跟人们成长的经历与环境有非常大的关联。然而不管怎么说，频繁跳槽对于个体的人格成长始终具有严重的负面影响。假如一个人总是属于“跳蚤一族”，自己就该认真考虑考虑，自身价值和理想之间是否存在差距。人人都想有赏识自己的伯乐，那也得先弄明白自己是不是千里马。而且做人应有长远打算，跳槽能够获得加薪，似乎满足了短期利益。然而就未来的发展而言，跳槽到新环境要花很长时间去适应，并且还要与新同事磨合，如此反复，刚在新环境建立起合作关系，就又跳走了，显然对自己的工作不利。而且频繁跳槽也容易错过一些企业或公司给予的发展机会。这种行为实在缺乏远见，只能说这样的人目光短浅。

心理雷区之二：害怕老板

这可是一个普遍性的问题，几乎每个办公室里都有这样的人，只是程度不同罢了。他们在老板面前工作时，常常显得畏手畏脚，总是担心走错一步路说错一句话。可是如果老板不在，他们就变得十分活跃，表现出机智聪慧的一面。

曾经有个案例，某董事长有一位高级执行秘书，她就是见不得老板的那种员工。她看到老板就会紧张，向老板汇报工作时，由于担心出错，常常浑身冒冷汗。只要是老板给她交代工作，她就感觉如临大敌，甚至紧张得寝食难安，弄得工作时无精打采，严重影响事业的发展。后来她找到心理医生，才解决了难题。

为什么会出现这种情况呢？这是因为人们看待事物时，往往都带有个人的主观色彩，对待老板也是如此。难免有一部分人由于个人心理因素夸大了老板的形象，因此面对老板时会不自觉地感到紧张、害怕。

当遇到这种情形时，大家可以找一张纸，列出老板的各种优、缺点，经过仔细观察，我们就能发现老板也不过是个普通人罢了，甚至在有些方面还不如自己呢，这样自然就不会夸大老板的形象，“老板害怕症”便不治而愈了。

另外，大家不妨换位思考一下，假若自己是老板，自己将如何对待下属？为了在下属面前树立威严，老板也需要端着架子，给下属指派任务，这样做是因为他所处的位子，而不是专门针对你这么做的。而且老板或上级要是分派任务给某人，这也是对他的一种信任。因此当我们面对老板时，没必要战战兢兢，过度忧惧。作为员工，对老板就用平常心即可，经过长期接触，员工就会明白，老板也不过是一个普通人，并不是什么洪水猛兽。

心理雷区之三：有过强的自我表现欲

对于30岁以下的年轻人来说，往往是“初生牛犊不怕虎”，无论做什么都争先恐后，冲在最前面，总希望在领导面前多多表现，有的甚至好大喜功，久了也难免令人讨厌。

某个“海归”男青年，在美国读完MBA，找了一份很好的工作，是一家名列世界500强的企业在国内设的办事处。没想到刚参加工作，老板让他做的都是一些琐碎繁杂的事情，他内心非常不满，总是想找到“做大事”的机会。终于遇到了一次招标会，他连续熬夜，精心准备了材料交给老板，希望能够博得老板的赏识。不料会议结束后收到的却是人事部门的解聘通知。原来，他竟然因为做事马虎草率，把“进口”弄成“出口”，给公司带来了很大损失。

导致职工产生这种极度表现欲的原因主要还是不能正确估计自己，自视过高，甚至自负。所以，我们首先应该有自知之明，对个人的能力要有个正确的评估。做事先要保质、保量地完成本职工作，才能再图其他。

心理雷区之四：总感觉背后有双眼睛盯着自己

有一些人总是下意识地感觉有眼睛在身后观察自己，盯着自己，而且这种情况不仅发生在职场新手身上，很多领导级的人物也过不了这关。

比如有些刚开始创业的年轻老板，往往会觉得下属都在盯着自己。即使有员工无意瞥他一眼，他也会想：这个员工难道轻视我？我是不是在员工面前表现得很无能？我分派任务时是否出了纰漏？

对于新职工来说，他们担心的事情更多。有一位刚入职的女大学生，本来是素面朝天，踏入社会后，为了给人留下好印象，特别重视仪表。甚至到了别人只要瞟了她一眼，她就到了浑身上下给自己挑毛病的地步。她会担心口红的颜色是否太艳，衣服领口低不低，发型是不是合适等。

通常情况下，这一类人都很敏感，而且不自信，他们还经常给自己施加莫名的压力，希望能够做得更好，却常常事与愿违。要想纠正这种误区，首先应该意识到，别人偶尔看自己一下，未必是特别关注自己，监督自己。而且很可能出于无心，或者出于欣赏。所以实在不必胡思乱想，背负沉重的压力。要自信，不要过于在意他人的眼光，走好自己的路，做好自己的事。

心理雷区之五：觉得压力太大

除了上述症状外，对于所有人来说，由于日益剧烈的社会竞争，各类职业人群均感到压力过大，这已经不是什么新鲜事了。我们面临的强大压力如果不能及时发泄，就会影响身心健康，导致精神沮丧，以致降低工作效能，甚至很多人无法抵御工作强压，而具有暴力倾向，心灵扭曲。

针对现代职场员工面临的巨大压力，有许多公司在关爱职工心理方面也有所行动，比如在办公区域设置“减压室”，用于帮助职工缓解压力；比如有些公司领导自愿贡献照片，贴在假人偶上，以供职工发泄。这虽然并非积极的做法，不过，毕竟亡羊补牢，犹未晚也。只是，我们应该在察觉压力之初就采取有效措施。比如闲暇时培养广泛的兴趣爱好，养花种草，弹琴唱曲，扩大社会交往，而不是让自己忙得除了工作就是工作，成为一个异化了的现代人，变成现代社会的“钢铁机器”。

人际关系的障碍与准则

职场中的人际关系，包括个人和上司、平级、下级以及客户等方面的内容。对于任何想要获得业绩和成就的人，处理好这些复杂的人际关系是非常有必要并且重要的。研究表明，90%的人失去工作并非是由于能力低下，而是由于态度不端正、行为没有分寸，或者很难跟别人有良好的互动。假如个人希望获得加薪或升迁，首先要有顶头上司的肯定和支持。假如自己跟同事和下属关系良好，在工作上就容易获得他们的积极配合，工作目标也就容易实现了。假如个人与客户有良好的人际关系，就会给自己带来声望和口碑以及较高的客户满意度，这些都是提升业绩的有利条件。

总之，拥有良好的人际关系会让我们在工作上如鱼得水，搞好人际关系也是工作管理中最重要的一环。谁都希望拥有优质的人际关系，为了建立优质的人脉，首先要明确优质的人脉关系都有什么障碍。清楚了障碍在什么地方，才能想方设法排除障碍，有的放矢。人际关系障碍主要有以下几个方面。

喜欢评论别人，不懂得赞美别人，欣赏别人，造成人际关系紧张。谁都乐意听好话，假如有人不懂得欣赏别人，过于吝惜自己称赞的语言，那么他也不会得到友善和支持。

总是希望改变别人，给人际关系带来障碍。每个人都有各自独特的生活方式与行为习惯，世界上没有绝对相同的人。人们总希望改变别人来适应自己，却不愿意主动去适应别人。在跟人相处时，出现问题，倒不如尝试改变自己，反省自身的错误。与其改变别人，不如改变自己。因此妄图改变别人的想法是错误的。

有条件的付出和爱，无法建立良好人脉。还没付出，就先想得到回报，这样的人际关系是不会好的。这样的情况就是心理有障碍，即便里面有付出的成分，也不是那么真诚与纯粹。付出和爱不应该掺入杂质，爱是无法计价和计量的。

不信守诺言和没有责任感也会导致人际关系不佳。每个人都有被关怀以及被爱的强烈需求。想要拥有良好的人际关系，就要言必行，行必果，勇于承担，对朋友和家人要有责任感，用实际行动来信守诺言。

缺少良好的沟通，也是人际关系的障碍之一。大家都爱用自己的方式来对待别人，而很少从对方的立场考虑问题。比如什么才是他真正想要的，什么方式是他喜欢并能接受的等，这也就造成了人际关系的紧张。

那么，怎样才能清除我们人际关系上的障碍，让自己获得良好的人际关系呢？那就需要遵照一定的准则来处理职场上的各种关系。这些准则是：互惠、互赖、分享、坚持与真诚。

一、互惠

建立人际关系的目的，不是为了表现爱的公开集会，而是为了满足双方的一种持续需要。一般情况下，付出就有收获，没有付出，当然就没有收获。对于人际关系而言，有的就是基于纯粹的友情，有的则是由于各种利益需求。人们跟朋友在一起，是由于彼此喜欢；而跟其他人来往，则是互通有无，为了各自的利益。如果想在职场生存下来，显然人们不能只跟自己喜欢的人做买卖。

二、互赖

假设有人在外地旅游，感到饥饿，想找地方吃饭，就跟一位服装店的老板打听附近有没有好的饭馆。结果对方不但给他推荐，还非常热情地介绍“某某饭店可是全城最好的餐厅了”，这自然引起了旅客的兴趣。当这位旅客信步来到饭店时，那里果然挤满了人。等他吃饱喝足准备结账时，服务小姐又热情地为他推荐：“先生，难得来一次这里，给您女朋友带套衣服多好啊！某某服装店，可是物美价廉哦，这是他们的地址。”说完递上一张名片，名片上写着服装店的地址和宣传词。也许不是所有的人都会前去，但总会有人去服装店一探究竟的，这就是互赖原则。

三、分享

建立人际关系网最好的方式就是分享，谁能分享得越多，得到的也越多。当人们愿意跟别人分享自己最好的东西时，不但会得到别人的感谢，还会得到更多的朋友。这种愿意与别人分享，愿意付出的心态，会得到他人的尊重和肯定，会留给他人正直、诚恳的印象，自然就“得道者多助”了。

四、坚持

假如目前自己的人际关系是有意义的、健康发展的，就应该持续下去。谁也不敢断定自己哪些朋友会在未来的某个时刻给自己带来什么利益或帮助。人生无常，也许在今天看来一些没派上用场的人和事，在某个时刻正是自己所需要的。认识新朋友，没必要忘记老朋友。虽然世界变得太快，但无论如何变化，只要坚持，朋友会越来越多，最终会帮得上自己。

五、真诚

对待家庭和亲人，当然要真诚，即便对于复杂的社会交往，真诚也非常重要。但是对“真诚”的把握要有分寸，比如每个人身边总有些朝夕相处但还不是知己的人，假如在言谈举止间不能掌握分寸，把自己的隐私和秘密告诉他人，难免因泄露心声给自己造成困境，招来谣言，因此在交往中，也要注意有所保留，不要将自己的底全盘托出。然而，当遇到了足以信赖或者自己非常了解又能保守秘密的人时，不妨交付真心。我们可以尝试先敞开自己的胸怀，将心比心，或许会得到更多真诚的回报。

建立良好人际关系的九个技巧

建立良好的人际关系目的是为自己的职业发展准备好人脉基础。以下是保持良好人际关系的九个技巧。

技巧一：注意自身形象

无论是员工还是管理人员，自己的一言一行都代表着公司的整体形象。所以平时就应该养成注意自身形象的习惯，这包括穿着打扮的外在形象，以及言谈举止所反映出的个人素质。

良好的个人形象也是促进事业成功的条件之一。

技巧二：主动与他人交往

假如一个人总是以清高自许，认为不合群是自己的优点，他就不能和别人很好地合作，无法适应团队性质的工作，也就很难得到别人积极主动的帮助及配合。我们应当经常主动跟同事和上下级多进行沟通交流，主动关心和帮助别人。其实，帮助别人就等于帮助自己。没有人是只靠自己就能成就伟业的。

技巧三：做一个幽默风趣的人

幽默可是人类智慧的最高境界。大家都喜欢说话幽默并且风趣的人，这种能力除了个别人是天生的之外，大都是可以逐步培养的。平时可以多积累幽默故事、尝试换用幽默的说法来表达自己的观点，另外要广泛培育自己的兴趣爱好，敢于在大众面前表现自己。

一旦具备了这种幽默能力，在与他人交往时，就很容易被人接受，有利于拉近彼此的距离。一个幽默的人，常常是一个富有魅力的人。

技巧四：要适当赞美他人

谁都愿意听好话，同事和下属也不会例外。找到对方的优点，并且真心赞美他，往往会取得很好的效果。当然，也要注意，赞美要做到适当与自然，有的放矢，不然会弄得更加尴尬。

技巧五：要善于控制自己的情绪

在工作和生活中难免会遭遇各种挫折、委屈与误解，这时要有控制自己情绪的能力。假如因为一些细小的人际摩擦与矛盾就动辄闹情绪、惹麻烦，甚至因为情绪问题影响了工作，那跟别人就很难相处，就会被团队排斥在外，工作中自然也就无法有效地沟通和协调。这就很难取得事业的成功。

技巧六：要学会换位思考

换位就是移情。所谓移情，就是站在他人的角度来考虑问题，也就是用别人的眼睛和心来看待并理解这个世界。孔子说的“己所不欲，勿施于人”，其实就是移情的最根本要求。

只有能够设身处地地为他人着想，才能让人更愿意与其交往。

技巧七：树立开放的心态

古语有云，“逢人只说三分话，未可全抛一片心”，很多人都将此作为自己的人生格言。其实，对一个完全陌生的人，如此提防情有可原，对自己的知己和朋友，则是贵在交心。否则，就容易拒人于千里之外了。

西方社会心理学有个“约哈里窗户”理论：与人交往是否成功，人际关系的健康发展，在很大程度上是由各人自我暴露区域的大小决定的。

约哈里窗户

	自己知道	自己不知道
他人知道	开放区域	盲目区域
他人不知道	秘密区域	未知区域

人人心中都有四个区域。一、自己和他人都知道的“开放区域”，也就是你知我知。二、他人已知，而自己却不知的“盲目区域”，也就是你知我不知。三、只有自己了解，从未向别人透露的“秘密区域”，也即我知你不知，这是属于个人隐私。四、自己与别人都不知道的“未知区域”，你我都不知，比如潜能、潜意识。

通常情况下，为了能让交往顺利，就要尽量增加“开放区域”，减少“秘密区域”。向对方敞开心胸，才能让别人了解自己，获得好感。心理学研究表明，人和人之间的交往是互动的，自己对别人袒露的区域越大，一般就可以获得对方相接近水平的“开放区域”，这种反馈是良性的。因此，想了解别人，就要先让别人了解自己。一般情况下，自我开放的区域跟人际关系的和谐度是成正比的。

技巧八：要容忍不同甚至对立的观点

能够容忍不同甚至对立的观点，是与对方建立合作关系的基础之一。切记不能把自己的意愿强加于人。坚持自己的观点不一定要对方接受你的观点。同一件事情，站在不同的立场可能会得出完全相反的观点，这并不奇怪。

比如有人设计了一个方案，自我感觉良好，可是在他人眼中可能会存在种种不足。当遇到不同观点时不必急于反驳，而是应该认真思考，他的出发点是什么？如何得出了与自己不同的观点？坚持原则，要懂得灵活处理。有自己的观点但不固执，懂得适当让步，才有可能达成共识、赢得对方的尊重，拥有更多合作机会。

技巧九：学会倾听与反馈

和别人交谈时，应该集中注意力，并注视着对方的眼睛，传达出自己正认真听取对方观点的态度。这会让讲述者感受到被尊重。能够倾听对方是表明对他人尊重的重要信号。不要打断对方，急于证明自己是正确的，这是人际交往中最易犯的错误。如果自己有理，事实早晚会澄清，倾听对方的理由，更容易和对方有效沟通。

假如有人对我们微笑，就要回报他以微笑；假如别人取得成就时，就要真心的赞美和祝贺。对别人的行动予以适当反馈，是加深沟通的有益桥梁。

怎样与“工作中的问题人物”相处

所谓工作中的问题人物，就是指那些有能力做得更好，但是却由于主观意愿而不去积极努力工作的人。这些人在工作中很难跟他人合作，不愿接受管理和约束，他们的行为甚至会破坏团队的良好氛围。有心理学家对“工作中的问题人物”进行了分类，这有助于我们了解他们。这些人可以分为两类。

一类属于“马蝇”式的“问题人物”。动物学家发现，马群看上去总是充满活力，是因为马蝇这种小昆虫，它时刻都在叮咬马。在任何一个马群里都会看到这样一种现象：马群里有很多马蝇，不停地叮咬马匹，马由于疼痒只能甩动尾巴不停地驱赶；假如还是拂之不去，马就会狂奔以期将之甩掉。结果就是马非但没有血尽身亡，反而因为不断地运动，而获得了更旺盛的生命力。

企业或组织在某种程度上可以被喻为马群。而那些自我突出、才干卓越、富有质疑与变革精神的员工，就是组织中的“马蝇”。某些企业管理者却认为他们是“问题员工”，甚至将其打入“黑名单”，因为这些人的确难以管理。那些具有马蝇特征的极富个性的员工，生性敏感，思维跳跃，想法多样。

管理者如何才能跟这类“问题员工”建立良好的人际关系呢？让自己成为更能干、更优秀的上级、给他们提供愉悦的工作环境，经常和他们积极有效地沟通，不要认死理以及只认得规则，赋予他们一定的权力，不要让他们难堪，倾听他们的想法。对这些人，应让他们有顺畅表达想法的通道，并能传达给领导。只有保障了“言路畅通”，才能对他们进行有效管理。

另一类是难以相处的“问题人物”。就个人角度来说，假如某人很难跟人合作，容易急躁冲动，个性过于张扬，戒备心很重，对他人充满敌意，那此人即是难以相处的“问题人物”。如果员工遇到一位难以合作的领导，并且此领导为人易怒，气量狭窄，带有攻击性，那此领导也属于“问题人物”。

“难以相处的问题人物”具体包括无所不知的人。此类人常自诩为专家，为人傲慢，对任何事情都想发表言论，有错却不接受批评。与这种人相处要尽量减少与他在一起的时间，在与他相处的有限时间中，尽量充分地表达自己的观点，不给他表现傲慢的机会。另外，在与这种人交谈时要言简意赅。尽量用简短的话语来清晰地表达自己的来意与要求，给对方一个干脆利落的印象，也让他很难施展傲气，就算是想摆架子也摆不了。

总是满口答应的人。此类人对别人的要求总是一口答应，然而很少兑现承诺，时间久了，令人无法信任他们。跟这种人相处时，尽量不要把重要的事情托付给他们去做，也尽量不要让他们与他人一起做事。

消极悲观的人。这种人总是非常消极，未经努力就很快得出某事办不成的结论，并且有一大堆的理由。与这种人相处时一定不要被他的悲观情绪所影响，保持自己乐观进取的状态。假如无法避免要跟这种人在工作中合作，那么就尽量在合作过程中，引导他看到事务积极的一面，比如问题解决后的开心、同事间的支持、上司的关心等，帮他克服消极心理。

跟同事相处要保持适当的距离

在职场上，与同事相处，太远太近都不好。太远了，就会给人留下不合群、孤僻、不好交往的印象。太近了，则易招来闲话和谣言，也许还让上司误会成个人拉帮结派。因此最难得的、最理想的同事关系就是若即若离，不远不近。

一些公司有一些不成文的“规矩”，比如升职者要请客，若身处这样的公司，当然不能免俗，那如何请客呢？

这就要视具体情形而定，比如加薪额度，职员级别等。但应掌握两条原则：一是要量入为出，必须考虑到个人的经济承受能力。二是要充分考虑身份问题，做事要有分寸。假若一名身份低微的小文员，请同事却哪高级去哪儿，不免招来闲话是非，甚至令他人厌恶。嫉妒的人也以为他太“招摇”，不小心可能还会触及上司的忌讳。因此凡有此类事情，依照旧例是最佳选择，跟着“前人”有样学样即可，没必要“独树一帜”。

假如有同事前来祝贺升职之事，并表示要请客，遇到这种情况我们该如何应对呢？

自然要多谢人家的好意，赶紧答应，不然就是不赏脸，不给同事面子，日后工作还要相处，还需要这些同事的鼎力相助，这显然是个和同事联络感情的好机会。但是，作为被请对象，也要心中有数，想想此人是跟自己向来交往愉快，友情深厚，此举纯粹出于真情，还是本来不过是泛泛之交，这只是“面子工程”，抑或不得已而为之？如果是第一种情况，自然受之无愧，若是第二种情况，不妨找个合适的机会回请他们，还上这个人情，不得罪人，也不占人便宜。

对于身处要职的人来说，当公司有“迎新会”以及“欢送会”这种迎来送往的活动时，要怎么办呢？公司欢迎会的目的是联络感情，假如对方是比自己职位高的人，当然要去。如果自己很忙，而新员工只是普通员工，那也未必非得出席，除非自己所处的工作岗位是公关以及人事部。既然是新同事，日后会有很多机会共处。

公司的欢送会一般对离职人员表达曾经共事的愉快，或感谢对方的努力。有时候情况会很复杂，不妨谨慎忖度后再行事。

比如，离职的那位跟自己是什么关系，有没有交情，交情多深等。假若之前丝毫没有接触，可以不必参加聚会，但出于礼貌，在国外按惯例会送一张慰问卡以表关心。在国内，可以跟对方交谈几句，互留联系方式，以示关注。多个朋友多条路，日后说不定还有共事机会。假若此人虽与自己交情普通却是自己工作中常接触的，那就应该出席聚会，来表达自己的友好和难舍之情，还要给对方真诚的祝福。假若此人是自己的助手或搭档等更为亲密的关系，除了参加大伙儿的聚会，最好私下再请请对方，或是送一点儿纪念品，并且尽量一直保持联系和通信。

有些人则遇到另外一些情况，由于自己的不懈努力，事业顺风顺水，不断得到晋升，但当年跟自己在公司一同起步的几位同事或好友，由于种种原因，仍原地踏步，有些还成了自己的下级。当跟这些人相处时，自己就会不太自然，无法拿出上司的架子，甚至战战兢兢，觉得这些人很难驾驭。

这真的没有必要，之所以人们面对自己的“旧日兄弟”时会这样，不过是心理作祟——不愿意表现过于高傲，惹来“得志后忘记旧日兄弟”的嘲讽。然而，表现得太随和，也会带来被人说“没有领导能力”等麻烦。

其实只要坚持原则，就容易应付了。在公事上，若自己跟他们是直接上下级关系，就要坚守“大公无私”的原则，无论对什么下属都态度一致，奖惩分明，不因为“关系不错”，而听之任之。当然自己的态度要诚恳，对事不对人。私底下不如保持原来的状态，若是投缘便诚心以待，如果合不来也没必要刻意去修好。

假如自己跟这些人并非在同一部门，那就更好办了，公事上没有直接交集，平时遇到不如就“友善”一番，也没必要刻意装出一副“上级”或“亲民”模样来，顺其自然就好。

一个人在职场上，必须和同事们保持适当距离，才可能真正受人欢迎。同时，应该学会体谅和宽容。无论职位高低，每人都有各自的工作范围与职责，因此“责、权、利”要分明，不要越俎代庖。我们应该铭记，不要说“这不是你分内事”之类的话，这种划清界限的语句会破坏同事间的友好协作关系。当我们准备一项工作前，不妨谦虚地咨询上司是否有什么好的见解和想法，也可以跟上司沟通，比如这个项目的目的是什么，完成任务需要进行什么活动等。一个优秀的上司会帮助他的下属更顺利地完成工作，而上司也会感到下属的尊重。

在职场中，无论对外对内，都切忌说长道短，像个“长舌妇”、“大嘴巴”。现实生活中常常见到这类人，他们往往气量小，爱说是非，很八卦。作为一个成熟的人，切忌同流合污。对朝夕相处的同事的隐私或缺点，保持缄默才是明智之举。“沉默是金”，走到哪里都是黄金格言。到处结党营私，制造流言蜚语，攻击对手，有害无益。除此以外，我们还应做到公私分明，这非常重要。为人处世，谁没有个关系亲近的朋友，或许他是自己的手下，也有可能是自己的上级，但不管私底下关系多么密切，在公事上，都不要因此有所偏袒或觉得有了倚仗。能成大事者，一定不会公私不分。而且哪个老板也不会喜欢这类人，更谈不上信任和委以重任了。

我们应该明白这些职场交往的法则，掌握好分寸，不要因此阻碍了自己事业的发展。

怎样和同事沟通

身处办公室内，无论与谁说话，都要注意分寸、讲究方式方法，最关键的是一定要得体，这样才能赢得好人缘。

办公室一族应该怎样和同事沟通交流呢？不妨参考以下方法。

一、语气温和，态度和蔼

在办公室里和人说话时，语气要温和，态度要和蔼，要让同事们觉得你有亲切感，而不是你刚一开口就把别人噎回去，也不要用命令的口吻与同事沟通。

在与同事说话时，不要用手指着对方，那样会让人觉得你很没有礼貌，让人觉得你是在侮辱对方。

如果大家的意见不统一，不能自以为是地强迫别人听从你的意思，有意见可以保留，对于那些原则性不是很强的问题，不必争得面红耳赤、你死我活。

在办公室里，有些人的口才很好，不能否认，但如果你要想展现自己，可以用在商业谈判上。如果你经常在办公室里逞口舌之利，同事们自然就会疏远你，并把你当作办公室内不受欢迎的人。

二、说话得体，不卑不亢

身处办公室内，无论与谁说话，都要注意分寸、讲究方式方法，最关键的是一定要得体。不卑不亢的说话态度，优雅大方的肢体语言，玲珑活泼的语言……这就是语言的艺术，掌握这种语言艺术，能够使你更自信。娴熟地运用这些语言艺术，你会收获更多。

三、收敛锋芒，谦虚谨慎

如果你是一位很有能力的人，你就可以在同事面前锋芒毕露了吗？如果你是老总眼中的红人，你就可以得意忘形了吗？你领到的工资或奖金比同事多，你就可以大肆炫耀了吗？当然不能这样。骄傲使人落后，谦虚使人进步。即使你能力再强也要谦虚谨慎，尤其是在职场生涯中，人外有人，天外有天，强中自有强中手，说不定哪天来了个比你能力还要高的员工，那你一定马上成为别人的笑柄。而且，你还要明白这样一个事实：如果你不懂得谦虚，即使别人表面上在为你恭喜、祝福，但内心里都在嫉妒你。

四、公私分明，不倒苦水

办公室里永远会有这样一些人，他们喜欢胡侃乱说，并以直性子为借口，经常向别人大倒苦水。这样虽然能很快拉近彼此间的距离，增加你们之间的友谊，从而亲切起来，但心理学家调查研究表明：事实上只有1%的人能够对秘密守口如瓶。如果你的生活出现危机时，如失恋、婚变等，还是不要在办公室里随便向人倾诉的好，特别是工作不顺利、对老板同事有成见时，就更不该在办公室里一吐为快。有心计的人是不会犯这样的错误的。所以我们不能在工作场所谈论这些事情，如果确实想倾诉心事，不妨选择在下班以后，找三五知己坐下来好好说说。

五、坚持自我，敢于表达

企业领导都欣赏那些能够坚持自我，有自我见解的员工，而绝不是那些没有思想的附庸。如果你经常对别人的意见持“好好好”、“是是是”、“行行行”的态度，那么你的光彩就很容易被埋没了。有自己的头脑，不管你在公司的职位高与低，你都应该让别人听到你的声音。大胆地说出自己的见解吧，无论你的意见有没有被采纳，你都会得到他人的尊重。

寻求同事的帮助有技巧

在运用关系网为自己或他人办事时，很多人都认为同事之间只存在猜疑和忌妒，这实际上是一个非常错误的认识。在当今社会，同事之间更需要同舟共济，特别是因为在一起共事，友谊会自然而然地产生，一个人在家与家人相处和在单位与同事相处的时间几乎差不多，如果不会利用同事关系为自己办事，不但有些事办起来费劲，还容易让人觉得你没有人缘，甚至同事在知道自己能办某事而你却舍近求远时，会对你抱有想法，造成信任危机。

任何人都有表现自己能办事、有本事的欲望，在单位内求同事办事就等于为同事提供了一次表现个人能力的机会，即使遇到困难也得办，即使有时担心领导不满也得办，以此在同事中维护自己急公好义的形象。同事的事和单位的事一样，每个人都会感到自己有一份责任和义务。因此，当我们需要找同事办事时，该张嘴时就张嘴，不要存有任何心理顾虑。

那么，我们应该怎样请同事为自己办事呢?

一、找同事办事要有诚意

因为天天在一起，同事之间一般都会互相了解，如果找同事办事藏藏掖掖，想托人办事又神神秘秘，不把事情讲清楚，就会让同事产生一种你不信任他的感觉。因此，在找同事办事的时候，要告诉他究竟要办什么事，坦言自己为什么办不了，为什么非要找他来帮自己。如此这般，相信你的同事只要是能办到的事，就不会拒绝你。

二、别让同事感到为难

在请求同事办事之前，要先打听并确认一下你这位同事的社会关系，以及他是否办起来没有太大的难度，只有掌握了这些情况，你才能做到张口三分利，也不至于让同事感到为难。

三、找同事办事要客气

虽然低头不见抬头见，但同事毕竟不是好友，一般都没有太深的交情。因此，找同事办事说话一定要客气，而且要以征询的口气与同事探讨，请他帮忙想办法。受到如此的尊重，同事如果觉得事情好办，自然会主动帮你去办，几句客气话，就能省去很多麻烦。办完事之后，一般不要直接用钱来表示谢意，说几句客气话，说一声谢谢就可以了。如果你执意要“表示表示”，就给对方的老人、孩子或配偶买点小礼物也是不错的选择。

四、找同事办事要有的放矢

自己都说不清、道不明的比较笼统不明之事，一般不要找同事去办。

五、有些事不能找同事办

自己能办的事就尽量自己去办，如果你芝麻粒大的小事都让同事去办，同事就会觉得你不把他当回事，是在支使他，这样既会耽误事，还会影响彼此的感情。如果同事不能直接办，而是通过同事再“人托人”，就不必大费周折了，不如转求最能直接为你办事的那个人。和同事利益相抵触的事也不能找同事去办，即使这利益涉及的是另一个同事。另外，需要请客送礼的事，最好也不要让同事帮忙去办，如果非需同事办不可，就得把礼物买好，不能让同事为你破费。

六、请领导办事有讲究

托领导办事一定要看事情是不是直接涉及自身利益，如果是，则领导无论是从对你个人还是关心单位职工利益的角度，都认为是一种义不容辞的责任，这样的事领导愿办，也觉得名正言顺。

比方说，你的爱人需要调动工作，你若通过别的关系，可能费尽九牛二虎之力也无法办成，如果你请单位领导为你办，领导觉得你重视了他的地位，使他有了救世主的感觉，又可以作为为单位职工解决困难而积累其领导的资本。很多时候，有很多领导还会这样想：“我是你的领导，这样的事你不找我，肯定是对我有想法了。”不求他办事倒会得罪领导也说不准。

但有一点你必须清楚，这类事必须关系到你的切身利益，或你爱人的事，或孩子的事，或直系亲属的事，如果不管七大姑八大姨的事你都揽过来去让领导帮你去办，领导非但不会答应，反而会认为你太多事。

请领导办事还要掌握好一个“度”，不要鸡毛蒜皮的小事也去让领导出山。如果事无巨细都去托，认为领导办起事来比你容易，领导就会觉得你这人太过分，甚至会认为你缺乏办事能力，不能担当重任。至于大事与小事的区别，则要随你的单位性质和领导的层次而定。

总之，请领导办事要有一个“度”，如果掌握不好这个“度”，事情办不成不说，还会影响你在领导心目中的形象。

和同事建立良好的人际关系

一个人身处职场，不管职位高低，处理工作时都要和团队或合作者一起努力，这些人极有可能就是自己的同事。只有跟同事互相帮助，才能顺利开展工作，正所谓“一个好汉三个帮”。那么，如何跟同事建立良好的人际关系呢？要注意这样几点原则。

第一，应遵守群体规范。很多组织都有些不成文的非正式的群体规范，一个人假若偏离了这些自发形成的规范，或许会被群体拒之门外，从而被群体组织抛弃，甚至遭受更为严重的伤害。

第二，应该乐于助人，善于与人合作，态度谦让。与人共事时，不妨对需要帮助的人伸出援手，在工作和感情上给别人以支持。让身边的人感到他们在自己心里的位置。当自己遇到困难求助他人时，尽量使用请求的口吻，而不是单纯的命令。有谁会喜欢而被指使得东奔西跑呢？

第三，为人要诚实，心态要开放。对身边的同事也好，对待合作者也好，最好都能做到一视同仁。处理问题时对事不对人，对人应有客观的评价，而不要仅以个人好恶来看待他人。要让自己成为一个好的倾听者。

第四，假如自己的同事以及合作者对工作目标十分明确，那么完成目标任务就相对简单一些。假如他们不能正确地理解这个目标，就会给工作增加难度。平时跟同事及合作者可以多做沟通和交谈，这样既能清晰明确自己的工作职责，也能获知别人对自己工作的评价和反馈。大家能明确各自的权限职责，并明白如何朝着目标努力，就会形成一种良性循环，给企业内部带来和谐的气氛，而且可以培养出高素质、善合作的工作团队。如果同事们树立了共同目标，同事之间出现的矛盾和误解会更易取得谅解，达成共识。

与领导建立良好的人际关系

要想在工作中得到提拔，与领导建立良好的人际关系是非常有必要的。否则不管你的工作做得多么出色，如果跟领导的关系处得不好，或者得不到领导的赏识，是很难获得升迁机会的。

如何才能跟领导保持良好的人际关系呢？

第一，要懂得换位思考，从领导的角度出发考虑问题。换位思考是沟通中最重要的要素，想要达到这一点，就应对领导的个人风格有所了解。领导和普通员工在组织中承担的任务以及掌握的信息都有明显不同，所以其考虑问题的视角也与普通员工存在差异。要多站在上级领导的立场，理解并支持他，才能更好地完成整个组织的任务。

第二，懂得尊重领导的权威。领导代表了组织管理上的权威，要尊敬自己的领导，对他提出的意见也应尊重。尊重上级领导的权威，才能够赢得领导的信任。当跟领导意见不合时，不要在大庭广众下与其顶撞和争论，这会让领导难以下台，丢失颜面，从而对你心生厌烦。与领导交谈时态度要委婉，要学会使用一些技巧，不要显得咄咄逼人，这样做既能照顾对方的颜面，也有利于自己的发展。对领导应多赞扬，并且表示出自己的欣赏。谁不希望听些好话呢，毕竟领导也是普通人。假如身为员工，能适当地表示出对领导的欣赏，肯定能获得对方的欢心，甚至被对方视为知己，认为这个员工能够理解他，能看出其价值所在，说明这个员工有一定的能力。当然，表达自己对领导的欣赏和赞美时，要从实际情况出发，注意技巧，不要把赞美的话变成吹捧，那样反而会弄巧成拙。

假如不同意领导的意见，不要直截了当地提出，最好用“我建议”这一类的语句代替“但是”。也不要表现得过于锋芒毕露，最好能结合领导最关心的目标来提出个人建议，最好能沿着领导的思路前进和创新。身为下属一定牢记，提出意见的目的不是证明领导的错误，而是为了让它得以实施。

第三，设法推动领导能够展现他的才干。领导也是血肉之躯，必然也有优、缺点。若能推动领导发挥长处，领导既能获得成效，身为下属也会得到好的结果。不妨提出这样的疑问“领导在哪些方面比较出色，他发挥才干都需要什么条件，他需要下属哪些帮助”等。至于领导不能做什么，就不是职员去考虑细究的问题了。一定要记得不要妄图改造自己的领导。通常，我们应该遵循一条原则，那就是下级不可能在位置上超越他的上级。假如自己的上级没有获得晋升，我们常常也很难有机会获得升迁。假如领导由于无能或失败而被解职，那些年轻能干的副手也很难成为继任者，通常公司会从别处调来一个领导。然而，那些能成功并且迅速获得提升的领导，往往能够带领其下级走上成功之路。所以，要尽力帮助自己的领导，这对双方都有利。

第四，弄清领导对自己的期望。很多员工没能及时完成任务，或者不能高质量地做好工作，有时仅仅是由于误解了领导让自己真正做的内容。我们应该学会主动积极地跟领导沟通，明确领导对自己的期望。因为沟通不畅时，领导者可能会以为已经交代清楚，而实际上他们遗忘了要点。这种事情常有发生，所以，沟通是非常有必要的。

第五，发现问题时也要给领导提出解决方案。大部分人习惯把问题推给领导，这必然会给领导带来更多的压力和麻烦。不妨提前考虑好解决方案提供给领导，或解决问题后把情况上报，既减轻了领导的压力，也让他认识到了自己的能力，并且逐步建立起信任感。

第六，彼此建立信任。要想跟上级领导建立良好的关系，首先就要让其信任自己。然而信任并非一朝一夕就能达成的，要经过长期的、有效的合作才能积累起来。准时完成工作项目，按时上下班，不迟到早退；尊重公司规章制度，保守机密，对领导予以感情上的支持和各种帮助，都能帮助人们赢得领导的信任。

第七，要专心工作。无论什么样的领导都喜欢自己的下属能专心工作，而且精神专注，厌烦那种天天幻想跳槽的员工。现代职场跳槽成风，诚信就显得越发重要。一个人只有让领导感到他想在这个公司踏实努力地工作，愿意为公司奉献，跟公司一起成长，才能令上司重视自己。为了赚钱而做兼职，实质就是工作不专心。这些员工也许没有因为兼职而耽误自己的日常工作，然而在老板和领导看来，这就是不忠于公司。假如被发现了，即使没有被辞退，也会影响到日后的职业发展以及职位晋升。有些人则爱好利用工作时间处理私人事务，甚至上班时用公司的电话打私人电话，煲电话粥。这些都违反了基本职业道德，一旦被领导发现，后果将非常严重。

第八，和领导发展私人关系要谨慎有分寸。对很多员工来说，有一个令人困扰的问题就是，跟领导究竟要发展什么样的私人关系，又要发展到何等程度才适当呢？对此最好遵循这样的指导原则：跟领导发展并保持友善的私人关系，可以选择在大部分员工都能参与的场合。

总之，如果我们严格按照上面的原则来与领导相处，就一定能够与其建立良好的人际关系。

和下属建立良好的人际关系

亚洲首富李嘉诚曾经对如何跟员工相处有一番妙论，他说由于自己曾经的打工经历，他能明白职工的需求。而他公司的员工，在过去的10年到20年间，在香港的大公司中流动是最小的，高级行政人员流失率就低于1%。至于原因，他说："第一，你给他好的待遇；第二，你给他好的前途，让他有一个责任感，感觉你公司的成绩跟他是百分之百挂钩的；另外要有个制度……假如用人唯亲，企业就一定会受到挫败。假如有一个人，曾与你共事，一段时间后，你觉得他的人生方向以及对你的感情都是正面的，而且能够完成你交付的每一项重要的工作，这个人才可以成为亲信。”

可见，要想企业获得不断的发展，就要与下属建立良好的人际关系。那么，如何建立呢？那些与领导、同事建立良好人际关系的方法和措施，有不少也适用于如何对待下属。在谈到如何与下属建立良好的人际关系时，我们不再从管理者的思路出发，而是从如何提升职工的满意度的立场，找出跟下属建立良好关系的方法和措施。

在强调关爱和平等的现代社会，管理者不可能只依靠权威就令下属信服，而是应该为自己的团队和下属做好服务。如何同下属建立和谐的人际关系，自己怎么做才能成为值得信赖的领导者，什么样的措施才能积极有效地激励员工，这是身为管理者必须解决的难题。

盖洛普曾经调查了大量的雇员，他们分属于全球上百家企业。调查发现很多职员的想法，可能被大批管理者忽视。比如，他们希望能被分派正确的工作；希望有个好上司；上司懂得关注下属的优势；帮助下属建立有价值的人脉网；每天和下属保持沟通互动（谨记，五次积极互动才能弥补一次负面的互动）；定期测评下属的进步；引导下属进入积极的未来。管理者从这些答案中或许可以找到满足职工需求的策略和技能。

人们常用“金钱”这种物质利益来激励员工努力工作，而忽视了“金钱不是万能的”，甚至不能理解其蕴含的真意。物质并非奖励员工的唯一手段，假如有位职员工作能力稳步提高，成为领域中的佼佼者，并且态度非常积极时，对他们进行适当授权，给他们充分发挥才干的舞台，并及时给予支持和帮助，会令他们更加努力积极地工作。假如一个领导者不能充分信任充满内在动机的下属，不能放手让他们自己处理问题时，他们就很难认可尊重这样的领导。身为管理者，还必须注意，与下属建立人际关系，应该少些官僚主义作风，对下属要公平对待。

俗话说，“得人心者得天下”，没有下属的支持，领导者就犹如失去两翼的鸟，无法飞翔。对待下属太苛刻，就会造成下属的不满和反抗，领导位子总有一天会保不住。所以，身为一名出色的领导者一定要懂得搞好跟下属的关系。

第九章

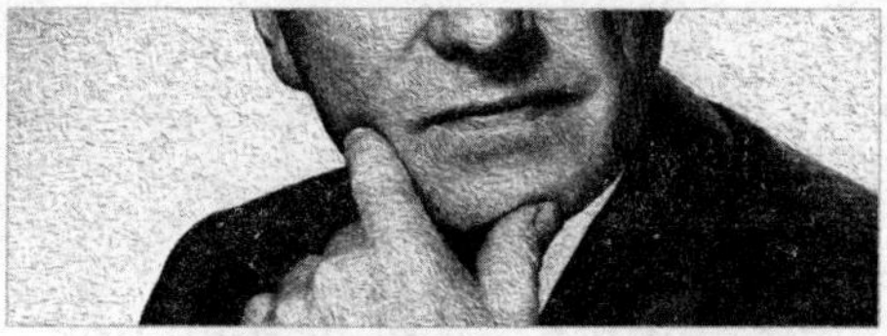

健康管理

通向成功之路的健康心理训练

如果一个人失去了健康，那么不管他的事业如何成功，他的人生也算不上成功。如今，很多人在追求事业成功的同时，越来越重视自己的健康，因为越来越多的人开始意识到，没有了健康，一切都变得毫无意义，做任何事情都不能以牺牲健康为代价。可面对巨大的压力，越来越多的人不但身体健康每况愈下，心理也开始出现问题。心理一旦变得不健康，做事情就会畏畏缩缩，与他人无法很好地相处，心胸变得狭隘等，而这些都会成为阻碍我们发展的绊脚石。

因此，拥有健康的心理是非常重要的。我们可以通过下面这些训练让自己保持健康的心理。

一、潜能开发训练：人的大脑是一个沉睡的巨人

人们的潜能可以说是无限的，并且人人具有，然而，人类却很难意识到它的存在。现代科学证实，人类大脑内储存的信息和能量大得惊人。脑科学研究发现，人的大脑的信息储存量，在理论上可五倍于藏书达1000万册的美国国会图书馆的数量，并且我们其实日常只使用了大脑功能的很少的一部分。假如一个人可以把大脑的一半功能挖掘出来，他就能轻松学会40种语言，把整本百科全书背下来，获得12个博士学位……这种潜能接近于无限。可惜的是，人类到现在普遍只开发了大脑5%的功能，而剩下95%的大脑潜能没有得到开发和利用，就算是像爱因斯坦这样的智慧伟人的大脑，也只开发了约13%。英国心理学家兼教育家托尼布赞认为：人的大脑如同沉睡的巨人。

这种说法并非夸大其词。只不过，假如人类不采取一些措施，这些潜能就不会被唤醒。对于那些获得成功的人来说，并非命中注定，而是他们挖掘了自己蕴藏的无穷尽的潜能。一个人只要能以积极的心态去挖掘他的潜能，就能拥有取之不竭的能量，并且他的能力也会日益提高。假如一个人态度消极，不能挖掘潜能，就只能流于平庸，面对起伏的命运而长吁短叹了。

可是大多数人往往会把心理潜能狭隘地理解成意志。这是因为通常情况下，人的意识能动性往往体现在意志上，一个人只要拥有恒心、毅力以及信心，一般就能做到让他想象不到的事。然而，心理潜能不只是意志，任何心理活动都存在着无穷的能量且得不到开发。换言之，通常情形下，任何一种

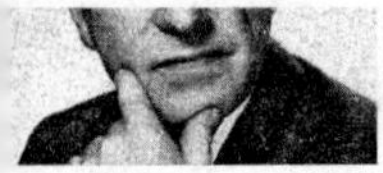

心理活动都蕴藏有潜能，只要通过特殊的训练，就能逐步释放这些潜能。

二、社会适应训练：个体协调于外部世界

所谓社会适应能力指个体为了跟环境保持和谐的联系而产生的心理与行为变化的能力，它形成于个体跟各类环境因素连续变动的相互作用的过程中。随着社会的发展和进步，社会环境的变化速度已经远超从前，也就要求人们具有更高的社会适应能力。实际上现代人保持健康的重要途径之一就是提高个体的社会适应能力。

世界卫生组织定义健康时，给出三个指标，即人的健康应躯体健全、精神健康以及具有良好的社会适应能力，其中精神健康与良好的社会适应能力就是心理健康的本质所在。

假如个体能基本适应社会环境，个体就能和外部世界保持和谐的联系。在此种情形下，个体拥有平和的心理状态，便可有效发挥自己的能力，并将其发展和提高。反之，假若个体跟外部环境之间长期处于一种不和谐的关系，就会破坏个体的心理平衡，如此一来，个体就会呈现出焦虑不安的状态，健康的精神和心灵就远离个体了。

现代人要想获得健康，就要首先提高其社会适应水平，并增强社会调适能力，所以非常有必要增强训练社会适应能力。

三、情绪危机：情绪管理训练

人类社会的进步日趋复杂，也给现代人带来了巨大的情绪危机，并且由于生活和工作、环境和孤独等产生的压力，让更多的人情绪失调。诸如焦虑、浮躁、恐惧、自卑等负面情绪令大家失去心理平衡，缺乏动力，甚至危害身体健康，因此当今社会人们越来越关注如何调整和控制人的情绪。

由于情绪是自发性的反应，对于其发生很难用理智去控制，所以在情绪来临时，我们要对其认真观察并觉察自己究竟处于何种情绪中，还要进一步分析，弄清楚情绪产生的原因，把感受恰当地表达出来。但情绪有可能会很强烈，这就要采取一些措施将其缓解，以防让情绪冲昏头脑，失去理智作出自己后悔之事。

四、活到老，学到老：学习心理训练

在这个科技日新月异的信息时代，知识老化的速度很快，竞争激烈。学习不但是人们发展的必需，而且是人们生存的根本。所以对现代人来说，认识并掌握学习的心理规律，训练并增加学习能力和成效，都有很重要的现实意义。

学习是人适应环境的一种基础手段。人们的一切知识与技能，都是在复杂的环境中耳濡目染或通过努力习得的。《三字经》有言："玉不琢，不成器；人不学，不知义。"即使人与生俱来便蕴藏潜能，但初生婴儿还是被比喻为"一张白纸"。个体从婴儿阶段便逐步发展与成长，其实就是不断获得知识与技能的过程。在此过程中，有些是自身成熟的结果，而大多数是通过学习才获得的。人从呱呱落地之初就开始学习，而且一直保持到生命的结束。在信息爆炸的当今社会，"活到老，学到老"，更具有前所未有的意义和价值！

五、竞争及合作：团队精神训练

每个成功的团体都要求它的成员不但要担负自己的责任和义务，而且还要预备随时担负更大的领导责任，并且一个团体的生命力很大程度上就源于此，这就是人们所说的团队精神。

人在现实生活中离不开各种团队。每个人在团队中都是一面互相竞争，一面需要彼此合作。面对不断变革创新的现代社会，人们早已认识到增强团队凝聚力以及培植团队协作是非常重要的。

我们在看《动物世界》节目时，常看到类似情景，凶残的鳄鱼居然容忍一只小鸟在它背上跳来跳去，就好像在圆木上跳动，而且这只小鸟毫不畏惧地跳进鳄鱼口中，啄食鳄鱼牙缝中的食物残渣。鳄鱼则罕见地、温顺地张着大嘴，任其自由行动。原来这都是因为小鸟可以帮助鳄鱼清理食物残渣，有利于鳄鱼的健康。

面对这种共生现象，人们不得不慨叹它们之间的这种相互依存。人类社会充满竞争的商海和战场，不也是如此吗？在各种团队中，团队与团队之间、团队内部成员之间也充满了竞争跟合作的关系。这种既有竞争，又有合作，两者相互并存的景象，千姿百态地存在于世界的每个角落。

六、挫折是在传递某个道理：挫折应对训练

哲学家黑格尔曾说："在人生的道路上，假如你不懂得某个道理，生活就会为你安排一次挫折，让你学习；假如你还没明白，生活就再安排一次，直到你明白为止。"

通常"挫折"是成功的使者，在我们成功之前，也许会遭遇上天派来的这位"相貌丑陋"、遭人厌恶的使者。其实挫折会告诉我们为什么没有成功，如何做才能成功。但它传递的这种接近成功的秘密，必须有心者才能获得。如果面对挫折这位"使者"时，我们怠慢它，甚至拂袖而去，就永远不能揭开失败的谜底。正视它，接受它，探寻它的真正秘密，我们就会发现：挫折是值得珍惜的机遇，它能带来成功的消息，让我们的人生出现新纪元般的变革。

所以当我们面临挫折时，不妨给它一个微笑，拥抱它，并且欢迎它的到来。遭遇挫折和失败没有什么大不了，只要学会适当调节，就能化失败为力量了。

出色的人都善于进行自我健康管理

李嘉诚是世界华人首富，拥有健康的身体对他来说无比重要。他对健康有独特的认识：“人的健康如堤坝保养，在发觉渗漏之初，只需很少力量就能堵塞漏洞；如果不予理会，至崩堤时才做补救，则纵使花费更多人力、物力，亦未必能够挽回。”他保持健康的秘诀是：生活要有规律和秩序，不抽烟不喝酒；他每天早晨6点起床，每天锻炼一个半小时，比如打高尔夫球、游泳和跑步等，从不间断。他认为，最重要的是养成健康的习惯，关键是要持之以恒，千万不可时断时续，应付了之。只要有心，即便家中狭窄也能坚持做运动，不要为懒惰找借口。说起饮食，他的一日三餐都很简单，最喜欢青菜白饭，口味清淡，而且少吃肉，就算吃鱼，也是吃香港人俗称的“猫鱼”，这是一种很便宜的小鱼。

当李嘉诚73岁时，有一次参加社会公益活动，在现场测血压，所得结果证明他非常健康。正是他健康的身体，保证了他的事业在老年后依然得到发展。

万科老总王石，离开管理第一线已经有几年的时间了，很多人都知道他把大约1/3的时间花在了登山、漂流、滑雪、飞伞等上。

不过王石分得很清楚，对他来说，登山只是个人爱好，而“万科是公司的事业”。当然他也不会由于工作而舍弃登山，因为在他看来“工作不是生活的目标。”王石从事这种风险极大的运动，源于他在一次生病后对健康的极度渴求。1995年时，他由于腰椎血管瘤压迫神经导致左腿疼痛，被医生告诫可能会下肢瘫痪。当时王石意识到自己有可能下半生都在轮椅上度过，于是决定赶在瘫痪前实现攀登珠峰的愿望。众所周知，王石没有瘫痪，却登上了珠峰，成为中国年龄最大的珠峰登顶者。

王石对于登顶珠峰成功的最大感触是：成功登顶是由于他充分把握了

节奏兴奋点。既不可提前兴奋，更要避免该兴奋时兴奋不起来。假如提前兴奋，就会导致一切精力提前发挥，而无法保持到真正登顶。因此登顶过程中，要无视任何与登顶无关的事情，兴趣降到最低点才可以。

要么死在山顶上，要么死在山脚下。很多人认为，这位经常剃着小平头的王石对登山的痴迷程度超过了房地产，甚至业界有人戏言，王石有朝一日会把总部搬到珠峰上。王石的阳光、执着和坚毅，正颠覆着我国企业家的传统形象，为现代企业家们所推崇。

“病人比健康人更懂得什么是健康，承认人生有诸多虚假意义的人，更能寻找人生的信念。”捷克总统兼作家哈维尔的这句话，就贴在万科集团网站王石的个人专栏上。

“幸福的家庭都是一样的，不幸的家庭各有各的不幸。”俄国名著《安娜·卡列尼娜》开头这样写道。雅虎创始人杨致远却并不这么认为，他认为托尔斯泰之所以这么写，是因为他准备写一部悲剧，否则，完全可以这样说：不幸的家庭都是一样的，幸福的家庭各有各的幸福。

我国很多企业家的成功常常以牺牲家庭和孩子作为代价，最后事业成功，却家庭破裂，自己反而面对孤独，这在社会中并非偶然，很多人都面临这样的挑战。杨致远对此感到很是遗憾。他说：“工作中的成功和工作外的成功是有关联的，一个在家庭中不快乐、不平衡的人在工作上也不会成功。我们鼓励大家有这种平衡与和谐，这很重要。”

在互联网瞬息万变的市场竞争中，杨致远是非常忙碌的，但他仍然能够找时间与家人和朋友在一起，他说这“对我很重要”。他喜欢运动，无论是篮球、网球、高尔夫球，他都喜欢跟太太或朋友一起去打。他懂得如何管理自己的健康，并深深享受着这种快乐。

从上面的例子我们看出，大凡是出色的人都是懂得管理自己健康的人。

关注职场人士的亚健康问题

处在健康与疾病之间状态的人就是“亚健康人”。中华医学会做过一次随机调查，显示我国亚健康人数占全国人口的70%左右，其中高级知识分子、企业经理人以及管理者是亚健康的高发人群。

所谓亚健康，就是指没有发生器质性病变的一些功能性改变，也被叫作第三状态或灰色状态，由于它的表现症状多种多样，也不固定，有人称其为不定陈述综合征。它是人体在健康与疾病之间的过渡阶段，亚健康的人在生理与心理上并没有真正的疾病，而在主观上却有许多不舒服的症状表现与心理体验。

造成亚健康状态的原因主要有四个。

首先是积劳成疾。不仅指生理上的疲劳，心理上的疲劳更容易导致亚健康状态。例如，连续工作时间太长，劳动强度大以及心理压力过大都可产生过劳现象，严重的可能导致体内潜伏的疾病迅速恶化，或有致命之忧。

其次是缺乏运动。现代人普遍出行有汽车代步，工作特点是久坐少动，业余时间常常加班，身体缺乏锻炼，很少参加体育运动。日积月累，人体就会出现心脑血管、胃肠道系统、免疫系统和颈椎等方面的疾病。

再次是工作环境。如果长时间使用电脑会导致眼睛、关节、颈肩等处的疾病，严重者或可出现自律神经失调。此外，辐射伤害也是众所周知的等。

最后是环境因素。各种环境污染，如空气污染等是造成健康问题的重要元凶之一。

那么，职场人士应该怎样做才能远离亚健康呢？答案是进行健康管理。这是控制并管理亚健康的一种有效手段。健康管理可以分为三个步骤。

先做健康评估，即了解自己的健康状况。可以通过收集和健康有关联的生物学信息，包括从身高、体重、年龄到各项实验室指标以及同生活方式相关的信息，对个人健康进行疾病危险性评估。其次，制订健康计划，就是找出能够控制危险因素的措施，管理自己的健康。最后是采取行动，来改善自己的健康。

不可不知的家庭健康管理

世上没有人能真正离开家，即便独自生活，人们还是最终会有个家的。人们或许会对自己的人生进行规划，或许会为追求某个目标付出汗水和努力，但回顾此生，人们究竟在学习如何经营一个家上花了多少时间？是否用心经营自己的家了？是的，经营家庭也许不能获得金钱的回报，但家庭幸福的孩子，未必拥有一张满分的考卷，这份“用心”却至关重要。

人们在追求事业成功的同时，不要忘记家庭这片安详而幸福的土地，正等待开垦。

在一个幸福的家庭里，其成员之间的互相影响是非常巨大的。在美国一次全国性的调查中发现，妻子劝丈夫戒烟的威力比父母亲的联合力量大两倍以上，仅低于因病戒烟。除此以外，心理学家研究发现，在人生43种事件中，“中年丧偶”的打击力度远远超过“入狱”，后者只得73分，前者高达100分，高居榜首。可知家庭关系对个人的生活多么重要。

假如拥有一个健康幸福的家庭，夫妻俩不但精力充沛，富有生活的激情，而且身体健康，很少生病。这是由于幸福能令人体内的啡肽含量升高，增加生长激素浓度，从而增强机体免疫力。最新研究发现：对幸福的预期也能产生神奇的作用，这可以使压力激素——肾上腺素和皮质醇大幅度下降，而令人感觉愉悦的内啡肽增至27%，生长激素水平上升到87%，并且效果显著。

有一家调查机构对企业家和经理人做了一个调查，其中有一道“在现在的生活中哪些东西您最不能放弃”的题目，有五个备选词语，最被企业家们看重的是“事业”，然后是“健康”，最后是“家庭”，比重分别为81.2%、73.5%和56%，由此可见在大部分经理人心目中，家庭占有一定的重要地位。但显然可见，重视家庭的比率一般，这很能说明当今社会存在的问题。多数职业经理人的人生目标，是以事业为重，这本无可厚非，只是在经营事业时，还应努力经营家庭。家庭的失败无疑是人生最大的失败。我国古代圣贤早就说过：“修身、齐家、治国、平天下。”倘若一个人连家庭都经营不好，又如何能管理企业呢，正所谓“一屋不扫，何以扫天下”？

身为市场经营的高手，职业经理人是否同样是家庭经营的高手呢？须知市场经营要以诚实为本，信誉就是事业的基石。家庭经营者当然也应知道什么才能凝聚家庭成员的心，这种凝聚力就是情感。当今世界精彩多变，处处充满诱惑，人们的情感常常在权势和金钱面前遭到玷污……假如亲人间的感情破碎，家庭分裂，又何谈经营家庭。能够很好经营家庭的人通常都能掌控自己的情感，他们懂得珍惜夫妻情谊，儿女亲情……而情感是家庭最好的联系纽带。唯其如此，才能拥有家庭的快乐和幸福！

对家庭而言，最大的收支并非金钱收支，而是情感收支。我们不妨为家庭开设一个情感账户，并尽量往里多存款，而尽量不取款或少取款。

家庭情感账户

增加感情的存款	透支感情的取款
·信任和宽容	·猜疑与嫉妒
·责任和理解	·不负责任
·沟通和赞美	·缺少沟通，看不到对方的优点
·亲昵与拥抱	·恶语相向，互相中伤
·培养共同的爱好	·互不尊重
·支持彼此的事业	·互不支持
·尊重双方的差异	·互不谅解
·多投入时间	·花在家庭的时间很少
·关爱父母和子女	·对父母、子女缺少关爱
·浪漫与惊喜	·生活枯燥无情调

家庭是需要经营的，就好像是一座建设中的大厦，需要不断添砖加瓦，精心装饰。家庭并非是与生俱来的，一男一女能走到一起并非就能获得美好的家庭。家庭需要每个成员一起支撑创造，人人都要付出。郑智化曾经在一首歌中唱道“我用一生自由换来一个家……”其实何止如此，对待家庭既要无微不至，又要能包容，不可以自私自利，不可以斤斤计较，不可以针锋相对。在家庭之中，就要讲爱，而非“讲理”，要抛弃虚荣心，胜负心……而且作为庞大的艺术圣殿工程，家庭营造永无停工之日。

家庭仿佛一件脆弱且娇贵的艺术品，营造起来并非一件易事，但是家庭的瓦解却很容易，哪怕一个小误会都可能引起家庭的裂痕，“破镜难圆”，想要弥补就更困难了。因此我们应当切记，一旦建立家庭，就如同手中捧了个珍贵的瓷瓶，一定要谨慎对待！

健康专家的传世理论

洪昭光教授作为著名健康教育专家，归纳总结了不少实用精辟的健康理念与方法，我们在进行健康管理时不妨参考借鉴一下。

一个中心

人们要以健康为中心，并以预防为主。既然花1元钱就能预防流行病，从而省去10元钱甚至100元钱的医药费，为什么不从现在做起呢？

两个基点

为人第一要糊涂一点，就是不要计较小事；第二要潇洒一点，为人应度量大，胸襟宽广，姿态高，自然就能眼光长远。

三大作风

一个人应保持助人为乐、知足常乐、自得其乐的作风，这样便能永葆快乐。

四个最好

自己就是最好的医生，时间便是最好的药物，宁静是最好的心情，步行是最好的运动。

四大基石

保持健康的四大基石是：合理膳食，适量运动，戒烟限酒，维持心理平衡。

起床三个“半分钟”

睡醒后不要立刻起床，在床上躺半分钟；坐起身后再坐半分钟；两条腿垂在床边再等半分钟。

运动三个“半小时”

早晨起床后活动半小时，中午午睡后活动半小时，晚上六七点时慢步走半小时。

运动的三五七

提倡每次进行步行或慢跑锻炼时，距离要控制在3公里左右；每周锻炼不少于5次；运动后每分钟心跳次数与自己年龄之和等于170为适度运动量。

一二三四五

“一”就是每人要保证一天一袋牛奶；“二”就是每天摄入的碳水化合物要达到250~400克，也就是吃5~8两主食；“三”是每天要摄入高蛋白食物3份，每份指的是瘦肉1两，或大鸡蛋1个，或豆腐、鸡鸭、鱼虾2两；“四”就是牢记四句话——有粗有细，不甜不咸，三四五顿，七八分饱；“五”就是每日需摄入500克蔬菜。

红黄绿白黑

“红”指每日保证1~2两红酒或一个西红柿；“黄”指胡萝卜、红薯等黄色蔬菜；“绿”是绿茶以及深绿色蔬菜；“白”则指燕麦粉或燕麦片；“黑”指每日需5~10克黑木耳。

健康长寿的两大秘诀

一要心胸开阔，个性随和，善良，脾气好；二要勤劳，或者爱劳动，或者爱运动。

保持乐观，身体会更健康

不管是乐观，还是悲观，都是人的一种思维模式的反映。思维模式是指，人们在对生活中发生的各种事情所采取的分析理解方式。不同的人在对待同一件事物时，所采用的思维模式不同，就可能得到不同的结果，如乐观的处世态度，或悲观的处世态度。

所谓乐观就是对可能产生的结果作一种最好的期望。从心理学的角度来说，乐观是一种寻找、回忆及期待快乐感受的趋向。那么快乐又意味着什么？快乐是来自自己一个人的“园子”，而不是把眼睛盯向别人的“园子”；换言之，一个人的快乐，是取决于如何对待周围的事情，而不是周围事情的本身，也可以这样说，一个人的快乐主要决定于自己，而不是别人。

人认识客观事物的能力是人有效发挥功能的基本要素，也是人保持健康或更加健康的两个先决条件。

乐观主义者是有很多特征的，其中最为常见的是他们总能看到事情好的一面，并且会真诚地希望事情能如自己所期待的方式进行。这一期待能让一个乐观主义者为事情的最好结果或是为改善事情进程作出自己最大的努力。其次，乐观主义者还会把发生在自己身上的事看成是可以控制的。当一些不好的事情发生在乐观主义者身上时，他们会觉得自己不应该被这些事情压倒与制伏。因此，乐观主义者绝不是那种无视或者轻视事实而盲目乐观的人。有一位美国科普作家曾把乐观主义者形象化地概括为：“在你的精神生活里有两位律师，一位负责收集‘生活是可怕与令人恐怖’的证据；另一位则负责收集‘生活是非常美好’的证据。而你就是法院中的法官，你有权提取任何一方的证据，并且你的决心会起着决定性。那么当你在审理案子的时候，就会意识到，取哪方证据会得到更多的快乐、平和与舒适。”

乐观主义还是一种免疫促进剂，根据心理神经免疫学的观点来说，像乐观、希望这样的正面精神状态，能促进脑的精神控制中枢，也就是脑干系统产生如神经肽这样的一些化学物质。而很多免疫细胞对这些化学物质又相当敏感，从而就会达到增强人体免疫反应的功能。科学家还发现，悲观者对癌细胞的免疫功能明显偏低。

美国某研究小组对某学院大学生追踪10余年的研究发现，持悲观态度者在一年中生病的天数要比持乐观态度者高出两倍多，而平均看病的次数是持乐观态度者的4倍。在患病的学生里，95%患的是：喉咙痛、流感、感冒、肺炎、中耳炎以及性病在内的传染病，由此可以说明，乐观能增强人体抗衡疾病的能力。

据美国某项研究报告指出，乐观、满怀希望还可能会减少老年人中风的危险性。研究人员在调查了2500位年龄在65岁或65岁以上的老年人后发现，一位乐观的老人面对问题“我非常快乐”与“我的生活很愉快”时，回答总是“是的”，这类人中风的危险性常常会比较低。对于男性，其中风危险性可下降41%，对于女性，则会下降18%。

乐观可以通过促进人体内部机制的变化加速，帮助病人从疾病中恢复健康。因此乐观对治病的正面影响要比预防疾病更加明显。美国波士顿总医院一个研究小组对患有顽疣症的病人进行催眠，并告诉他们，自己已处在催眠状态，身体也正在恢复之中。仅此而已，但是奇迹出现了，所有病人的疣消失了。疣是由病毒所引起的，当人的免疫系统无法控制疣毒时，疣就会发生或者复发。

在治疗严重疾病时，乐观同样具有意想不到的作用。在美国一项涉及649个肿瘤专家与10多万个接受治疗的癌症患者的全国性调查中，约有90%以上的肿瘤专家认为，对治疗有效果的心理社会因素中，最明显的因素是病人对治病抱有希望，并保持乐观的态度，另外，还有几项有关研究也都证实了这种观点。

生活中，对未来乐观的人一般比较长寿。而那些相信自己健康状况不好的人，实际上，就算他们的健康状况是好的或相当好的，其早死的危险性也同样会增加。相反，那些相信自己健康状况良好的，就算实际检验结果显示他们健康状况较差，他们早死的危险性也会减少。

明确地说，乐观是维持生命的一个强有力因素，也是决定一个人是否健康的一个主要因素。现在，越来越多的医生会向人们表达这样一种观点——对任何一种正面精神因素来说，乐观更可能创造出健康与治病的奇迹。

保持心理快乐的七大妙招

法国著名作家福楼拜曾经说过：“快乐好似生命的温度计，快乐多，生命中的乐趣也更多。”所谓快乐就是一种身心愉快的精神体验，无论是达官贵人，还是平民百姓，都在追求快乐。我们怎样才能发现快乐并将其保持呢？

妙招一：兴趣、童心、爱心、奉献

英国《太阳报》曾经进行过这样一次有奖征答：“在这个世界上谁最快乐”，应征信件达8万封之多。评委最终评出了四个最佳答案：一是作品完成之初，吹着口哨欣赏自己作品的艺术家最快乐；二是正在用沙子堆城堡的孩子；三是给婴儿洗澡的母亲；四是那些经过种种努力，开刀手术后，终于挽救了危急病患的外科医生。人们认为他们是世界上最快乐的人。

从这里可以看出，其实，想要成为一个快乐的人并不难，只要做自己感兴趣的事，拥有一颗纯洁的童心，能够为他人奉献自己的才能与智慧，也即懂得爱他人和付出，这样的人往往就是世界上最快乐的。

妙招二：与大自然亲密接触

人类原本就是自然世界的孩子，假若我们感到焦灼、忧愁与痛苦时，不如回归自然母亲的怀抱之中。在充满生机的山林原野，呼吸清新的空气，聆听自然的音符，让心灵重新回归明媚、和谐。小草树木，繁花碧水，鸟兽虫鱼……大自然的每一个细节无不散发出生机与活力。此情此景，我们得以远离尘世的压力和烦恼，身心在自然的抚慰和关爱之中得到放松，充分享受无穷的惬意、愉悦与快乐。

妙招三：活在当下

佛教劝诫世人要“活在当下”，“当下”指一个人正在做的事、现在所处之地、现在与自己一起工作或生活的人。而“活在当下”就是让人们把关注的焦点集中在当下这些人、事和物上面，心安理得地接受、品味以及体验，而不是建立空中楼阁，生活在幻想之中。

生命的质量取决于人们的每日心态，每日心态则取决人们每个片刻的心情。假如有谁能保证“当下”好心情，即可得到一天的好心情。一旦拥有好心情，就能获得优质的生命，体验别人没有的美好。

妙招四：发现美好

当人们看待任何一件事情时，都能够从好或不好的角度找到自己需要的论据。那些快乐的人，总是善于发现美好，他们能珍惜自己已经拥有的人和事，并且为之自豪，他们常常让自己充满活力，充满希望，他们知足而快乐，并不吝惜自己的所有去帮助别人。他们从来不会咒怨“为什么总是这么倒霉”这样愚蠢的问题，遭遇困难和挫折时，他们总是试图找出事情对其有利的一面，甚至加以利用。因此，他们总能在挫折的阴影里看到成功的秘诀，发现隐藏在困难背后的机会，什么都难不倒他们。

妙招五：调整心态

据说世间只有三件事。第一件是上天之事，刮风下雨，四时节气，均由上天做主。第二件乃是他人之事，他人是高是矮，他人如何进行工作，照顾家庭，自然由他人操心。第三件才是自己之事，个人的心情、工作和家庭等当然由自己来做主。这么一分析，有许多人之所以不快乐，是来自他们喜欢操心不属于自己控制的上天之事与别人之事，对于自己能够控制的分内之事反倒不好好去做，瞎忙活一场。因此这些人纵然看上去活得累且认真，但却眼睁睁看着别人享受幸福快乐，自己却过不上好日子。

要想让自己获得好心情就应该：欣然接受自我不能控制之事，也就是上天之事和别人之事，而对于能够控制的事则应该全心全意去做。既能让他人得到快乐，更能快乐自己，何乐而不为?

妙招六：适当发泄

在日常生活中，人们应该做到有张有弛，松紧适宜。当人感到身心俱疲时，或感到烦闷忧惧、痛苦愤怒时，要承认这些不良情绪的存在，并积极面对，而非刻意隐瞒或者否认。其实缓解不良情绪并不难，关键是人们应该找到适合自己的方法，例如：去看电影，外出喝一杯咖啡，跟老朋友闲聊。通过这些渠道，人们心中郁积的愤懑与烦躁可以得到发泄和疏导，身心就能松弛下来，获得安宁。

妙招七：多用右脑

作为一位心理学家，美国人霍华·克莱贝尔研究发现：人们多用右脑能够增加幸福快乐感，假如多用左脑就容易疲惫，从而减少快乐。

科学表明，人的大脑有两个左、右半球，它们分工很严格。左脑被称为“自身脑”，它的分工是逻辑、理性、功利、个人经验、分析计算。人们要充分利用左脑才能生存。可是如果左脑使用过度，就必然会导致人处于紧张之中，从而令体内产生过多的去甲肾上腺素和活性氧，假如这两种物质大量且持久存在，就会导致身心疾病，对人体有害。

而右脑被称为“祖先的大脑”，它的分工是灵感、直觉、音乐、艺术等，能够产生美感与喜悦感。通过训练和使用右脑能够健全人的心智，让生活更加幸福。通过散步、唱歌、听音乐、放眼夜空、瑜伽冥想等方法可以帮助训练并使用右脑。

多做对身体有益的事情

生命犹如一次旅行，或许在旅程中我们会拥有很多东西，但终究不能带走它。身体则不一样，它是唯一永远属于我们自己的东西。

保证身体健康是人类生命的巨大工程，它需要把人们的生存优势调整到一流状态，还要具有生命全程的最佳设计。

我们常常会看到这样一些人，年龄还不到40岁，但看起来却已经老态龙钟，精神憔悴。其实，这些人在工作、创立事业时也有着巨大的资本，比如，强健的体魄、雄壮的体格及智慧的头脑。但是，当他们功成名就、有一定的经济实力后就不再去追求成功，而是过起花天酒地的生活，这种生活一长便会引发许多病症，以至于原有的资本被挥霍得一干二净，最后变成了一个穷光蛋，除此之外，还有一个不健康的身体。

还有一些人，由于日趋紧张的生存环境与竞争意识，被迫付出高额的健康成本来适应生存的需要。他们终日东奔西走，忙忙碌碌，日夜工作，甚至不注意积蓄自己的体力与脑力资本，不注意保持自己强健的身体，最后因为操劳过度，虽然处于黄金阶段的年龄、处于巅峰时期的事业，却变得大病缠身，卧床不起，直至病逝。例如，蜀相诸葛亮、日本前首相小渊惠三等都是由于不爱惜自己的身体而导致过度劳累，英年早逝。

不论是诸葛亮，还是小渊惠三，他们那种“鞠躬尽瘁，死而后已”的敬业精神都是值得我们敬仰的。但若是拼命工作而赔上了自己的健康，就好比是生命中的光与热还没有全部发挥出来就过早地离开，显然有点得不偿失了。因此，人活在世间，要把健康放在第一位。只有保持身体健康，才有资格去谈未来。其实，健康离我们并不遥远，只要热爱自己，热爱身体，不忽视健康，我们就可以很轻松地得到它。

一个善于管理自己健康的人，应该经常要求自己去做一些对身体有益的事情。

一、到医院定期做检查

现在的医学十分发达，潜伏在我们身体内的疾病都能被探测出来，只要我们定期去做检查，就能提前发现问题。

二、有效地节制欲望

生活中，和人打交道就难免会有应酬，而应酬就要有所节制，不能想怎样就怎样，包括酒、色、财、气、赌等一些陷阱，更不能跌入其中，否则既伤身坏体又害人害己。

三、忙中偷闲做运动

快节奏的生活总会让我们感到疲于应付，这时不妨根据自己每天的时间、场所，去做一些适量的运动。因为生命在于运动。运动能充沛精力、增进活力，运动的结果能促进血液循环并排出身体内的废物。跳舞、散步、跑步、游泳等都是很好的运动方式。同时，运动还能为我们消忧解烦。当我们烦恼的时候，不妨去做一些体力活动，让体力与脑力互相交替，从而使我们的身体更加充满活力。

四、餐桌上应合理膳食

要想身体健康，就要保证摄入足够的营养。平时餐桌上可选择四大基本类食物：面、饭的谷类制品，肉、鱼或家禽，水果或是蔬菜，奶类制品。至于数量方面，可因个人对各类食物所消耗不同而定，比如，南方人要吃米饭才能饱，北方人要吃面食才能饱，总之每餐都包括以上几类食物，就能达到饮食均衡的目的。

其实，任何一种有热能的食物都能充沛我们的精力。因此，当我们饥饿时也可以吃一些水果来补充所需的养料。但对于茶、咖啡、朱古力、可乐饮品最好少用为佳。

五、夜晚睡眠要充足

要想健康，晚上就必须要睡好，若睡眠不足，次日起床就会头痛、疲倦，会使注意力分散，影响一天的工作。那么，人需要睡多久才算合适呢？这就要因人而异了，有的人睡 5 个小时就够了，而有的人需要睡 9 个小时，但通常是以 8 小时为适中。如果一个人连续 72 小时不睡觉，那身心两方面就会遇到危险。一位医生说，只要有一晚上不睡就会降低你的记忆力、判断力以及反应能力。

当你感到身心疲惫、生活乏味、遇到事情提不起精神、没有兴趣时，不妨蒙头睡一觉。

假如你热爱身体，热爱自己，并懂得自我珍重，那么你就会有健康的幸福与强健的体魄。假如你是一个神志清醒的人，那么你就会懂得，健康对人的生活是多么重要。

赶走心理疲劳这个隐形杀手

近半个世纪以来，高血压、冠心病以及肿瘤等已成为严重威胁人类健康的疾病。而这些疾病的病因、病理较为复杂，但一般会与精神心理、社会环境及生活方式等因素有一定的关系。世界卫生组织曾声称：紧张的工作会威胁很多在职人员的健康。这一结论明确指出，过度劳累会对人体产生危害。随着经济的飞速发展，生活节奏的不断加快，在日常生活中，太累、太疲劳已成为人们的“流行词”。也就是说，心理疲劳成了现代社会、现代人的“隐形杀手”。

有关医学心理学研究表明，心理疲劳是由于长期的精神紧张、反复的心理刺激以及复杂的恶劣情绪逐渐影响形成的。心理疲劳若得不到及时的疏导和化解，便会在心理上造成心理障碍、心理失控甚至心理危机，同时也会在精神上造成精神萎靡、精神恍惚甚至精神失常，从而引发多种身心疾患。据临床显示，心理疲劳可以导致紧张不安、动作失调、失眠多梦、注意力涣散、记忆力减退、工作效率下降等以及偏头痛、荨麻疹、高血压、缺血性心脏病、消化性溃疡、支气管哮喘、月经失调、性欲减退等诸多疾病。

心理疲劳很容易被人们忽视。因为它虽然早已悄悄地潜伏在人们身边，但它却不会在一朝一夕就置人于死地，而是会到一定的时间，达到一定的“疲劳量”，才能引发一些极其恶劣的疾病。

那么，要如何有效地消除心理疲劳呢？下面八种方法值得一试。

一、健康的开怀大笑是消除疲劳最好的方法，也是一种愉快的发泄方法。

二、高谈阔论会使人的血压升高，而沉默则会降低血压，在无须说话的时候，最好保持沉默，因为听别人说话也是一件很惬意的事情。

三、把生活的节奏放慢，把无所事事的时间安排在日程表里。

四、沉着冷静地处理各种复杂问题，能有助于舒缓紧张压力。

五、做错了事情，不要耿耿于怀，要继续正常工作。

六、不要害怕承认自己能力有限，在适当的时候要学会拒绝。

七、夜深人静的时候，悄悄地给自己讲一些笑话听，然后酣然入梦。

八、假如昨天和以前的日子都过得去，那么今天和往后的日子也一定会安然度过，要牢记“车到山前必有路”。

第十章

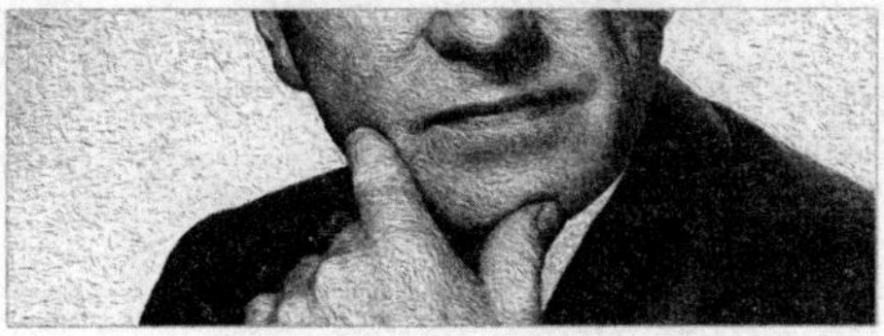

适应组织

组织的定义及其使命

什么是组织呢？组织即指由两个或两个以上的人为了实现共同的目标而组合形成的有机整体。在日常生活以及工作的各个方面，都可看到组织的存在。企业、医院、学校、各级行政事业单位等均是组织的具体表现形式。能够被称为组织，首先必须具有三个基本特征：每个组织均由两个以上的人组成，每个组织都有明确的目标，每个组织都具有系统性，来对成员的行为进行规范与限制。

为了完成使命及目标，组织一方面需要开展种种作业活动，例如，企业生产、学校教学等。组织是直接通过作业活动来实现组织目标的，然而，开展作业活动需要对各种人、财、物以及信息等资源的综合运用。另一方面，组织为了保障作业活动顺利并有效运行，还需对其中的各类资源实行合理有效的配置，这就是管理。管理是保障作业活动达成组织目标的手段。从企业到国家，无论什么样的组织，都需要管理，随着组织规模的不断扩大以及作业活动的日趋复杂，管理也显得越发重要。

仅仅建立一个组织，并不表示组织就能够长久生存和发展。组织系统需要维系，若想维系组织的正常运转，除了需要制度、利润等有形的因素外，还需要一些无形的因素，其中最为重要的就是组织的使命问题，也就是组织为什么而存在。使命是组织的关键，组织如果没有使命，就像人没有灵魂，纵然活着，也没有什么生命价值。

哲学上有个关于人的永恒的命题，即“你从哪里来，要到哪里去”，其实组织的使命便是组织“从哪里来、到哪里去”的问题。

国内外的著名公司，一般都对自己的企业使命有一些既定的陈述。比如，宝洁集团从实际出发：“提供名优产品，真正改变客户的日常生活。”微软集团充满自信：“让每张桌子上，每个家庭中都有一台计算机，都使用微软的产品。”松下集团充满愿景：“我们的使命是制造像自来水般的丰富的价廉物美的产品：我们以此摆脱贫困，给人们的生活带来幸福，使世界变得更加美好。”而我国的海尔集团以追求民族品牌为骄傲：“敬业报国，追求卓越。”蒙牛乳业则以强壮民族为己任：“强乳兴农，愿每一个中国人身心健康。”万向集团思虑甚是周详：“为顾客创造价值，为股东创造利益，为员工创造前途，为社会创造繁荣。”

只要是组织，都应该有自己的使命，一部分组织对自身使命进行了明确的规定和描述，而另外一些组织的使命则隐含于行动之中。

吉利汽车的董事长李书福曾经在2001年中央电视台的一次谈话节目中说：“汽车并非像有些人说的那样神秘，不就是发动机装上四个轮子吗？凭什么要那么多的钱？”李书福希望制造中国人能买得起的轿车，就如同当年的福特那样。假如不是李书福给汽车定价在4万元以下，中国轿车不会这么快降价，普通百姓也不可能纷纷购买私家车。吉利用实际行动向人们显示了企业使命。

组织的使命就是组织生存的目的，是组织的基本信仰。使命如同远方的启明星，永远高挂在组织前方。为了完成组织的使命，组织还必须有明确具体的目标，目标是使命的具体实践。一切组织都会由于目标以及获得目标成果的方式不同而存在差别。德鲁克认为：管理的根本挑战就是把组织机构承担的使命转换成具体的行动目标。

组织中的正式及非正式规则

其实，正式组织和非正式组织都是客观存在的事实，只是在经历了霍桑试验之后，研究者才意识到非正式组织的存在和它们在管理中产生的作用。

正式组织具有明确目标，通过规章、制度与政策等规定了各成员间的相互关系以及职责范围，并且对个人具有强制性。在正式组织中，效率是主要标准，组织成员被要求保证形式上的合作以提高效率。非正式组织则是伴随正式组织的运转而形成的，成员们在一起工作，因为拥有共同的感情和爱好而形成了非正式团体。这种团体成员遵守的规范与惯例，是自发形成的，且不成文。在非正式组织中，感情是主要标准。

非正式组织的存在和活动，对正式组织目标实现的作用，既可以是积极的，也可以是消极的。通常，非正式组织决定着组织中的权力关系、工作场所的行为规范、心理状态以及气氛等。管理者应该正视非正式组织的存在，对其存在的客观性和必要性要有正确的认识。管理者要容许非正式组织的存在，并为它的形成和发展提供条件。更为重要的是，要善于引导非正式组织的力量到实现组织目标的轨道上来。

正式和非正式规则一起统治组织。对个人来说，对组织的适应，正式规则更容易一些，那些非正式规则经常让人摸不着头脑，无从下手。因为正式规则毕竟是正式组织的一部分，均有“法”可依，有轨迹可以追寻，比如工作说明书、组织结构图、规程和其他明文规定的事项，都详细说明了个人怎样同他人一起工作，怎样获得工作成果等。根据组织结构图，个人就能得知向谁报告；根据组织的政策和操作规程，个人就能明白各类问题应该怎么解决。正式规则从实质上说就是官方的、被首肯的行事方式。参考正式组织和正式规则，个体会有明确目标来调适自己。

然而更加微妙的是非正式规则，它来源于非正式组织。非正式规则也在组织中掌控行为，它是一种工作关系的形式，既可以满足人们的社会需求，又可以帮助员工完成任务。非正式组织通常包括在组织内部产生并构成组织文化的习俗与传统。掌控行为的非正式规则中，具体地说，比如一般的主管不可以邀请首席执行官共进午餐；生产线的工人不可以穿名牌西装上班等。对新人来说，观察组织中成员着装与外表的规范，是理解怎么适应组织的良好开端。

认识组织文化

组织文化是指一套组织的非正式的规则，这些规则是组织面对其所处的外部社会与商业环境形成的，被全体员工接受且认同，并以争取组织事业成功为目的。其构成是组织的传统与气氛。组织文化往往意味着一个组织的价值观，而这些价值观就是其内部成员活动或行为的规范。

价值观是一切组织文化的根本基础，一个组织通常都是通过价值观来表达其哲学的，而且由文化来评判员工的日常行为。比如，有研究发现，假如企业高层管理者不重视诚实，职工的偷窃行为就会高出正常情况的30%。

组织文化有助于明确并认同组织的目标；有利于减少内耗，对组织的凝聚力有所增强；有利于形成组织的特征，通过协调组织和社会的关系来塑造组织的形象；有利于进行柔性管理；而且组织文化是组织得以继续存在的根本保障。

对于个人、群体和组织而言，价值观就是主观判断何为对错，何为值或不值，何为该做与不该做，何为优先的标准。除了那些人们公认的价值观，大多数价值观很难评判其绝对的是与非，尤其是在多元化的当今社会中。假如职工个人的价值观能够跟组织的价值观融合，双方都会感到满意，并且容易获得良好业绩，出现双赢的局面，但这是属于最理想的状态。

柯达公司的价值观是：尊重个人尊严；崇尚正直，绝不妥协；信任；诚信；组织和个人的不断发展与提高。

当然并非每个组织都能在行动中将其陈述的价值观贯彻到底。所谓陈述的价值观就是指组织官方陈述的价值观，力图符合包含全部组织利益相关人的公众以及社会的希望，这种价值观一般都会受社会舆论的影响，比如公众希望对该组织应该如何等。除此以外，还有可能存在另一种真实的价值观。要想知道一个组织的真实价值观，只需细心地观察组织的高层的实际行动即可，他们的行为和考核标准体现了这个组织实际的标准与追求。所以如果遇到言行不一的组织，也就是他们宣称的价值观跟实际目的相距甚远时，实在不必感到惊奇。

如果组织和管理者的需求跟职工个人的价值观产生冲突，这种冲突就会给职工带来个人角色的迷茫，导致其痛苦难当。一方面，职工必须服从集体或上级；另一方面，服从就要违背其自身的价值观。在《21 世纪的管理挑战》一书中，彼得·德鲁克谈到一个有关价值观的事例：一位富有才干的人力资源总监，她原来的公司被收购，新公司对她不薄，提升她当了总监，但她的情绪却很低落。这是为什么呢？原来当负责挑选重要职位的人选时，她希望对于重要职位，公司可以先从内部竞选人才，然后再去外边选择。但是，公司高层却认为，公司应首先考虑外部人才，这样可以给公司带来新的活力。也就是说她跟上司，在组织和职工的关系方面，在组织对职工及其发展应担负的责任方面，在职工对企业的最重要的贡献等方面，他们的观点有很大差异。这就造成了她与上级的矛盾，但是这并非政策上的矛盾，实质上是价值观的矛盾。连续几年她都情绪低落，最终还是辞职了。

当企业认为职工的个人价值观低于企业标准时也会产生冲突。例如，有些采购人员会收取供应商的回扣，他们自己认为这是正常的，可是企业却不认同，企业认为这种行为损害了公司的形象，会惩罚采购员。

而一个管理者在进行决策时，也往往会遇到价值观的冲突问题。假如遵守了某个组织的价值观，可能就表示违反了另一个组织的价值观，有时会感到左右为难。这种情形，确定组织价值观的优先级就显得非常重要。

在肯尼斯·布来查德（Kenneth Blanchard）与诺曼·V. 皮尔（Norman

V. Peale）合编的《道德管理的力量》一书中，提及了三个伦理核查项目，有人在此基础上增添了第四个，便形成了一套有效的核查方法。

其一：决策是否合法。必须遵守法律，这是最低要求的行为规范。这个“法”指的就是白纸黑字的法律，是否合法，答案很明显。

其二：决策是否能被利益相关人接受。这一点对决策的进一步评判，是对“合法吗”进行的补充。

其三：长短期是否平衡。决策是否兼顾了短期和长期利益。

其四：自我感觉是否良好。我的行为是否让自己感到骄傲？如果曝光给公众或让亲人知道了，我的感觉是好的吗？

很多企业都采用这套核查方法，例如，得克萨斯仪器公司希望员工每天牢记七句话：该行为合法吗？它和公司的价值观一致吗？如果做了自己会感到不舒服吗？报纸会怎么报道这件事？不要做明知道不对的事情。自己拿不准的事情应该提出来。在得到答案前不要放弃提问。显然，管理者希望职工们能谨记在心，一切以公司利益为重。

不可不知的商务办公礼仪

作为个体，适应组织也包括要实践组织所能接受的礼仪类型，特定的组织所能够接受的礼仪类型，代表着其被社会公开承认的重要礼仪标准。

所谓商务礼仪就是工作场合要求的一种特殊的行为规范。礼仪与礼貌就是用一种彬彬有礼的方法处理事情。商务礼仪一般不是组织的正式规则，而是建立在非正式的组织规则基础上的。商务礼仪并非是一成不变的，其内容和标准会随着时代以及环境的变化而产生变化。一个人能否具备标准适当的商务礼仪，体现了其自身职业化水准与礼貌，同时，商务礼仪也是吸引顾客和提升自己影响力的保障。

人的一生中，除了睡眠，办公室或其他工作场合可能是人们度过时间最长的地方。而办公场所也最能体现组织文化以及职工的水平和素质。无论人们在这个时代如何强调自由和个性，然而在工作环境和商务场合，还是推崇职业化的，因此掌握现代职场礼仪可以增强自己的专业性。

一、最普通的办公礼仪

尊重他人隐私和习惯。这是办公室礼仪中最突出的一点，要对他人，包括同事和上下级表现出自己对他们的尊重，尤其要尊重别人的隐私与习惯。不要开关于种族、性别以及民族的玩笑。而像涂抹浓烈的香水、大声嚼口香糖等，属于对他人视觉、听觉与嗅觉等感官的攻击行为，也应该尽量避免。

分清共同区域和个人空间。员工的办公室应保持工位整洁大方，不要摆放太多的私人物品。尽量不在工作区域进餐，若无法避免，用餐要抓紧时间，餐后要记得通风，让空气流通。

让人把话说完。这适用于任何场合，并且非常重要。打断他人说话是粗鲁没有教养的表现；而耐心等别人把话说完则表明自己是一个有礼貌的倾听者，同时也有助于理解对方。

不要使用粗俗的语言，或大声喧哗。这些都会令个人形象减分。在打电话，或和他人面对面沟通时，谈话的音量让彼此都能够听到即可，避免打扰无关的人。

着装整洁得体。准确着装的基本原则是：看看组织中其他成员的穿着风格，来决定自己的穿着，特别是要参考成功人士的着装。服饰裁剪精致、修饰得体是永不过时的礼仪规范。化妆要符合自己的气质、脸型、年龄以及服饰等，发型也要适当，才能增添魅力。女士切忌不要在工作场所和公共场所化妆，尤其不要在男士面前化妆。男士化妆则要注意适度。

二、各种关系的处理规则

商务场所有可能涉及各种关系，包括职员与客户、男性和女性、公务出差中的关系等。工作场所的礼仪和社交场合的礼仪存在一些差异，下面分而论述。

1. 假若客户是因公务而来，主人应该起身接待客人，请他就座并且倒上一杯咖啡或茶，客人没落座之前主人也不能坐下。倘若客人告辞离去，主人应该将客人送至门口或者电梯口。而高级经理不需要为秘书或者办公室同事站起来。

2. 如果是和约见的客人交谈时，要注重倾听，并且尽量事先安排好不要让谈话受到打扰。令来访者感到懊恼与羞辱的事莫过于总是被电话打扰。因此主人最好事先安排助理接听电话以及处理其他的琐事，避免约谈被迫中断，除非有特别紧急的事情。另外主人要随时掌控与来访者交谈的主题，不要偏离本来目的，比如可以这样说：“时间比较紧张，我们还是讨论最初的问题吧。”把跑远的马儿拉回来。

3. 男士和女士之间，不同年龄的人之间的关系。现代西方社交礼仪基于欧洲的骑士精神，并且有性别的差异。但商务礼仪，则是基于平等的原则。依据最新规则，走在最前面的人，不管性别与年龄，应主动开门，并等大家都通过后再关门。但在乘坐电梯时，还是女士优先。上楼时，男士一般跟在女士后面，下楼时则应记得走在前面。如果跟一两位女士一起走路时，男士可以走在任何一侧，却不能走在两位女士之间。除了握手之外，无论他是男是女都不要触碰对方，好朋友则例外。

4. 在用餐时，除了要注意自己的用餐礼仪外，商务活动中还要掌握付账规则。现在一般认为，发出邀请的一方应该付账。另外还有一种规则：卖方应该为潜在的买方付账。

5. 公务出差时，男士不再负有替女同事拎行李的义务，尤其不用替她们的用餐付费。毕竟对待异性同事，不可能像对待约会对象一样，也没必要。

6. 使用电子设备。工作场所使用的电子设备一般有电子邮件、复印机、互联网以及手机等。不良的礼仪主要有，窥视他人正在发送的邮件内容；给同事发送垃圾邮件；上班时间浏览与工作无关的网页；独占复印机或插队；在商务及工作场所频繁接听手机，或大声通话，不停地发短信。

要想被组织认可，这些商务礼仪是必须知道的。

怎样介绍自己与他人

要想融入一个组织，最主要的就是做好自我介绍，好的自我介绍能够让组织中的成员迅速了解自己，并留下好的印象。

自我介绍有诸多注意事项：最好用语简洁清晰；语气要自信；态度应亲切随和；语速适中，便于人家都能听清楚；目光应正视对方。如果是在社交场合或出于联系工作的需要，自我介绍要选对时间，如果对方不感兴趣，或心情不好，或正在休息、吃饭、忙碌时，千万不要去打扰，以免自讨没趣。因公务或工作需求与人交往，自我介绍应包括自己的姓名、单位以及职务，没有职务可以介绍自己的工作。比如："我是张小成，是人民大学的经济学教授"。要想让新结识的对象记住自己，进一步来往，自我介绍时除说明姓名、单位、职务外，还可提到跟对方某些熟人的关系或和对方相同的兴趣爱好等。比如"我和您一样是音乐发烧友"，"我认识您的老朋友黄教授，他托我向您问候"等。

除了自我介绍外，有的时候我们还需要把他人介绍给组织中的成员。

在介绍他人时，要牢记一条基本原则，不管年龄和性别，把地位低的人介绍给地位较高的人。相互介绍认识有一些规则：一般情况下，把男士介绍给女士，年轻人介绍给年长者，地位较低的人介绍给地位较高的人。当我们被介绍给他人时，要在心里重复对方的名字，并专心记忆。能够正确读出别人的名字并且记住，体现了良好礼貌。当我们遇到长者或者地位高于自己的人时，除非被允许使用其他称谓，否则一定要称呼他们的姓氏以及"官衔"。

在介绍时，无论男女，都要伸出右手与他人相握。在握手时，要用力却不能过分，同时要跟对方有眼神的交流。握手的标准方法是走到距握手对象一米时，双腿立正，上身保持略向前倾，然后伸出右手，四指并拢，拇指张开，与对方相握；握手时用力要适度，上下轻轻晃动三四次，便可松开手。与别人握手时，神情应专注、自然，态度友好热情，面带微笑，并且注视对方双目，同时向对方致以问候。

握手是当今世界通行的一种社交礼节，还应注意下面四个要素。

一是握手力度。握手是为了表示热情友好，要适当用些力，但不能握痛对方。通常情况下，握手力度点到为止，握一下就行。男子跟女子握手不能握得太紧，西方人通常只握一下女子的手指部分，但是老朋友可以除外。

二是先后顺序。握手的先后顺序分成几种情况。男女之间，男方要等女方先伸手，假若女方不伸手，就表示没有握手之意，点头或鞠躬致意即可；宾主之间，主人应先伸手，表示对客人的欢迎；长幼之间，年轻的要等年长的先伸手；上下级之间，下级要等上级先伸手，表示尊重。军人戴军帽和他人握手时，要先行举手礼，然后再握手。另外，假如有多人同时握手，切忌互相交叉，要等别人握完后再伸手。握手时注意力应集中，双目注视对方，同时微笑致意。握手时不能把眼光投向第三者，甚至东张西望，这样做是不尊重对方的表现。

三是握手时间。握手时间的长短可依据双方亲密程度灵活掌握，但时间太长或过短都不合适。对于初次见面者，通常控制在 3 秒钟以内，与异性握手不能时间太久；纵使对方是同性，握手时间也不能过长，避免对方欲罢不能。握手时间如果太短，又会被认为过于傲慢冷淡。因此，掌握好时间的度是很重要的。

四是握手禁忌。如果戴着手套或墨镜，握手时应摘下来；只有女士在社交场合可以戴着薄纱手套。握手时，另一只手不可以放在口袋里；不适合发长篇大论；或者过分客套，这会让对方不自在。跟阿拉伯人、印度人打交道时，握手则忌用左手，因为这些民族认为左手不洁。通常情况下，坐着与人握手是不礼貌的，最好能起身站立；长者或女士除外。

协调组织活动的方式——团队

很多人对“团队”的称呼很随意，常常把一家公司、一个部门的管理层或者一群职工称作团队，来表现表面的和谐关系，却常常忽视他们之间是否能够发挥团队合力。

团队的概念是不断演化的。最初是指一群有相同技能并一起完成同一部门工作的人。后来团队的概念逐渐扩展为由不同职能部门的成员构成的项目小组。如今团队观念进一步融入了顾客的需求，强调顾客的利益是中心，团队不只是跨职能的，更为了顾客的需要而成立。此种观念下，团队取代了过去的个人和部门而成为组织运作的元素。于是以直线型和职能型为传统的组织结构便发展为以团队为核心的扁平式结构，权力结构则从正金字塔变成倒金字塔，并且强调顾客至上的观点。简单地说，团队是一种跟传统的直线制、职能制、直线职能制或事业部制有区别的新型组织结构形式。它组建部门并非根据职能的划分。并且传统的职能部门壁垒森严，极易形成“隧道视野”，不同部门之间往往缺少横向的沟通与合作，导致组织内耗，资源浪费严重。部门内部，则由于职工技能单一，相同的和相互间替代性高，认可程度极低。团队的结构却是以矩阵制为基础，并经过改进的一种有效的组织结构形式。

而我们经常提到的工作团队则是指一种特殊的群体，由为了实现某一目标而彼此协作的个体组成。当团队经由管理人员使用成为协调组织活动的主要方式时，它的组织结构就是团队结构。团队结构的主要特点是，打破了部门界限，并且能快速地组合、重组和解散，决策速度以及绩效都获得提高。假如是小型组织，团队结构可以作为整个组织形式。而大型组织中，团队结构通常成为典型的职能结构的补充，组织不仅获得职能结构标准化的优点，提高了运行效率，而且还由于团队的作用，组织的灵活性有所加强。

只有具备了下面这些特征才能被称为团队：所有成员知识技能互补，为了实现同一目标而彼此协作，对目标实现负有共同责任。每个成员对目标实现都能发挥不同程度的作用。成员之间的工作是密切相关的关系，工作绩效彼此依赖，成员之间需协同工作，这是区别于工作群体的显著特点。团队成员善于学习，重在实践，积极反馈。组织为成员提供挑战的机会，有助于培养全面的管理者。

而“团队建设”，就是协助团队运转，促使每个成员充分发挥其个人才能，实现组织目标的过程。作为高效率的团队，成员行为将彼此依赖，个人目标全部服从于团队目标，作为个体，对团队成员身份表现出承诺与渴望。一个能够相互依赖和支持、极具效率，有吸引力的、共担责任、相互鼓励与信任的团队就是有效团队。

团队的类型通常有跨职能型、问题解决型与自我管理型三种。

跨职能型团队，指那些由来自不同部门与工作领域的专业人员组成的团队。提高跨职能型团队的协调性是关键，其措施主要是：注意挑选成员，必须保证成员具有团队所需的业务与沟通技能；设立团队目标，保证目标的共享性，即对团队成员具有足够的吸引力；确保成员熟悉团队的运作方式；实施高强度的团队建设，保证团队的协调性。

问题解决型团队，指的是负责对改进工作程序和方法，提高生产效率与产品质量提出建议和解决方案的团队。其核心就是提高生产质量和生产效率、改善企业工作环境等。

自我管理型团队，是完全独立自主的团队。对于问题，他们不但能提出解决的建议与想法，还能负责执行解决方案，并对工作结果承担全部责任。自我管理型团队的责任范围包括：制订工作计划与节奏，确定任务分配并实行工作轮换，吸纳或淘汰团队成员，选出团队领导者，确立团队的主要目标，团队成员相互评估业绩。

作为团队成员所需要的技能

不同的团队组成，就是通过一系列互补的技能与知识的结合，建构出来的一种核心能力，它绝对超越个体能力。通常团队成员应至少具备技术、人际关系与决策三种能力。个性则必须包括好奇、耐心、条理、挑剔、敏感、负责、叛逆、性急这八种性格。

一、团队成员的角色

跟普通的职能部门中的职工相比，团队成员需要扮演各种角色，这些角色以及团队的特征就需要具备相应的技能才能胜任。所以人们可以依据自己在团队中所扮演的角色以及承担的职责来训练自己的能力，或者依据自身特长来选择在团队中的角色定位。怎样依据一个人的性格、处事方式和能力来决定或安排他在团队中担任的角色呢？作为团队构建的顶尖专家，英国人梅雷迪恩·贝尔宾博士认为，一个成功的团队一般需要：主席或协调人、塑造者、种植者、监测评估者、资源调查者、实施者、团队协作者、捕鱼人八种角色存在。而在团队中，尤其是大规模的团队，职工的性格特征以及后天训练决定了其担当何种职位或角色。所以在确定团队成员时，要考虑有谁能够承担起团队中的某个特定角色，对于暂时缺少的部分角色，有谁能够通过培养胜任之。

二、团队协作的技能

成功的团队协作需要具备一些特殊的技能，并且一切技能互相联系、互相依赖。

自我管理的技能。团队的自我管理意味着所有成员一起对目标负责、彼此承诺，完全投入到团队的决策与活动中，而且能对自己的行为负责。而组织对成员则负有提供资源和支持、有效授权、培训辅导、反馈的义务。

交流的技能。跟传统的职能制中充满等级色彩和官僚作风的沟通相比，团队中的有效交流，是鼓励开放、平等、坦诚的交流。团队成员为了适应这一特征，必须训练两种技能，即表述应简明扼要以及有效倾听。

领导技能。作为一种新型结构，在团队中，每个人都必须具备影响他人的能力即领导力，纵然手握掌控大权也不可凭借权威命令别人。团队的领导技能主要是：使团队目标、问题与责任符合一个更大的愿景或背景，包括组织、社会以及环境因素。归纳并阐述团队的共同价值观，把它当成典范。这种价值观是团队的行动基础，并为团队决策提供信息。能够觉察到个别团队成员的需要与技能，并将其整合解决个人与团队的问题，使二者双赢。为团队成员提供创立及提高其潜在领导能力的机会。

树立为团队负责的理念

有一位英国科学家把一盘点燃的蚊香放进了蚁巢里。开始时，巢中的蚂蚁惊恐万状，过了十几分钟后，便有许多蚂蚁纷纷向火中冲去，对着点燃的蚊香，喷射出自己的蚁酸。虽然一只蚂蚁能射出的蚁酸量十分有限，而导致一些蚁群中的“勇士”葬身火海。但是，它们前仆后继，过了几分钟后，便将火扑灭了。活下来的蚂蚁将战友们的身体移送到附近的一块墓地，盖好了薄土，安葬了。

又过了一段时间，这位科学家又将一支点燃了的蜡烛放到了那个蚁巢里细细观察。虽然这一次的“火灾”更大，但是这群蚂蚁已经有了上一次的经验，它们用很快的时间，便协同在一起，有条不紊地作战，不到一分钟，烛火便被扑灭了，而蚂蚁无一殉难，这真是个奇迹。

从蚂蚁扑火的现象中我们可以发现，个体的力量是很有限的，而团队的力量可以实现个人难以达成的目标。

所以说，作为团队的一名成员，我们要从团队的角度出发，树立起自己对团队工作认真负责的观念。每一个公司都类似于一个大家庭，其中的每一位成员都仅仅是其中的一个分子，只有每一个人都具备了团体工作的精神后，才能对团队的工作认真负责，对自己的人生和事业负责。

例如，在一个上千人的汽车装配流水线上，只要其中有一组人的工作出现了问题，汽车便无法出厂，因为谁也不会购买有缺陷的汽车。又如，在登山过程中，一般登山运动员之间都以绳索相连，假如其中有一个人失足了，其他运动员就上前全力抢救。否则，这个团队便无法继续前行。而当大家都绞尽脑汁，用完了所有的力气，也都无济于事的时候，只好割断绳索，让那个队员坠入深谷，只有这样，才能保住其他队员的性命。而此时，割断绳索的常常是那名失足的队员自己，这就是团队的精神。因此，可以肯定地说，一个人的成功是建立在团队成功的基础之上的。

日本岛田公司是一个特别讲究团队协作的电脑销售代理公司，总经理小野是这家公司的负责人，也是最高协调人。在这个大团体之中，每一名员工都有着明确的分工。例如，销售经理负责公司销售业务的发展，商务公司负责与分公司协调，同时，也负责与各地代理商之间的合作；客户经理负责完成客户服务方面的工作。而小野的任务是走访客户，了解客户对公司的需求和看法，以及作为总协调人，协调团体内部的沟通和决策。因为公司内各个团队之间的行动配合，逐渐在公司上下形成了严谨的工作作风，工作效率因此提高得很快。每天下班后，每个小团队之间的成员总是要集体开一个讨论会，讨论当天的工作，制订新的战略计划，分配第二天的工作任务，并加深了解，使每个成员都清楚各个部门的协作状况。现在的岛田公司因为团队协作精神，已成为同行业中效益增长最快的公司，员工的收入也是最高的。

在工作中，我们要善于与每个团体成员进行有效的沟通，并保持密切的合作。而不要丢弃了自己团队工作的荣誉感，为追求个人的表现，打乱了团队工作的秩序。这样，才能够保证团队工作的精神不被破坏，也不会对自己的职业生涯造成致命的伤害。

亨利是一家营销公司的优秀营销员。他所在的部门里，曾经因为团队工作的精神十分出众，而使每一个人的业务成绩都特别突出。

后来，这种和谐而又融洽的合作氛围被亨利破坏了。

那段时间，公司的高层把一项重要的项目安排给亨利所在的部门，亨利的主管反复斟酌考虑，犹豫不决，最终并没有拿出一个可行的工作方案来。而亨利则认为自己对这个项目有了十分周详而又容易操作的方案。为了表现自己，他没有与主管磋商，更没有向他贡献出自己的方案。而是越过主管，直接向总经理说明自己愿意承担这项任务，并向他提出了可行性方案。

亨利的这种做法，严重地伤害了部门经理的感情，破坏了团队精神。结果，当总经理安排他与部门经理共同操作这个项目时，两个人在工作上不能达成一致意见，产生了重大的分歧，导致了团队内部出现了分裂，团队精神涣散了，项目最终流产了。

所以说，一个人只有从团队的角度出发，考虑问题，才能获得团队与个人的双赢结果。

让自己融入到团队中去

团队精神是团队的成员为了团队的利益和目标而相互协作、尽心尽力的意愿和作风，是将个体利益与整体利益相统一从而实现组织高效率运作的理想工作状态，是高绩效团队中的灵魂，是成功团队身上难以琢磨的特质。

在富有凝聚力的团队中工作，会觉得心情比较舒畅，干劲也很足，大家的协作性很强，能够创造出一些令人感到荣耀的业绩。一个单位、一个部门要发展、要提高，必须要有一种团队精神作为支撑。对于一个健康的现代化团队来说，最需要的是具有优秀素质的团队成员，拥有这些人才会更有利于企业的发展。

热爱组织是团队精神的基础和前提。只有热爱组织的人，才能产生与组织休戚相关、荣辱与共的真感情，真心实意地与组织同甘共苦，始终站在组织的立场上克服个人利己思想，凡事以组织利益为重。只有热爱组织的人，才能视组织声誉为生命，自觉维护组织的社会形象。

作为团队中的一分子，如果不融入这个群体中，总是独来独往，唯我独尊，必定会陷入自我的圈子里，自然无法体会也得不到友情、关爱和同事的尊重。一个具有独立个性的人，必须融入到群体中去，才能促进自身发展。你要真诚平等的与人相处，对待每一个人，不管他是普通同事还是你的上司。你周围的每个人都可能对你的事业、前途产生关键性影响，不仅限于主管和公司高层。你的和善友好会给团队带来一股轻松快乐的气氛，可以使同事们感到愉快，从而提高士气。

凝聚力是对团队和成员之间的关系而言的，表现为团队强烈的归属感和一体性，每个团队成员都能强烈感受到自己是团队当中的一分子，把个人工作和团队目标联系在一起，对团队表现出一种忠诚，对团队的业绩表现出一种荣誉感，对团队的成功表现出一种骄傲，对团队的困境表现出一种忧虑。

更重要的是，强烈的归属感不仅可以改变一个企业，而且能造就有才华的员工。希勒应聘到一家制衣公司，这家公司已经亏损达 2000 多万美元，连给员工发工资都很困难。希勒想，我既然来到了这个企业，就要为企业服务，我一定要设法把我的企业从困境中解救出来。这种强烈的归属感使他主动找到老板，两人一合计，觉得首先应该转产，因为一个企业的生命力在于其不断创新的产品。他们决定把生产成人服装改成适合儿童需求的特色服装，结果新服装上市后供不应求，希勒也自然在公司里站稳了脚跟，老板决定让他负责分管新产品开发的工作。

但生活中的许多人并没有像希勒一样，他们对所在的团队缺乏强烈的归属感，总是不思进取、放任自流，只想回报，不愿付出，当团队出现困境时不想如何拯救团队，而总想另谋出路，脱离现有团队。这样的员工在自己的职业生涯中会走很多弯路，总找不到适合自己发展的空间。

如何成为受欢迎的团队成员

学习如何在团队中工作，是适应组织的一个主要方面。近年来，企业组织越来越广泛地使用团队，如何发展团队也随之变得更为重要。希望管理者拥有领导并管理团队以及团队合作的能力，已经成为企业组织的一般要求。

高层管理者在工作场所中最希望看到的特质是团队合作。大约40%的管理者认为在必需的工作特质中首推团队合作。因此团队合作越来越受到关注。很多数据都证明：团队引入后，生产力与质量都有一定程度的上升，职工士气高涨。不少公司认为业绩的提升，是源于在工作场所中建立的团队。

在时代的大背景下，组织面临的不确定性不断增加，在组织的各个层面，跟他人保持合作日益显得越发重要。即便是对于生产工人，也最好形成有效的工作团队。那么，我们怎样做才能让自己成为一名受欢迎的团队成员呢？以下列举一些有效措施供参考。

第一，自愿服从团队目标。作为团队的一员，个人目标有时会不符合团队目标，或者两者不能完全一致。大家所能做的应该是通过影响团队的产出使团队的活动获得成功。虽然可能暂时不能实现个人目标，个人也应以团队目标为重。

第二，充分信任队友。这种信任指相信对方有能力以及意愿能做好工作，自己愿意与队友分享信息，团队里的所有人共同担负责任。

第三，共享成果和荣誉。成员应该为了团队的利益而牺牲个人荣誉，当取得成绩或荣誉时，每位成员都将之归功于团队努力的成果，这样才会形成高效团队。

第四，为同事提供支持。工作中我们应该主动帮助同事，常常提出建设性的意见。一个优秀的团队，其成员能够彼此提供精神支持，比如经常鼓励队友，或者积极地倾听队友的关切。

第五，减少抱怨。无论是对组织中其他部门还是其他人的抱怨，即便有理由如此做，也应尽量减少。否则这种不良情绪会对团队成员的士气产生严重影响。

综上所述，想成为高效团队的成员，很需要两类技能：一类是完成任务的技能，这样才能更好地跟他人合作；另一类则是分担责任的技能。对于个人而言，掌握跟他人合作、协调的沟通能力和策略显得非常重要。

假若沟通不畅，再加上本位主义盛行，团队就无法发挥总体大于局部的作用，就不能卓有成效地应对各种挑战。有时沟通不坦诚，可能说明团队成员没有完全互相理解；如果没有责任分担，就难令众人互相支持，有人会说“别人的麻烦，他自己搞定。”我们在工作中常常感到当特别需要某人的支持时，却跟他心意不通，做不到一起去；又比如我们尝试接近某个团队一起工作，得到的却是对方的敷衍；提出反馈意见有没有得到响应……我们需要学习如何获得同事的支持，怎么成为团队中的一分子。提供几种间接影响的技巧，尝试练习，让别人在潜移默化中接受自己的价值观和意见。

旁敲侧击：生活中总有些人，不用直接说出想做的事，却能成功地让别人帮自己做事。一般人们形容这是一种“魅力”。其实他们所做的可能很简单，花些时间融洽气氛，不死搬硬套等。善于施加间接影响的人强调，最好让人们自己去弄清楚问题并得出结论，然后自己采取措施予以解决。不把问题交代得过于明了，有助于让受委托之人承担更多的责任，显然这不是什么坏事。

少说多听：为了让别人同意自己，人们会在解释与说服上使用太多的时间，却没有利用足够的时间来提出问题、听取对方的观点。假如人们能够花费足够的时间来聆听并了解对方所关心的事情，对方就不太容易抗拒。《高效能人士的七大习惯》一书中提出：人类在获得生理生存满足的基础上，最希望得到他人的理解、肯定和欣赏。聆听对方，就能充分把握对方判断事物的标准和原则。站在对方的立场看问题，就能看到对方眼中的世界，理解他们的体会。对于跟自己知心的人，人的天性是希望与之合作，而不是坚持抗拒。

让别人喜欢你：据研究，人们更愿意对自己喜欢的人表示赞同，哪怕他是陌生人。这就要求能够与他人具有相似之处或某些共同点，因为人们容易喜欢跟自己相像的人。诸如具有相同的背景、爱好、观点以及服饰风格等。谁都喜欢被赞美，哪怕是些不着边际的场面话，人们喜欢对自己有好感的人。人们如果想要影响一个人，还可以全面模仿此人的沟通方式，包括言语和非言语沟通，这样会跟他具有更多的相似之处。